权威·前沿·原创

皮书系列为
"十二五""十三五"国家重点图书出版规划项目

融资租赁蓝皮书

BLUE BOOK OF
FINANCIAL LEASING

中国融资租赁业发展报告
（2015~2016）

ANNUAL REPORT ON CHINA'S FINANCIAL LEASING DEVELOPMENT
(2015-2016)

中国社会科学院金融研究所
中国博士后特华科研工作站
主　编／李光荣　王　力
副主编／黄育华　祝玉坤

社会科学文献出版社
SOCIAL SCIENCES ACADEMIC PRESS (CHINA)

图书在版编目（CIP）数据

中国融资租赁业发展报告.2015~2016／李光荣，
王力主编.－－北京：社会科学文献出版社，2016.8
　（融资租赁蓝皮书）
　ISBN 978－7－5097－9437－1

　Ⅰ.①中… Ⅱ.①李… ②王… Ⅲ.①融资租赁－研
究报告－中国－2015－2016 Ⅳ.①F832.49

　中国版本图书馆 CIP 数据核字（2016）第 163301 号

融资租赁蓝皮书

中国融资租赁业发展报告（2015~2016）

主　　编／李光荣　王　力
副 主 编／黄育华　祝玉坤

出 版 人／谢寿光
项目统筹／恽　薇　颜林柯
责任编辑／颜林柯

出　　版／社会科学文献出版社·经济与管理出版分社（010）59367226
　　　　　地址：北京市北三环中路甲 29 号院华龙大厦　邮编：100029
　　　　　网址：www.ssap.com.cn
发　　行／市场营销中心（010）59367081　59367018
印　　装／北京季蜂印刷有限公司

规　　格／开　本：787mm×1092mm　1/16
　　　　　印　张：18　字　数：273 千字
版　　次／2016 年 8 月第 1 版　2016 年 8 月第 1 次印刷
书　　号／ISBN 978－7－5097－9437－1
定　　价／79.00 元

皮书序列号／B－2015－413

融资租赁蓝皮书编委会

作者简介

李光荣 经济学博士，毕业于中国社会科学院研究生院。现任特华投资控股有限公司董事长、华安财产保险股份有限公司董事长、中国民生投资（集团）股份有限公司咨询委员会主席、华安财保资产管理有限责任公司董事长、渤海国际信托有限公司董事长、亚洲金融合作联盟常务副主席和创立发起人、特华博士后科研工作站站长。主要社会兼职：中国生产力学会副会长、中国城市经济学会副会长、中国保险学会副会长、北京创业投资协会副理事长、湖南慈善总会副会长，同时受聘担任多家地方政府顾问和上市公司独立董事。

主要学术著作包括《公司并购理论与实践》、《中国创业板市场》、《金融工程案例》、《中国保险前沿问题研究》、《民族保险业的生存与发展之道》、《中国保险发展报告》和《中国金融论丛》等系列丛书，先后在中央党校《学习时报》、《中国经济时报》和《财政研究》等学术报刊上发表论文多篇，主持"中国金融风险与经济安全""中国'三农'保险发展战略：努力构建三支柱'三农'保险体系"等多项国家级重点课题，成果均被评为优秀科研成果。

王 力 经济学博士，毕业于中国社会科学院研究生院，北京大学金融研究中心博士后。特华博士后科研工作站执行站长，中国社会科学院研究生院博士生导师，北京大学经济学院校外导师，湖南大学金融学院和上海商业发展研究院兼职教授。主要研究领域：区域金融、产业经济、资本市场、创业投资。主要社会兼职：中国生产力学会常务理事和副秘书长、中国保险学会常务理事和副秘书长、中国城市经济学会理事等。

主要学术著作包括《兼并与收购》（2000）、《香港创业板市场研究》（2001）、《中国创业板市场运行制度研究》（2003）、《国际金融中心研究》（2004）、《深圳金融后台与服务外包体系建设研究》（2005）、《中国区域金融中心研究》（2007）、《北京中关村科技园区资源整合研究》（2007）和《中国金融中心城市发展报告》等10多部，在国家核心报刊上发表《全球金融后台业务发展的最新趋势研究》和《中国租赁业的融资问题——基于全产业链视角》等学术论文170余篇。

黄育华 经济学博士，毕业于中国社会科学院研究生院，金融学博士后，现就职于中国社会科学院城市发展与环境研究所城市经济研究室。主要研究领域：金融理论、城市经济、风险管理。主要学术著作包括《资产证券化问题研究》、《国际金融中心研究》、《中国金融论丛》、《中国金融风险管理》、《中国服务外包发展报告》和《中国保险前沿问题研究》等多部。在《中国金融时报》等国家核心报刊上发表《中国金融中心建设若干问题研究》和《中国城市基础设施资产证券化研究》等学术论文80余篇。

主持和参与的课题包括"北京金融业发展战略研究"（2003）、"中国城市发展报告——城市投融资体制改革与创新"（2007）、"中国城市发展报告——中国开发区建设与发展"（2009）、"城市经济学"（2010）、"北京市消费金融问题研究"（2010），以及国家社科基金项目"国有商业银行股份制改造跟踪研究"（编号：05BJY101）、北京市软科学项目"首都金融后台与服务外包体系建设研究"（编号：Z000608100007104）、国家自然科学基金项目"商业银行操作风险管理研究"（71040011）、中国社会科学院国情调研项目"新型城镇化背景下政府融资平台发展对策研究"（2013）。

祝玉坤 经济学博士，毕业于西安交通大学经济与金融学院，特华博士后科研工作站博士后，美国印第安纳大学奥斯特罗姆政治理论与政策分析研究所高级访问学者。主要研究领域：资本市场、融资租赁、财税政策、产业经济。先后在《财贸经济》《财政研究》《税务研究》《当代经济科学》《银行家》等学术报刊上发表论文 10 余篇，参编《中国融资租赁业发展报告（2014～2015）》《中国新三板市场发展报告（2016）》《陕西经济发展报告》《西安经济发展报告》等。

主持和参与的课题包括"北京市'十三五'时期金融业发展规划""石景山区'十三五'时期现代金融产业发展规划""亚太租赁资产交易中心发展规划""西部开发中中央与地方政府间财政利益关系研究""完善我国矿产资源开发的税制研究""促进陕西战略性新兴产业发展财税政策研究""我国省以下政府间转移支付制度研究""西安产业聚集和集群发展的路径、机制与政策选择""西安浐灞生态区财政发展战略"，以及主持中国博士后科学基金第 57 批面上资助项目（一等资助）、北京市博士后科学基金 A 类资助项目等。

摘　要

2015 年以来，国务院先后出台促进融资租赁行业发展的指导意见，为行业持续健康发展指明了方向。《中国融资租赁业发展报告（2015～2016）》全面梳理国内外融资租赁理论及实践发展现状，从租赁行业发展的四大支柱即法律、监管、会计和税收制度环境出发，从市场和机构视角系统评价我国融资租赁业的发展现状及存在问题，在充分借鉴国外发展经验的基础上，提出发展我国融资租赁业的政策建议。

全书分为总报告、制度篇、市场篇、机构篇和专题篇等 5 个主要部分。

总报告全面论证了"新常态"下融资租赁业促进产业转型升级的现实意义和重要功能，并对我国融资租赁业的整体运行情况及存在的问题进行系统评估，重点对融资租赁业在新形势下的政策导向进行全面解析，最后对融资租赁行业发展所面临的机遇与挑战进行深入研判。

制度篇对我国融资租赁行业发展的四大支柱，即法律、监管、税收和会计制度环境进行研判，对租赁行业发展的制度规定进行分析，重点梳理了 4 个领域融资租赁理论与实务的发展脉络。接着讨论了我国现行租赁制度环境存在的问题，对"融资租赁法""营改增"等热点问题展开重点分析，最后提出了四大制度环境优化的政策建议。

市场篇基于承租市场、出租市场两个角度进行分析，其中租赁业承租市场需求研究重点分析了当前"中国制造 2025"、"一带一路"、支持中小微企业融资等新兴领域，特别是分析了农业机械化租赁领域。出租市场选取了医疗设备、光伏新能源、新能源汽车和环保设备等融资租赁领域的新兴制造业，对其融资租赁业务发展状况和市场前景进行了研究。

机构篇对融资租赁三大业务主体即金融租赁公司、内资试点融资租赁公司及外资融资租赁公司展开研究。首先全面梳理了融资租赁机构的发展历程及发展现状；其次选取代表性案例，对不同类别机构的发展情况和经营特点进行分析；最后根据融资租赁行业的市场环境，对融资租赁机构的未来发展趋势进行前瞻性预测。

专题篇从我国融资租赁业务模式创新发展中选取了3个重点和难点问题，即融资租赁与资产证券化业务、融资租赁与互联网金融、融资租赁权属登记信息平台展开系统分析，并对其中存在的突出问题进行研究，以期为融资租赁行业的创新发展提供解决方案。

关键词： 融资租赁业　四大支柱　租赁市场　租赁全产业链

Abstract

The State Council has issued the guidance to facilitate the development of financial leasing industry since September 2015, which pointed out the direction of sustained and healthy development. *Annual Report on China's Financial Leasing Development (2015 - 2016)* comprehensive combines the theory and practice development situation of domestic and foreign financial leasing, analyzes "Four Pillars" of the leasing industry, namely legal, regulatory, accounting and taxation system. This book also analyzes the current level and major problems of financial leasing markets and agencies, then fully draws on experiences of foreign financial leasing industry, provides the policy recommendations to the development of financial leasing.

This blue book is divided into five parts: the General Report, the System, the Market, the Institution and thematic parts.

The General Report fully demonstrates the important features of financial leasing in promoting industrial transformation and upgrading under the new normal economy, and then systematically evaluates the overall operation and problems of China financial leasing industry. This part also focuses on the comprehensive research of the current financial leasing policy orientation, and the in - depth study on the opportunities and challenges of industry.

The System Reports mainly study on the four pillars of the development of financial leasing industry, namely legal, regulatory, tax and accounting system environment, and analyzes provisions of the leasing industry, which focuses on the developing context of four areas combing theory and practice. This part also discusses the current problems of lease system environmental, focusing on the analysis of "financial leasing law," "camp changed to increase". Finally, this part gives policy proposals of the four institutional environments to optimize the environment.

The Market Reports conducts the research from two angles, the lease market and rental market. The lease market demand analyzes the emerging areas of "Made in China 2025", "The Belt and Road" and "Support small and medium micro enterprises", particularly agricultural mechanization lease field. The rental market selects medical devices, photovoltaic new energy, environmental protection and new energy vehicles and other equipment leasing fields, to study its financial leasing business development and market prospects.

The Institution Reports research from three main business namely financial leasing companies, domestic and foreign financial leasing company pilot financial leasing companies. Firstly, a comprehensive sort of history and present situation of the development of financial leasing institutions; Secondly selecting representative cases of different categories of institutional development and operating characteristics analysis; Finally, the prospective prediction of the development trend of financial leasing institutions, according to financial leasing industry market environment.

The Thematic Reports select three important and difficult problem, from our financial leasing business model innovation, namely the field of finance leasing and asset securitization business, financial leasing and Internet banking, finance lease ownership registration information platform, and on which the outstanding issues are studied in order to provide solutions for the financial leasing industry innovation and development.

Keywords: Financial Leasing Industry; Four Pillars; Rental Market; Whole Financial Leasing Industry Chain

序　言

　　2007 年，自修订后的《金融租赁公司管理办法》发布实施以来，我国融资租赁业进入了蓬勃发展的新时期，行业资产总规模增长迅猛，在各金融子行业中一枝独秀。然而，融资租赁的研究远远滞后于实践发展，直至2015 年初，本蓝皮书的《中国融资租赁业发展报告（2014～2015）》出版发行，业内才有了一本全面研究国内外融资租赁理论与实践发展的发展报告。该书一经出版，即受到社会各界的广泛关注，获得了经济金融业界、学术界和监管部门领导的高度认可和一致好评。

　　2015 年，我国融资租赁行业发展呈现新的发展态势，融资租赁公司数量实现快速增长，创新业务模式和服务业态不断涌现，形成了一系列新的市场关注点。截至 2015 年 12 月底，中国融资租赁合同余额约为 44400 亿元人民币，较上一年的 32000 亿元增加 12400 亿元，增长幅度为 38.8%。与此同时，中央政府对融资租赁行业的发展十分重视，国务院总理李克强多次主持工作会议强调要加快融资租赁和金融租赁行业发展，更好地服务实体经济。在这一年里，国务院及有关部委先后出台了多项促进融资租赁行业健康发展的重大利好政策。

　　在充分收取各方对上一本蓝皮书宝贵意见的基础上，特别是在与融资租赁业内人士交流沟通之后，我们决定第二本融资租赁蓝皮书更加突出"理论与实务并举"特点，在跟踪最新融资租赁理论前沿的基础上，重点对当前融资租赁实务尤其是业务开展过程中的现实问题展开深入研究。本书首先从融资租赁四大支柱即法律、监管、税收和会计制度实务出发，先后组织相关领域专家学者展开全面深入研究，对行业发展中存在的制度障碍进行客观分析，并提出有针对性的改革发展的建议。

为了更好地研判我国融资租赁业的发展态势，我们结合融资租赁全产业链中最为重要的3个业务主体即承租人、供应商和出租人，分别对国内融资租赁市场的需求主体、租赁设备供应主体和融资租赁行业经营主体进行深入分析。其中关于装备行业的租赁市场分析预测，紧密结合了当前我国装备制造业转型升级方向和"中国制造2025"战略规划，对融资租赁行业中新兴的多个热点子行业，诸如农业、医疗、光伏新能源和环保设备等，均进行了专业分析和实证研究，可以帮助读者全面了解我国融资租赁市场的各个细分业务板块的发展状况。

随着国内融资租赁行业的发展壮大，融资租赁业务创新需求不断加大，特别是与资产证券化、互联网金融、征信等诸多领域产生了业务融合和交叉趋势。因此，为了全面反映融资租赁行业的最新特点和发展态势，本书组织了上述业务领域的资深专家就融资租赁和资产证券化业务、融资租赁与互联网金融、融资租赁权属登记信息平台等领域展开专题研究。本部分内容不仅有助于融资租赁业内人士熟悉新业务模式，也有助于为其他金融子行业开展融资租赁业务提供新思路。

相较于上一本融资租赁蓝皮书，本书在研究主题选择上更有针对性，在研究方法上尽力做到兼具规范性、专业性和学术性，全书更具有实践操作性和实用价值，可以满足经济金融界、监管部门、学术界等领域的各类读者学习、研究和业务开拓等多样化需求。但受限于研究水平，难免出现疏漏和不足，希望广大读者给予批评指正。

主　编

2016 年 6 月于北京

目　录

Ⅰ　总报告

Ⅱ　制度篇

Ⅲ　市场篇

Ⅳ　机构篇

Ⅴ　专题篇

Ⅵ　附录

皮书数据库阅读**使用指南**

CONTENTS

I General Report

II System Reports

总 报 告

General Report

B.1

中国融资租赁业发展分析与展望

王 力 黄育华 祝玉坤*

摘 要: 融资租赁行业在社会资本形成和资金分配、产业结构调整、促进就业以及扩大出口等领域具有重要作用，对新常态下我国经济转型升级具有重要战略意义。2015 年 9 月以来，国务院先后出台了促进融资租赁行业发展的指导意见，为行业持续健康发展指明了方向。本报告首先全面论证了新常态经济条件下融资租赁促进产业转型升级的重要功能，其次对融资租赁业的整体运行情况及存在的问题进行系统评估，再次对我国融资租赁业发展的政策导向进行全面解析，最后对融资

---

* 王力，经济学博士，中国博士后特华科研工作站执行站长，中国社会科学院研究生院金融系博士生导师，北京大学经济学院校外导师，主要研究领域为产业经济、区域金融和资本市场；黄育华，经济学博士，中国社会科学院城市发展与环境研究所副研究员，主要研究领域为金融理论、城市经济、风险管理；祝玉坤，经济学博士，中国博士后特华科研工作站博士后，主要研究领域为融资租赁、债券市场、财税理论与政策。

租赁行业发展面临的机遇与挑战进行深入研究。

关键词: 融资租赁 经济新常态 战略机遇 评估预测

2014 年 12 月 9 ~ 11 日,中央召开经济工作会议,会议认为"我国经济发展将进入新常态,正从高速增长转向中高速增长"①。融资租赁作为一种极具生命力的金融工具和有利于金融制度创新的手段,在调整优化产业结构、促进制造业转型升级、发掘社会闲置资源、释放有效需求和促进金融市场完善等方面将发挥重要作用,可以成为新常态下加快我国产业转型升级进程的一种有效手段。近 3 年来,我国融资租赁行业的业务总规模的复合增长率超过了 50%,其增速在金融行业中处于领先地位。随着全球金融业的不断发展,在市场经济发达的欧美国家,融资租赁业已经成为仅次于银行业的第二大资金供应渠道。面向未来,作为一种创新金融服务,融资租赁业将是我国金融版图上的"朝阳产业",未来依然有巨大的成长空间。统计显示,截至 2015 年底,全国融资租赁企业总数约为 4508 家,较 2014 年底增加 2306 家;融资租赁合同余额约为 44400 亿元,较 2014 年底增长 38.8%,我国已成为全球第二大租赁业务国。

2015 年 8 月 26 日,李克强总理主持召开国务院常务会议,会议明确提出"要进一步加快完善我国融资租赁和金融租赁行业发展的措施,更好服务实体经济"②,

---

① 认识新常态,适应新常态,引领新常态,是当今和今后一个时期我国经济发展的大逻辑。

② 2014 年 4 ~ 5 月,在李克强总理主持召开的三次国务院常务会议上,融资租赁均被提及。2014 年 4 月 16 日会议指出"培育农村金融市场、开展农村金融租赁服务";4 月 30 日会议要求"适时扩大融资租赁货物出口退税试点范围,采取综合措施,支持中国设备走出去";5 月 14 日的会议部署加快生产性服务业重点和薄弱环节的发展,促进产业结构调整升级,推广制造施工设备、运输工具、生产线等融资租赁。2015 年 8 月 26 日会议指出,"加快发展融资租赁和金融租赁,是深化金融改革的重要举措,有利于缓解融资难融资贵,拉动企业设备投资,带动产业升级"。2015 年 12 月 2 日,国务院常务会议指出"支持广东、天津、福建自由贸易试验区分别以深化粤港澳合作、发展融资租赁、推进两岸金融合作为重点,在扩大人民币跨境使用、资本项目可兑换、跨境投融资等方面开展金融开放创新试点"。

随后先后出台了促进我国融资租赁行业发展的支持性政策①，从而为我国融资租赁业的发展指明了方向。与此同时，以上海、天津为代表的国内发达城市，纷纷出台了促进融资租赁业发展的区域优惠政策，这将进一步加速租赁行业集聚式创新发展②。

一 新常态下融资租赁推动我国经济转型升级

我国经济增长呈明显的投资拉动型，资本形成和资本利用效率是促进我国经济增长的"双轮"，因此，融资租赁在资本形成和资金分配、结构调整、促进就业以及扩大出口方面的作用，对我国现阶段新常态下经济转型升级具有重要的现实意义。

（一）促进产业结构优化升级

融资租赁可以加快传统产业改造升级。一般来讲，融资租赁方式可以推动传统行业企业进行技术改造和设备更新。与此同时，部分生产制造企业可以通过设备的"售后回租"方式盘活企业资产存量，从而增强企业资金流动性。企业也可以将闲置设备租出去，提高设备的利用效率，实现企业资产置换和重组。不仅如此，融资租赁还可以促进传统产业的梯度转移，表现在租赁企业采用国际租赁的方式从国外市场引进先进设备，有助于加快国内企业设备更新换代，降低更新改造成本。同时，租赁企业也可将经济发达地区的闲置设备转移到经济快速发展的新兴地区，从而实现区域产业结构的合理调整③。

---

① 《关于加快融资租赁业发展的指导意见》和《关于促进金融租赁行业健康发展的指导意见》。

② 《关于促进浦东新区融资租赁行业健康发展的若干意见》于 2015 年 10 月正式发布，上海自贸区融资租赁"新政"包括建立协调机制、优化行业发展环境、提升政府服务能级和扩大经营范围等。

③ 融资租赁推动区域产业结构调整，可以有效推动西部大开发、东北老工业基地振兴、中部省份崛起等国家战略的进程，从而优化我国经济发展的区域布局。

融资租赁有利于促进农业现代化进程。当前，融资租赁方式尤其适合我国的农业生产方式①，解决农民没有足够资金购置大型农业机械设备②的难题，从而大力提升农民的购买力水平，提升农业机械化水平和加快产业化进程。融资租赁可以有效促进中小企业发展。由于中小企业规模较小，经营活动透明度较差，不适合直接融资和发行债券，间接融资成为其主要的外部融资选择。然而，商业银行投放贷款难以真正覆盖中小企业，这主要是因为中小企业普遍存在资信评级偏低、抵押担保条件不足和经验透明度较差等问题。而在融资租赁中，由于租赁企业掌握租赁物的所有权，一旦租金回收出现问题，租赁公司便可轻松将租赁物回收，相对于商业银行来说更少受企业规模和盈利情况等因素困扰，所以融资租赁作为银行信贷的有效补充，利用其自身的经营特点，更适于为中小企业和新兴公司等提供融资服务，促进中小企业健康发展。

融资租赁可以加快高新技术产业化进程。当前，我国高新技术产业发展存在资金制约问题，科技型创业公司不能从正规的信贷金融机构、境内资本市场进行有效融资，融资租赁正适于解决这一困难。一方面，融资租赁运作机制与风险投资资本较为相似，租赁企业较为看重项目投资的前景，而不完全是看企业所能提供的抵押和担保，因而可以在科技企业创立初期，为其提供急需的资金，并根据项目收益灵活安排租金偿还；另一方面，租赁企业可以通过资产组合有效分散风险，从而为企业的风险项目进行融资，即使个别项目产生损失也不会影响公司的整体经营，相当于保险公司为科技风险进行保险，这将有力地保障高新技术产业的健康发展。

（二）拉动社会有效需求

从拉动投资的角度来看，融资租赁能够积极释放国家投资领域的需求潜力，同时可以有效引导投资企业提高决策效率，从而改善企业的经济结构和

---

① 我国农业生产基本上以家庭为单位进行，农民收入水平普遍较低。农民可以采取多个家庭联合租赁的方式租赁大型机械设备，同时租金也易于在不同家庭之间分割。

② 诸如联合收割机、农用运输车、粮食加工设备等大型农用设备。

产业结构。融资租赁可以为新企业提供设备融资，并且受到的约束条件较少，能够迅速扩大投资规模，具有积极杠杆效应。与此同时，融资租赁既能将本国国民储蓄有效转化为投资，又能从国际市场筹措资金以补充国内资金的不足，并且还可以在资金筹措过程中引进国外的先进技术和设备，具有特殊的投融资优势。这正符合新常态下我国投资需求的新特点，即融资租赁这一手段可以将其授信与企业实物投资实现天然结合，出租人可对项目全过程进行监督管理，从而有效保证项目投资的效率。

从出口拉动视角看，融资租赁可以优化出口结构，促进对外贸易健康发展。自 20 世纪 70 年代以来，融资租赁方式普遍被发达国家经济体当作扩大产品销售出口的有力手段。一方面，生产制造厂商可以实现销售风险的转移，即企业可以从融资租赁公司及时收回货物销售款；另一方面，出口租赁能够丰富制造企业的生产销售手段，积极拓宽企业海外市场，从而提升企业在国内外市场的竞争力。与此同时，由于融资租赁在名义上不是直接销售，因此可以绕过进口国家设置的贸易保护。因此，积极利用出口租赁形式，既能为目标市场国家的进口商解决融资来源问题，又能将制造商与用户有机地联系在一起，有效扩大产品出口，改善出口结构，提高外贸企业的竞争力。

从内需拉动视角看，融资租赁可以促进产品销售，刺激消费需求，实现扩大内需的目标。因为融资租赁只需要先支付少量的保证金即可使消费者拥有产品的使用权，以后只需要依照合同规定的方式支付租金，缓解了消费者临时大额支付的压力，平衡稳定了消费者的日常收入支出结构。与此同时，在租期结束时，消费者具有购买选择权，可以自行决定是否留购，对于作为销售一方的设备厂家来说，融资租赁模式使其始终具有所有权，在租金不能按时回收的情况下能及时收回租赁物，相对其他消费金融方式可以更有效地防范和控制消费风险，也可为客户提供从售前到售后，从价格到法律、质量等方面的全过程服务。比如，因与制造商的联系密切，可以保证商品品质，弥补消费信贷只融资不融物的不足，从而极大地推动汽车、住房、高档电器等销售增长。

（三）优化金融组织结构

党的十八届三中全会提出，促进金融深化，优化金融结构，实现金融资产多元化和金融工具多样化。而优化金融结构的重要内容之一就是优化金融组织结构，逐步改变商业银行占绝对优势地位的金融体系，加快各类非银行金融机构发展，如融资租赁公司、消费信贷公司、住房金融公司等，提升贷款以外的金融业务在整个金融融资业务规模中的比重。融资租赁作为一种特殊的信用形式，是金融市场组织结构中的重要组成部分，在活跃金融市场方面发挥着日益重要的作用，在为企业筹集设备资金、引进成熟技术和改善出口结构等方面都做出了不可或缺的贡献。

融资租赁除了具有资源配置功能之外，还有助于改善银行的信贷资产结构。融资租赁公司可以充分发挥其中介功能，沟通货币供给与市场需求，促进商业银行等信贷金融机构的业务转型。银行通过融资租赁企业发放信贷融资，可以视作以租赁企业为金融中介向风险相对较大、成本较高的中小企业投放贷款[1]。有资质的租赁企业具备大规模借贷的资质，融资成本较低，可以发行债券，进行同业拆借，还可以通过设计合理的结构化产品来规避各种税收，可以设立容纳大批同类租赁资产的资产池，发行资产证券化产品，归集广大公众投资者的资金。鉴于商业银行承担着支持社会支付体系运转的重任，流动性压力长期存在，故商业银行应主要关注以流动资金贷款为主的短期资金市场。金融租赁企业或其他投资机构等，应该承担大多数中长期的固定资产投融资业务。通过以上分析可以看出，融资租赁企业开展业务，可以有效减少商业银行的投资信贷化的压力，改善银行的资产负债表，从而有助于商业银行的改革创新。

---

[1] 银行由于可以依托租赁企业和实物所有权的双重担保，既扩展了客户市场，又降低了风险。

二 中国融资租赁业运行情况分析

（一）企业数量

截至 2015 年 12 月底，国内已经注册设立的各类融资租赁公司有 4508 家。其中，银监会管辖的金融租赁公司 49 家，商务部管辖的内资试点租赁公司 191 家，外资租赁公司4268 家①。统计数据显示，2015 年全年全国融资租赁企业数量实现翻番，主要原因在于外资租赁公司全年数量快速增加，相比之下，金融租赁和内资租赁企业数量仅分别增加 17 家和 38 家。

（二）业务规模

随着改革的不断推进和市场经济的不断发展，近年来我国融资租赁业务不断变化，融资租赁已在航空运输、医疗设备、印刷机械、工业装备、船舶海工、教育设施、建筑机械等领域成为主流融资方式。租赁业务范围的不断拓宽，进一步促进融资租赁业务规模扩大，截至 2015 年底，全国融资租赁合同余额约为 44400 亿元，较 2014 年底增长 38.8%。其中，银监会监管的金融租赁公司各项业务平稳增长，总资产达到 16314.25 亿元。2015 年租赁投放金额达到 7108.55 亿元，实现营业收入 938.66 亿元，利润总额 234.43 亿元②。

（三）注册资本金

从注册资本看，截至 2015 年 6 月底，全国各类融资租赁公司注册资

---

① 不含 7 家已经被注销的外资租赁公司：华联国际租赁（天津）有限公司、嘉银融资租赁（江苏）有限公司、大连瑞海融资租赁有限公司、安科融资租赁（中国）有限公司、华商国际租赁（天津）有限公司、华浦国际租赁有限公司、西南国际租赁有限公司。

② 资料来源：中国银行业协会金融租赁专业委员会。

本合计已达 9574.39 亿元人民币，其中金融租赁公司 1239.55 亿元人民币，内资试点融资租赁公司 986.29 亿元人民币，外商投资的融资租赁公司 7348.55 亿元人民币。金融租赁公司中注册资本超过 10 亿元人民币的有 36 家，占同类公司总数的 73.47%。注册资本最大的工银金融租赁公司注册资本为 110 亿元人民币，是目前唯一一家规模超过 100 亿元的融资租赁公司。

（四）市场结构

目前租赁行业表现出行业集中度高、金融系公司优势明显两大特点。2015 年银监会监管的金融租赁公司中，40 家已开业公司实收资本达到 1289.55 亿元，总资产达到 16314.25 亿元。行业内资产规模最大的 6 家公司的资产均已突破 1000 亿元，其中工银金融租赁公司资产总额超过 1700 亿元，成为行业冠军。全行业租赁资产不良率为 0.81%，而拨备覆盖率为 238.61%，风控状况良好。我国金融系融资租赁公司占据优势的市场结构，不同于发达国家以独立系或厂商系租赁公司为主的结构，这主要是由于在我国特定的金融市场结构下，租赁企业以直接融资为主。

（五）地区分布

对注册地区进行统计分类，在全国 34 个省份中，有 7 个地区融资租赁公司的注册数量超过 100 家，分别为上海市、广东省、天津市、北京市、江苏省、浙江省和山东省。其中，沪、津、穗三地的注册数量总和超过全国总量的一半。2015 年得益于上海自贸区的发展以及相关政策对融资租赁产业的大力扶持，上海融资租赁公司数量增长最快，公司数量从 452 家增长至 1302 家，增幅超过 180%。此外，广东、天津也实现了 50% 以上的数量增长。从区域格局来看，金融租赁公司呈现上海和天津两地集中分布的态势。湖北、浙江、安徽三省各有 2 家金融租赁公司，其他 9 家金融租赁公司分别成立于山西、广西等 9 个地区。

三 中国融资租赁业发展的政策导向

2015 年 9 月初,国务院办公厅下发《关于加快融资租赁业发展的指导意见》(以下简称《融资租赁意见》)、《关于促进金融租赁业健康发展的指导意见》(以下简称《金融租赁意见》),从顶层设计的层面强力助推融资租赁行业的发展。《融资租赁意见》分别从改革束缚行业发展的不利体制机制、加快重点行业领域融资租赁业务开展①、支持融资租赁企业创新发展思路、加大行业主管部门事中事后监管力度、建设法制化营商环境、完善财税政策、拓宽融资渠道、完善公共服务、加强人才队伍建设等方面做出全面部署。《金融租赁意见》从加快行业发展、增强企业核心竞争力、发挥产融协作优势、提升金融租赁服务水平、加强基础设施建设、完善配套政策、加强行业自律、完善监管体系等方面进行部署。国务院先后出台的指导意见,对行业发展现实难题、改革方向、未来发展路径等进行顶层设计,将进一步促进租赁业与实体经济的结合,激发租赁业在推动产业创新升级、优化资源配置、拓宽中小微企业融资渠道、扩大贸易进出口方面发挥更加重要的作用,从而为实体经济的发展注入新的强大动力。

(一)支持融资租赁创新发展,增强公司核心竞争力

支持租赁企业在业务操作过程中,广泛吸收应用包括移动互联网位置服务技术、大数据分析技术等在内的热点前沿科技,提高业务经营效率和管理水平。《融资租赁意见》分别从创新商业模式、加快发展配套产业、提升企业核心竞争力等方面,实施相关政策支持我国融资租赁企业创新发展。与此同时,《金融租赁意见》更突出金融租赁特色,引导各类社会资本进入金融租赁行业,建立完善的公司治理结构和内部控制体系,推进混合所有制改革,鼓励金融租赁公司自主创新发展。

---

① 包括积极推动产业转型升级、加快发展中小微企业融资租赁服务、大力发展跨境租赁等方面。

（二）提升融资租赁服务水平，加大重点领域发展

支持融资租赁企业积极配合"一带一路"、京津冀协同发展、长江经济带、"中国制造2025"和新兴城镇化等国家重大战略。一方面，支持融资租赁企业布局于新能源汽车、飞机船舶、城乡基础设施建设、农业设备等领域；另一方面，引导企业加快发展科技型、创新型和创业型中小微企业融资租赁服务，推动"三农"发展服务、跨境租赁服务等。

（三）完善配套政策体系，拓宽行业融资渠道

上述两份指导意见都提出鼓励租赁公司运用上市、发债和资产证券化等资本市场工具募集资金，通过产业基金、外债等方式拓宽企业融资渠道，为企业提供长期稳定的资金来源。《融资租赁意见》提出加大政府采购支持力度，并以风险补偿、现金奖励、财务贴息等方式完善财税政策。鼓励财产保险企业和出口信用保险企业将业务范围扩大到租赁资产标的，并进一步完善健全与租赁资产相关的各类产权登记管理制度。

（四）完善监管体系，增强风险管理能力

《融资租赁意见》要求加强对行业各方的统筹管理，建立统一的覆盖内外资融资租赁企业的行业管理制度，打造事中、事后监管体系，以实现经营范围、监管指标、交易规则、信息报送、监督检查等方面的统一。简化制约融资租赁行业发展的相关资质管理。《金融租赁意见》完善以风险管理为本、以资本监管为核心，切合行业发展特点的监管体制，在满足风险控制的前提下，守住不发生区域性、系统性金融风险的底线，以实现金融租赁行业健康发展。

（五）发挥中介组织力量，加强租赁人才培养

《融资租赁意见》提出逐步完善公共服务，包括完善融资租赁统计制度、建立行业标准化体系、定期发布行业发展报告等。《金融租赁意见》要

求加强金融租赁行业内各种自律组织的建设，通过各类组织强化对从业者的教育，进行行业宣传推广，收集整理业内机构信息以及发布权威行业运行报告。两份指导意见均要求加强人才队伍建设，通过与具备条件的高等院校联合开设融资租赁专业课程，解决专业化人才缺乏问题。支持行业协会开展培训、知识普及等工作。

四 中国融资租赁业发展的战略机遇

当前世界经济复苏形势尚不明朗，不同区域经济增速分化加剧，经济下行风险仍然存在。欧美等发达经济体经济呈缓慢复苏态势，新兴市场经济增长不确定性加大。国内经济发展进入新常态，产业结构面临深刻调整，创新驱动成为经济发展的新引擎。"十三五"期间，我国经济结构深化调整，金融业扩大开放，中国融资租赁业将面临如下四大战略机遇。

（一）"一带一路"国家战略提供国际化发展机遇

"一带一路"分别指的是"丝绸之路经济带"和"21世纪海上丝绸之路"。据估算，"一带一路"沿线国家总人口约为44亿，经济总量约为21万亿美元，分别约占全球的63%和29%。"一带一路"战略加强了中国与沿线国家在基础设施建设、资源开发、产业整合方面的合作，金融支持重大项目实施作用凸显。我国实施"一带一路"战略，是以实现沿线国家通路、通航和通商为主要目标，初期政策着力点将以沿线的基础设施建设为主①，这为相关机器设备融资租赁业务提供了巨大的市场机会。相关机构统计发现，"丝绸之路经济带"区域内相关国家在未来10年的基础设施投资需求达8万亿美元。因此可以预期，"一带一路"沿线国家重大基础设施建设的巨大资金缺口将对我国未来基础设施租赁业务发展提出新的需求。"一带一

---

① 沿线国家实施公路、铁路、港口、机场、电信、核电等项目都需要技术和大规模资金支持。

路"战略实施为融资租赁企业积极开拓国际市场、开展跨境兼并、培育跨国租赁企业集团等提供战略发展机遇。

（二）"中国制造2025"释放巨大租赁需求

2015 年 5 月，国务院发布"中国制造 2025"战略规划，作为中国建设制造业强国"三步走"战略第一个十年的行动纲领，规划明确提出以融资租赁公司为代表的各类金融机构，要通过各具特色的金融产品和服务，为国内装备制造业企业和用户提供全方位、多样化、定制化的投融资解决方案，从而有力地配合这一国家战略的落实。支持各大领域的制造业大型企业集团开展"产融结合"相关试点，通过融资租赁方式促进制造业转型升级。伴随"中国制造 2025"战略逐步实施，以高铁、太阳能、风电、民用飞机、船舶、海洋工程、大型成套设备等为代表的中国高端装备制造业，将逐步向国外市场发展，作为连接金融服务业与制造业实体产业的重要纽带、桥梁，融资租赁业将为中国制造业的转型升级战略提供强大的资本后盾。

（三）政府优惠政策推动行业集聚效应凸显

2015 年国务院办公厅出台促进融资租赁行业发展的指导意见，以上海、天津、广东为代表的国内省份先后出台一系列促进区域租赁行业发展的优惠政策，不断推动租赁产业实现集群式发展，行业集聚效应凸显。从融资租赁公司注册数量的区域分布来看，在全国 34 个省份中已有 7 个地区的注册数量超过 100 家，分别为上海市、广东省、天津市、北京市、江苏省、浙江省和山东省①。以上海、天津为例，《关于促进浦东新区融资租赁行业健康发展的若干意见》于 2015 年 10 月正式发布，上海自贸区融资租赁"新政"包括建立协调机制、优化行业发展环境、提升政府服务能级和扩大

---

① 上海是 2015 年上半年融资租赁公司数量增长最快的地区，租赁公司数量从 545 家增加到 987 家，增幅超过 80%，平均每天增加 2~3 家。这主要得益于上海自贸区对融资租赁产业的大力扶持。

经营范围等。《关于金融支持中国（天津）自由贸易试验区建设的实施意见》① 提出重点发展融资租赁业，包括设立中国金融租赁登记流转平台和中国融资租赁资产登记流转平台，设立融资租赁产业基金和融资租赁股权投资基金等，推动完善租赁公司和租赁资产的税收政策。

（四）借力"互联网＋"实施行业创新发展

据中国互联网金融行业协会统计，2014 年底中国互联网金融规模已突破 10 万亿元。2015 年 7 月 18 日，央行、银监会、工信部等十部委联合发布《关于促进互联网金融健康发展的指导意见》，将互联网金融纳入法治化和依法监管的轨道。融资租赁行业借力"互联网＋"创新发展，一方面，实现融资租赁与互联网金融的创新发展，有助于催生更有生命力的专业化发展模式，从而提高社会资金使用效率和加快资金融通速度；另一方面，互联网金融发展有助于破解当前我国传统行业发展过程中普遍存在的信息不对称问题，从而使融资租赁投放方与产业资金需求方实现有效匹配。近年来，不少企业参与"融资租赁＋互联网金融"业务，行业资料显示，截至 2015 年 9 月 30 日，"融资租赁＋互联网金融"模式的 A2P 平台已经增加到 40 家。但是互联网金融对整个融资租赁行业发展的影响程度有待进一步观察和思考，其中如何有效解决信息披露、风险隔离等核心问题，将成为"融资租赁＋互联网金融"模式发展的关键因素。

五　中国融资租赁业发展面临的挑战

尽管近年来我国融资租赁行业总体规模不断扩大，截至 2015 年底，融资租赁行业资产规模累计已经达到 4.4 万亿元，但与银行业、保险业、信托业、基金业等其他金融行业相比仍有较大差距②。具体来说，当前我国融资租赁业发展主要存在以下问题。

---

① 即天津自贸区"金改 33 条"。
② 统计数据显示，2015 年底我国商业银行资产达 194.17 万亿元，信托资产达 16.30 万亿元，保险资产达 12.4 万亿元。

（一）融资租赁行业政策法规不足

当前我国现有的法律法规已对融资租赁公司的市场行为进行了规范，为融资租赁业的发展提供了一个配套的政策环境。然而，我国专门针对融资租赁行业的"融资租赁法"迟迟未出台①，成为制约我国融资租赁行业发展的重大障碍。在租赁物登记方面，由于行业监管部门不同，租赁物登记信息缺乏有效整合，存在重复登记、查询不便等诸多现象。在行业标准方面，与融资租赁业相关的行业标准不完善，导致租赁公司对融资租赁的专业属性难以完全把握，诸如设备技术风险、残值处理技术、承租人风险、交易操作与管理、会计、税收等内容缺乏法律依据与保护，制约了融资租赁业的健康发展。

（二）租赁企业的融资渠道相对单一

当前制约我国融资租赁行业发展的最突出问题之一就是企业普遍面临严重的资金约束，融资渠道单一，主要业务资金来自银行贷款。相对于金融租赁公司，融资租赁公司的融资渠道显得更为单一。据统计，85%以上的融资租赁公司开展业务所需资金来自银行信贷，融资租赁公司与商业银行的主要合作方式包括：独立的项目融资、以融资租赁应收款为基础的保理融资、对融资租赁应收款进行质押的贷款。迄今为止，尚未有金融租赁公司登陆资本市场融资，在主板市场中存在渤海租赁以及远东宏信、中国飞机租赁、环球医疗4家融资租赁公司，在新三板市场挂牌交易的租赁公司共有8家②。然而，通过新三板挂牌获得增发融资的租赁公司并不多③。考虑到融资租赁业务中中长期项目占比较大，银行短期信贷融资与融资租赁业务存在严重的期限错配，流动性风险隐患成为融资租赁企业的现实问题。

---

① 《融资租赁法（草案）》2006年11月第三次征求意见稿出台，至今尚未颁布。
② 这8家公司分别是弘陆股份、紫竹桩基、融信租赁、宇宏新科、福能租赁、通莞股份、中国康富和利驰租赁。在新三板在审企业名单中，还有9家租赁公司。
③ 目前，在8家挂牌新三板市场的租赁公司中，仅有中国康富、弘陆股份成功实施增发融资，募资金额分别为18.75亿元、1115.25万元；融信租赁2.05亿元的增发方案、紫竹桩基198万元的增发方案则已分别获证监会批准、董事会预案批准，尚未完成发行。

（三）租赁业务模式有待转型

现阶段国内融资租赁企业的基本业务模式是以售后回租为主、以直接租赁为辅，其他业务模式如联合租赁、转租赁、杠杆租赁、风险租赁、委托租赁、项目租赁、结构式参与租赁、混合性租赁等在国际上较为普遍，而国内融资租赁企业采用的不多。一些融资租赁企业拓展业务客户，偏重于大型企业，形成"租长、租大、租集中"的不良偏好，并由此引发注册资本加速消耗、同质化业务竞争严重、特定行业项目扎堆、同业恶性竞争加剧等突出的行业问题。这些问题说明国内融资租赁业亟须向专业化、集约化转型，拓展多样化行业领域和优化各类客户结构将是融资租赁公司下一步实现又好又快发展的重点。

（四）人才队伍亟须扩充

融资租赁行业高速增长，带来了对专业技术人才、管理人才的巨大需求，但市场上人才储备和供应明显不足。由于融资租赁是一门综合性很强的交叉应用科学，既涉及金融、贸易、法律、财务、税务及投资等领域的专业知识，也包括机械结构、生产流程等理工科专业知识，因此，对融资租赁管理者及从业人员的专业素质要求很高。据测算，我国融资租赁领域专业人才缺口将近 5 万名，加之当前从事融资租赁业经营管理的人员大多数没有经过必要的专门培训，不具备系统的专业知识，很多高等院校尚未开设融资租赁专业课程。种种问题表明，人才匮乏已经成为制约我国融资租赁业发展的一个重要因素①。

---

① 陕西省出台的《关于促进融资租赁业发展的实施意见》明确，充分利用陕西教育资源优势，在现有金融、法务、财会等硕士、博士生基础上，定向培养融资租赁业专业人才，力争在 3 年内，每年培养融资租赁高级专业人员 100 人左右，满足融资租赁企业对人才的紧急需求。西安国际港务区将设立总额为 50 万元的奖学金，重点用于金融、财务、法律、管理及贸易等与融资租赁产业紧密相关的专业。

（五）缺乏政府配套政策的大力支持

相比于欧美日等融资租赁业发达国家的完善扶持政策，我国对融资租赁业的政策扶持力度远远不足，国家尚未出台专门针对融资租赁业的综合配套政策，尽管一些地方政府出台了推动本地融资租赁业发展的优惠政策，但依然存在政策散乱、扶持力度不够等问题。在融资租赁业发达国家，来自税收领域的优惠是行业发展的一个重要政策支持，但国内财税主管部门还没有制定出台针对融资租赁业发展的特定税收优惠政策。此外，我国融资租赁业也没得到国家保险政策、信贷政策等综合优惠政策支持。

（六）行业中介组织作用不足

由于融资租赁行业归银监会、商务部分别监管，当前我国租赁行业组织主要有中国金融学会金融租赁研究会、中国外商投资企业协会租赁委员会以及一些地方性融资租赁企业协会，尚未出现由行业主管部门牵头组建的具有全国影响力的行业协会。当前我国融资租赁行业中介组织作用不足，导致全行业统计数据收集、统计年鉴编写、信息咨询、统计分析、行业培训与考核、业务交流等工作难以有效开展。以融资租赁行业数据统计为例，我国尚未建立具有强制性、权威性的数据统计系统，企业难以准确掌握行业内租赁资产状况，不利于监管部门对行业全局进行把控。银监会对金融租赁公司的各项业务数据进行监管，而内资试点融资租赁公司和外商投资租赁公司的统计情况有待完善。

参考文献

[1] 蔡鄂生：《我国金融租赁业的现状与发展模式》，《中国金融》2011 年第 4 期。

[2] 王晶、关兵：《我国融资租赁立法的现状及评价》，《辽宁经济》2004 年第

5 期。

[3] 聂高辉：《中小企业融资的理智选择——金融租赁》，《金融与经济》2005 年第 3 期。

[4] 雷淑琴：《浅析企业融资租赁决策》，《沿海企业与科技》2006 年第 2 期。

[5] 靳灵慧、司勇：《浅议我国融资租赁税收优惠政策》，《商场现代化》2006 年第 2 期。

[6] 王晓耕：《中国融资租赁业经济影响的实证分析及发展对策研究》，《经济问题》2010 年第 6 期。

[7] 周新生：《产业链与产业链打造》，《广东社会科学》2006 年第 4 期。

[8] 唐锋、贺武、魏淑娟：《中外融资租赁业发展比较及经验借鉴》，《特区经济》2006 年第 1 期。

[9] 路妍：《我国融资租赁业发展缓慢的成因分析》，《管理世界》2002 年第 10 期。

[10] 肖震波：《融资租赁：一种解决中小企业融资问题的办法》，《中国工业经济》2002 年第 7 期。

[11] 郭鑫、付剑茹：《刍探发展中小企业融资租赁》，《财会月刊》2008 年第 5 期。

制 度 篇

System Reports

B.2

中国融资租赁业发展法律规制

林少伟*

摘　要： 我国融资租赁业法律规制早期呈现实践先于法律、规制分
散化与规章化的特点，1999 年颁发的《合同法》虽创造性
地单独设章规制融资租赁，但其过于原则化、不具有较强
操作性等缺陷，导致司法适用不统一，同案不同判的现象
也不时出现。为解决这一难题，扩大法律适用的覆盖面与
加强统一性，规范融资租赁业稳定有序发展，最高人民法
院颁发相关司法解释，对融资租赁合同的认定、履行、解
除以及当事人违约责任等问题做出具体规定。但融资租赁
业仍存在登记公示、取回权、标的物范围统一等方面的诸
多问题。需要在原有的立法基础上，加快统一立法进程，

---

* 林少伟，法学博士，中国博士后特华科研工作站博士后，西南政法大学民商法学院副教授、
硕士生导师，主要研究领域为民商法基本理论、公司法与信托法。

以有力推动融资租赁业有序发展。

关键词：　融资租赁　法律规制　合同法　司法解释　统一立法

一　中国融资租赁立法回顾

（一）早期立法的空白与滞后

我国早在 20 世纪 80 年代初便引入融资租赁。中国东方国际租赁有限公司和中国租赁有限公司的成立，标志着我国融资租赁业启动。自此之后，租赁行业逐渐发展，租赁公司数量也有所上升。这种由无到有的发展，不仅推动了中外合资租赁公司的设立，增加了对外商投资的吸引力，也有力推动了当时的经济发展。

然而，彼时的中国，改革开放的政策实施只有数年之久，法律制度存有诸多空白之处，法律体系的覆盖面也极为窄小，大至调整市民社会的民事法，小至规制犯罪行为的刑事法，均没有相应的基本法律规范。融资租赁亦不例外。实践先行、法律跟上的倒逼式立法模式尤为明显。为了解决融资租赁业务产生的法律问题，国家陆续颁发一些部门规章制度。其中，为解决资产费用与资产折旧等财务问题，财政部于 1985 年 6 月 30 日颁发《关于国营工业企业租赁费用财务处理的规定》（财工字第 29 号），对国营工业企业租赁费的财务处理进行了划一性规定。1985 年 7 月 22 日，财政部接着颁发《关于国营工业企业租赁固定资产有关会计处理问题的规定》（财工字第 49 号），对承租人通过融资租赁租入资产的费用与折旧处理进行了规范。1986 年 12 月 17 日，财政部颁发有关租赁会计的文件《关于对银行及其他金融机构经营的融资租赁业务征税问题的通知》，首次对银行等金融机构的融资租赁业务税收问题进行了规定，并开创性地指出融资租赁是"以融物的方式达到融资目的的一种业务"。这种表述实质上道出了融资租赁的本质，并为后来对融资租赁的立法奠定了基础。

上述规定仅仅是针对融资租赁行业中出现的个别、特定问题进行单独、分开规范，并没有对融资租赁业进行一个统一的整体规范。这种"头痛医头、脚痛医脚"的规制模式，显然不足以解决融资租赁行业出现的问题。有鉴于此，经过业内人士的共同努力，国家工商行政管理局起草了《融资租赁合同条例（送审稿）》，并于1994年12月19日报送国务院法制局审议。然而，由于考虑到当时《合同法》正在起草当中，且将融资租赁作为专门一章纳入，因此，该条例没有得到审议颁布。

（二）中期立法尝试

1. 司法解释

国家工商行政管理局的《融资租赁合同条例（送审稿）》虽然没有得到审议通过，但并不影响其他机构对融资租赁业的立法努力。其中，1996年，最高人民法院颁发《关于审理融资租赁合同纠纷若干问题的规定》，就是这一时期立法尝试的集中体现。融资租赁行业经过十几年的发展，业务规模日益扩大，合同纠纷也逐年递增，如何审理融资租赁这一新型业务，有效规范其中的法律关系，便成为当时经济审判的一项重要任务。为此，该司法解释的出台，显得顺理成章。

该司法解释对融资租赁合同的概念首次进行明确。根据这一司法解释，融资租赁合同是出租人依据承租人对租赁物的特定要求以及对供货人的选择，向供货人出资购买租赁物，并租给承租人使用，承租人依据约定货币支付相应租金。当租赁期满时，依据既定办法取得租赁物所有权的合同。这是我国最高人民法院首次从法律层面明确界定融资租赁合同的含义，它不仅明确了融资租赁合同区别于其他一般合同的独有特点，同时也精要地指出当事人之间的法律关系，为之后《合同法》的立法规定提供了指引。

具体而言，最高人民法院颁发的司法解释包括但不限于以下几项内容。

第一，明确融资租赁合同的当事人，即租赁合同包括出租人与承租人。在关于供货人是否属于当事人的问题方面，则依据具体情况而定。如果供货合同约有仲裁条款的，则将供货人排除在外。之所以有此规定，主要是为了降低审理难度、简化诉讼过程。

第二，确认租赁物的使用地为融资租赁合同的履行地，为案件管辖地提供标准。

第三，对合同无效的情形进行了归类，包括出租人以融资租赁合同形式规避国家有关法律与法规的、承租人与供货人恶意串通骗取出租人资金的、不具有从事融资租赁经营范围的或者依照有关法律、法规规定应当认定为无效的。如符合上述情形，则可认定融资租赁合同无效。

第四，重申国家机关不能担任融资租赁合同的保证人。

第五，规定了融资租赁合同有效期间，承租人对租赁物合法使用的权利，并可以此抵制出租人擅自取回租赁物或非法干预的行为。此外，承租人不得在租赁期间不经出租人同意，将租赁物进行抵押、转让、转租或投资入股等侵犯出租人对租赁物的所有权的行为。

第六，明确了租赁物的交付问题，并对迟延交付、租赁物瑕疵时的处理办法进行了一一规定。

第七，对承租人违约的问题进行了规定，包括明确承租人未按合同约定支付部分或全部租金属违约行为。承租人应当依据合同支付租金以及逾期利息，并赔偿出租人相应的损失。

第八，规定了承租人破产时租赁物及租赁债权的处理。

最高人民法院颁发的这一解释，施行18年，直至2014年《最高人民法院关于审理融资租赁合同纠纷案件适用法律问题的解释》颁发，这一司法解释才宣告终结。在此期间，这一司法解释可谓法院审判融资租赁纠纷的重要法律依据，为规范与促进融资租赁业有序、健康发展起到极其重要的作用。

2.《合同法》

1999年3月，《合同法》获得全国人大通过，并于当年10月1日起实施生效。《合同法》的颁布实施，不仅结束了长期以来经济合同法、涉外经济合同法、技术合同法三足鼎立的混乱局面，更是吸取了当时理论学界的智识，并与市场经济活动有效结合，成为一种集思广益的法律。

也正是在这一部成功法典中，融资租赁身份得到全国人大的正式认可，并以专章（第十四章）的形式规定在内。然而，《合同法》显然并不完全以融资租赁为核心，其制定目的在于保护合同当事人的合法权益，维护社会经济秩序，以促进社会主义现代化建设。而融资租赁仅仅是其中一种有名合同。因此，在该法第十四章中，关于融资租赁的规定仅有 14 条，且大多是原则性、总括性的条款。比如，规定了融资租赁合同各方当事人的权利义务关系、融资租赁合同的定义及内容等。这种概括性条款固然为融资租赁业纠纷提供了解决的路径，然而，随着融资租赁业的进一步发展，《合同法》在面对纷繁复杂的各种具体纠纷时也显得有心无力。这也为后来的立法做了铺垫。

3. 部门规章

《合同法》以专章的形式为融资租赁业提供了一定程度的法律规制。然而，对于融资租赁的主体公司而言，其仍然处于"无法无天"的境地。为此，为了规范金融租赁公司，中国人民银行于 2000 年 6 月颁发《金融租赁公司管理办法》，第一次通过专章的形式监管融资租赁业。该办法于 2007 年进行修订，其间，金融租赁行业主管部门由中国人民银行变更为银监会，业务范围也有所扩大，吸收存款、租赁保证金、发行金融债券、同业拆借等也被囊括在内。同时，商业银行也再次被允许参与融资租赁公司的经营。2014年 3 月 13 日，中国银监会发布最新《金融租赁公司管理办法》，从准入条件、业务范围、经营规则和监督管理等方面进行了修订。

（三）近期立法进展

1.《融资租赁法（草案）》

1999 年《合同法》以专章的形式对融资租赁进行了规定，这不仅大力推动了融资租赁业的发展，同时产生了另一种现实需求：融资租赁纠纷的增加，使原有的法律规范不足以满足纠纷人的诉求，法院审判人员面对这些纠纷时，常陷入无法可依却又不得不判的尴尬境地。有鉴于此，为融资租赁专门制定一部单独的法律成为一种共识，也是对现实需求的有力回应。2004

年,《融资租赁法》被列入十届人大常委会的立法计划。当年 3 月,全国人大财经委组建融资租赁法工作领导小组和工作小组。其中,领导小组由全国人大、财政部和商务部等政府部门组成。2006 年 11 月,《中华人民共和国融资租赁法(草案)》向社会公布,公开征求意见。然而,遗憾的是,该法最终被搁置,目前也没有出台时间表。

《融资租赁法》难产的因素很多,其中一个主要原因在于部门利益无法有效协调。该法由全国人大财经委牵头起草,目的在于破除部门狭见,超越部门利益,以规范租赁行为,推动行业发展。然而,这种跨部门的立法模式,却产生了另一种尴尬局面:各部门或者推诿应付,或者因分歧较大而针锋相对。比如,有部门认为,《合同法》已有专章对融资租赁做了规定,在融资租赁行业规模并不大的情况下,对融资租赁产业进行立法并不是迫在眉睫;某些监管问题,无须上升到法律层面;即便需要修改,也完全可以通过修改《合同法》第十四章的形式实现相应目的,而不必制定独立的法律文本。在诸多部门相互推诿且分歧较大的情况下,《融资租赁法》被搁置。

2. 2014 年司法解释

《融资租赁法》的难产,并不必然意味着融资租赁业的发展萎靡不振。恰恰相反,融资租赁规模进一步扩大,导致相应的纠纷数量呈递增趋势。据统计,2008 年我国法院受理一审融资租赁合同案件 860 件,到 2012 年时已有数倍的增长,多达 4591 件。2013 年继续增长,达到 8530 件[①]。在《合同法》规定内容较为原则化而《融资租赁法》"胎死腹中"的情况下,融资租赁法律关系的构成、融资租赁合同与买卖合同的关系、租赁物的范围、租赁物的公示、合同解除的后果等方面的争议日益增加。现有法律框架体系显然已无法满足融资租赁交易及审判实践的发展需求。为此,全国人大财经委员会经与全国人大常委会法工委研究后建议,融资租赁的法律问题可通过司法解释的形式来解决。在此授权下,最高人民法院开始起草融资租赁合同的司

---

① 宋晓明、刘竹梅、原爽:《〈关于审理融资租赁合同纠纷案件适用法律问题的解释〉的理解与适用》,《人民司法》2014 年第 7 期。

法解释，并向各地法院及融资租赁行业广泛征集意见。最终，2013 年 3 月，最高院通过官网公布了司法解释稿，向社会征求意见。其间，最高人民法院还专门征求全国人大财经委、商务部、银监会、国家工商局、中国人民银行、国家法制办等国家机关部门的意见。在得到各种反馈意见后，最高人民法院对司法解释稿做了进一步修改，并于 2013 年 11 月 25 日经审判委员会第 1597 次会议讨论，最终通过了该解释。

二　中国融资租赁法律规制的特点

（一）实践先于法律的规制

我国第一家现代意义上的租赁公司（即中国东方租赁有限公司）于 1981 年成立，我国融资租赁业务便开始有所发展。然而，规范这一产业的法律并没有及时制定实施。事实上，在当时改革之初，百废待兴，如果坐等政策，采取一种自上而下的推动方针，融资租赁业务很可能不能得到及时发展。先摸着石头过河，出现问题，再研究解决，是融资租赁得以迅速发展的外部动因之一。在此因素影响下，融资租赁成交额在 1981 年仅为 1300 万美元。但到了 1987 年，情况就大为不同，融资租赁合同总金额突破了 13 亿美元。1992 年，融资租赁成交额更是继续上升，高达 38.33 亿美元。由此可见，实践先行、法律跟上不仅在当时有力地促进了融资租赁的发展，也成为融资租赁法律规制的明显特点。

（二）规制分散化与规章化

融资租赁业务开展以来，法律规制方面一直没有形成统一的规范。虽然我国《合同法》有专章规定，但毕竟是原则性制度，可操作性不强。审判人员在实践中还须仰赖相关的规章制度与司法解释。虽然在 2006 年，曾经尝试过对融资租赁进行统一立法，并为此起草《融资租赁法（草案）》，可惜因各部门利益难以协调，最终被搁置。现在关于融资租赁业务的规范，除了《合同法》第十四章以及 2014 年实施的司法解释外，还存在诸多部门规章制度（见表 1），这使我国融资租赁的法律规制呈现极为分散的特色。这种分散化与规章化的特点，使我国融资租赁的法律规制具有以下缺陷。第一，由于没有统一的上位性立法文件，市场主体对融资租赁的相关规制容易陷入只见树木、不见森林的局面。为此，市场主体只有时刻保持对相关部门规章制度的敏感性与熟稔度，才能紧跟法律规制的步伐。这不仅增加了守法主体的成本，也容易导致融资租赁合同纠纷的产生，违背了法律的稳定性与可预判性。第二，各部门规章制度的分散化，容易导致文件条款的内在矛盾。缺乏统一的立法文件，没有强有力的同一机关制定文件与进行监管，灰色地带、冲突条款就在所难免。这会在很大程度上导致融资租赁在法律适用方面的尴尬，加大司法人员的审判难度。

表 1　我国现行关于融资租赁的主要部门规章

发布日期	名称	发布部门	发文字号
2015 年 9 月 1 日	《国务院办公厅关于促进金融租赁行业健康发展的指导意见》	国务院办公厅	国办发〔2015〕69 号
2015 年 8 月 31 日	《国务院办公厅关于加快融资租赁业发展的指导意见》	国务院办公厅	国办发〔2015〕68 号
2014 年 12 月 4 日	《商务部关于利用全国融资租赁企业管理信息系统进行租赁物登记查询等有关问题的公告》	商务部	商务部〔2014〕84 号
2014 年 10 月 8 日	《国家税务总局关于发布〈融资租赁货物出口退税管理办法〉的公告》	国家税务总局	国税函〔2014〕56 号
2014 年 9 月 1 日	《关于在全国开展融资租赁货物出口退税政策试点的通知》	财政部、国家税务总局、海关总署	财税〔2014〕62 号
2014 年 7 月 11 日	《金融租赁公司专业子公司管理暂行规定》	银监会	银监办发〔2014〕198 号
2014 年 3 月 13 日	《金融租赁公司管理办法》	银监会	银监会〔2014〕3 号
2013 年 9 月 18 日	《关于印发〈融资租赁企业监督管理办法〉的通知》	商务部	商流通发〔2013〕337 号
2013 年 5 月 24 日	《关于在全国开展交通运输业和部分现代服务业营业税改征增值税试点税收政策的通知》	财政部、国家税务总局	财税〔2013〕37 号

发布日期	名称	发布部门	发文字号
2012 年 7 月 26 日	《关于在天津东疆保税港区试行融资租赁货物出口退税政策的通知》	财政部、海关总署、国家税务总局	财税〔2012〕66 号
2010 年 5 月 18 日	《国家税务总局关于印发〈融资租赁船舶出口退税管理办法〉的通知》	国家税务总局	国税发〔2010〕52 号
2010 年 3 月 30 日	《关于在天津市开展融资租赁船舶出口退税试点的通知》	财政部、海关总署、国家税务总局	财税〔2010〕24 号
2010 年 1 月 13 日	《关于金融租赁公司在境内保税地区设立项目公司开展融资租赁业务有关问题的通知》	银监会	银监发〔2010〕2 号
2008 年 3 月 28 日	《关于规范国内船舶融资租赁管理的通知》	交通运输部办公厅	厅水字〔2008〕1 号
2005 年 2 月 3 日	《外商投资租赁业管理办法》	商务部	商务部令〔2005〕5 号
2004 年 10 月 22 日	《关于从事融资租赁业务有关问题的通知》	商务部、国家税务总局	商建发〔2004〕560 号
2000 年 11 月 15 日	《关于融资租赁业务征收流转税问题的补充通知》	国家税务总局	国税函〔2000〕909 号
2000 年 6 月 15 日	《关于融资租赁业务征收流转税问题的通知》	国家税务总局	国税函〔2000〕514 号
1999 年 6 月 17 日	《关于抓紧清理由金融机构担保的中外合资融资租赁公司租赁项目租金拖欠问题的通知》	中国人民银行	银复〔1999〕138 号
1996 年 9 月 18 日	《关于抓紧解决拖欠中外合资融资租赁公司租金问题的通知》	国家经贸委、中国人民银行、财政部、对外贸易经济合作部、中国银行	国经贸〔1996〕627 号
1986 年 12 月 17 日	《关于对银行及其他金融机构经营的融资租赁业务征税问题的通知》	财政部、税务总局	无

资料来源：各部门官方网站。

三　现行立法评析

我国对融资租赁的法律规制主要体现在《合同法》第十四章以及《关

于审理融资租赁合同纠纷案件适用法律问题的解释》。下面将对这两个文件进行评析，以揭示我国法律对融资租赁的态度。

（一）《合同法》第十四章

在此法典中，融资租赁合同首次作为独立的一种有名合同类型，被列为专章进行规制。结束过去各自为营、混乱作战的做法，开创了我国融资租赁法律规制的新局面。

1. 融资租赁合同的定义与内容

根据《合同法》第237条规定，所谓融资租赁合同，是指出租人依据承租人对出卖人以及租赁物的选择，向出卖人购买租赁物，并提供给承租人使用，承租人向其支付租赁金的协议。第238条紧接着规定，融资租赁合同的内容包括租赁物名称、规格、数量、检验方法、技术性能、租金构成及其支付期限和方式、币种、租赁期限、租赁期间届满租赁物的归属等条款。此外，融资租赁合同应当采用书面形式。

融资租赁合同的定义，一直以来是法学界争议的焦点之一。《合同法》的上述定义实质上是采取了两个法律关系、三个法律主体的定义模式。这与《国际融资租赁公约》中的定义基本相同①。更为重要的是，这一定义指出了融资租赁合同的关键因素：承租人选择出卖人与租赁物。正是这一特点，使融资租赁合同区别于其他一般租赁合同，也使融资租赁合同具有独立成章的正当性。

---

① 《国际融资租赁公约》第一条第1款和第2款分别有如下规定。第一，本公约管辖第2款所指的融资租赁交易，在这种交易中，一方（出租人）根据另一方（承租人）提供的规格，与第三方（供货人）订立一项合同（供货合同）。根据此合同，出租人按照承租人在与其利益有关的范围内所同意的条款取得工厂、资本货物或其他设备，并且与承租人订立一项合同（租赁合同），以承租人支付租金为条件授予承租人使用设备的权利。第二，前款所指的融资租赁交易系指包括以下特点的交易：承租人指定设备并选择供货方，并不主要依赖出租人的技能和判断；出租人取得的设备与一租赁合同相联系，并且供货方知道这一租赁合同业已或将要在出租人和承租人之间订立；而且租赁合同规定的应付租金的计算特别考虑到了摊提设备的全部或大部分成本。

2. 将出卖人纳为合同当事人

1996 年，最高人民法院颁发的《关于审理融资租赁合同纠纷若干问题的规定》中，融资租赁合同当事人仅提及出租人与承租人，出卖人并不被包括在内。这种观念实质上受到传统租赁合同的影响，认为租赁合同的本质关系主要体现在出租人与承租人，出卖人并不涉及上述二者的法律关系。然而，融资租赁合同毕竟与普通的租赁合同具有重大区别，在融资租赁合同交易中，一般由承租人自行选定租赁物，出卖人向承租人履行约定义务。当出现延迟交付或租赁物瑕疵时，承租人享有对出卖人的直接诉权。因此，出卖人不仅在事实上与承租人息息相关，在法律上也与承租人发生关系。有鉴于此，《合同法》将出卖人纳为融资租赁合同当事人，不仅符合融资租赁交易的实质特点，也有利于解决融资租赁合同的潜在纠纷，同时将《国际融资租赁公约》的相关规定具体化了，是立法上的一大进步。

3. 出租人在享有租赁物所有权的同时，一般情况下对租赁物不承担责任

我国《合同法》第 242 条明确指出："出租人享有租赁物的所有权，承租人破产的，租赁物不属于破产财产。"第 244 条又指出："租赁物不符合约定或者不符合使用目的的，出租人不承担责任，但承租人依赖出租人的技能确定租赁物或出租人干预选择租赁物的除外。"这实质上反映了融资租赁中独特的所有权概念。在一般所有权观念中，所有权者在享有对物的占有、使用、收益与处分四大权能之余，也须背负所有权义务，承担相应的责任。然而，在融资租赁中，租赁物的所有权人在一般情况下不对租赁物承担责任，这一规定实质上已突破传统所有权的限制，具有较强的创新性，同时符合融资租赁行业的实际特点与交易习惯。

4. 出租人具有优先选择收回全部租金的权利

我国《合同法》第 248 条规定："承租人应当按照约定支付租金。承租人经催告后在合理期限内仍不支付租金的，出租人可以要求全部租金；也可以解除合同，收回租赁物。"融资租赁的本质属性在于金融，而非租赁。对于出租人而言，其交易目的也并不在于租赁物，而在于租金。因此，当承租人违约时，出租人固然可以要求对方返还租赁物（毕竟租赁物的所有权在

一般情况下归出租人所有），但也可以要求收回全部资金，作为捍卫自身利益的一种方法。《合同法》的这一规定，显然考虑到融资租赁合同的金融属性，有利于保护出租人的合法权益，促进融资租赁业的发展。

5. 赋予合同当事人在租赁期满后处理租赁物的选择权

在融资租赁期满以后，应当如何处理租赁物也是需要解决的问题之一。一般而言，承租人拥有 3 种选择：一是获得租赁物所有权；二是继续租该租赁物；三是不再租赁该物。我国《合同法》对此赋予合同当事人自由选择权，允许出租人和承租人双方当事人约定租赁期满后租赁物的归属。只有当归属无约定或约定不明确的情况下，且依据《合同法》第 61 条规定①仍无法确定的，才能将出租人视为租赁物的所有人。

1999 年的《合同法》以专章的形式对融资租赁进行规制，不仅揭示了融资租赁的概念与内容，也规范了融资租赁合同当事人之间的权利义务关系。此外，《合同法》的规定不仅与《国际融资租赁公约》的相关规定相接近，甚至在某些条款上比《国际融资租赁公约》更为明确与具体。从这一角度而言，《合同法》对融资租赁的规定不仅具有创新性，也在很大程度上体现了当时中国立法的先进性，大力推动了融资租赁行业的发展。然而，融资租赁业发展至今，新的问题层出不穷，而原有的《合同法》规定过于原则化、可操作性不强，对某些新出现的融资租赁纠纷无能为力。为了解决这一难题，扩大法律适用的覆盖面与加强统一性，新的规定呼之欲出。

（二）《关于审理融资租赁合同纠纷案件适用法律问题的解释》

1. 制定目的与指导思想

最高人民法院之所以制定这一司法解释，直接原因在于让审判员更便捷地裁判融资租赁纠纷案件，以最大限度地避免判决的不确定性与同案不同判的问题。然而，这一司法解释的背后，实质上是克服《合同法》对融资租

---

① 我国《合同法》第 61 条规定：合同生效后，当事人就质量、价款或者报酬、履行地点等内容没有约定或者约定不明确的，可以协议补充；不能达成补充协议的，按照合同有关条款或者交易习惯确定。

赁的规定过于原则化的缺陷，并以此为契机，促进融资租赁产业的发展，规范商事交易合同。具体而言，有以下几个目标。

第一，促进交易，规范发展。法虽严厉，但其意在于保护合法交易，避免纠纷，惩罚违法行为。同理，司法解释对融资租赁的规定，目的在于通过规范融资租赁行为，促进融资租赁产业的发展。为此，司法解释尽可能地减少认定融资租赁合同无效的情形，并严格限定融资租赁合同的解除条件，以维护融资租赁合同按约正常履行。此外，应充分考虑融资租赁合同所具有的融资与融物相结合的特点，审慎认定融资租赁合同的法律关系，并引导金融资本为实体经济服务，以便促进我国融资租赁市场的稳健发展。比如，对于售后回租的行为，有观点认为在该交易中，承租人与出卖人实为同一主体，故不应将其视为融资租赁。然而，司法解释对此持肯定态度。对于这些名为融资租赁合同，实则不构成融资租赁合同关系的行为，司法解释并不直接认为无效，而是按照实际构成的法律关系确定合同效力，并依此确定当事人之间的权利义务关系。

第二，尊重市场，鼓励约定。如何在法律秩序与市场交易之间取得平衡，以在促进交易的同时规范失范行为，这是市场与司法之间不可忽视的核心问题。司法解释对融资租赁合同的态度非常明确，市场能够解决的，司法不应随便干预。这种市场归市场、司法归司法的态度并不意味着司法对市场缺陷视而不见，而是强调合同自由、约定优先的思想。《合同法》在本质上属于任意性规范，而签订合同、从事交易行为的主体（即商人）也是自身利益的最佳判断者，法律在面对这些理性市场主体的交易行为时，应当抱着鼓励当事人以市场化的方式解决纠纷的态度。这不仅有助于减轻司法成本，也有利于市场经济的培育。因此，司法解释鼓励当事人对融资租赁合同的履行和解除、租赁物的清算、租赁物的风险负担等问题做出更为细致的约定，以进一步减少损失的不确定性和诉讼风险。比如，司法解释鼓励当事人对租赁物事先做出价值判断，以尽量减少评估拍卖程序的启动，从而降低租赁价值的不确定性或波动性。

第三，细化规则，易于操作。我国现行《合同法》虽然以专章的形式规制融资租赁，然而，之所以要颁发司法解释，其因在于原有规定过于原则化、过于抽象。司法审判人员在实践中会对法律条款出现理解的差异，在适用中也会出现同案不同判的现象。比如，《合同法》第244条规定，出租人享有租赁物的瑕疵担保免责的权利，但如果确定的租赁物是依赖出租人的技能或者受到出租人干预的，则出租人不享有上述免责之权。这一规定似乎清晰明确，然而，在司法实践中，如何认定出租人干预选择租赁物？承租人如何证明其对租赁物的选择依赖于出租人的技能？这均须进一步澄清。此外，我国《合同法》第245条规定，出租人应当保证承租人对租赁物的占有和使用。然而，在司法实践中，如何认定出租人违反该义务是一大问题。即便法官裁判出租人违反这一义务，致使承租人不能占有或使用租赁物，承租人是否可据此要求出租人承担相应的赔偿责任也是一个问题。对此，我国《合同法》并没有做出详细规定。有鉴于此，司法解释通过细化这些原则性与抽象性的规定，可以规约司法裁判自由权，统一裁量尺度，以增强结果的预测性。

第四，尊重现实，适度前瞻。融资租赁业务发展至今虽有30余年，但其真正快速发展是在最近5年，交易方式以及交易实践等仍处于摸索状态，而法律内生的稳定性与滞后性又决定了其对融资租赁的规范必须在稳定与变化、现实与前瞻之中拿捏好尺度。在此背景下，司法解释须对实践中已形成的交易惯例与成熟做法予以认可，以推进融资租赁业的发展。另外，司法解释也须保持适度的开放性与前瞻性，为融资租赁业未来的发展与实践需求提供可能性。比如，现行立法并没有对租赁物登记机关做出明确规定，有些租赁公司为保护自身利益，要求承租人将租赁物抵押给自己，并依此向登记机关办理抵押权登记，间接实现登记效果，但这似乎与《物权法》原理有所违背。然而，这也是租赁公司在现有法律框架内的无奈之举。为此，司法解释从尊重现实、实事求是的角度出发，对此予以认可。此外，在关于租赁物的登记公示方面，司法解释对此也保持一定的开放性与伸缩性，以防租赁物登记法律制度的出台对司法解释的效力与适用造成不利影响。

第五，立足国情，参照惯例。融资租赁虽源于美国，但经过数十年的发展推广，该交易模式对其他国家已具有较强的辐射力，融资租赁产业也因此得到较快的发展，国际统一私法协会甚至为此特意制定《国际融资租赁公约》。此后，基于该公约，《租赁示范法》也起草颁发，以作为各国融资租赁立法的范本。我国融资租赁业发展至今已有 30 余年，虽起初的发展阻碍重重，规模不大，但近 5 年的发展已颇具规模，由此产生了一些交易惯例与行为模式。为此，司法解释基于国情，从实际出发，在深入调研的基础上，积极听取融资租赁业务各方的建议和意见，权衡各市场主体的利益需求，力求使这一司法解释既能参照借鉴域外立法和国际公约的共性规定，也能契合我国融资租赁交易实践和发展阶段，以进一步推动我国融资租赁业的健康发展。

2. 主要规定

最高人民法院的这一司法解释一共有 5 个部分 26 条，主要是针对融资租赁实践和审判实务中争议较多、反映较大的问题做出规定。其中，该司法解释重点解决以下几大问题：一是明确融资租赁合同的履行和租赁物的公示问题；二是融资租赁合同的认定及效力；三是明确融资租赁合同的解除问题；四是明确当事人违约责任问题；五是明确融资租赁合同案件的诉讼当事人以及诉讼时效等问题。

（1）融资租赁合同的认定及效力

我国《合同法》第 237 条明确了融资租赁合同的定义，但在实践中，由于市场主体的创新意识，《合同法》的定义仍不足以囊括千变万化的实践现象。比如，对于一些标的物较为特殊的合同以及租金与租赁物价值差距过大的合同是否属于融资租赁合同，司法认定存有争议①。

这意味着，对于实践中存在的名为融资租赁，实为借款或其他法律关系的合同，司法解释并不统一否定该合同的效力，而是要求审判人员在认定

---

① 为此，司法解释在第 1 条中明确规定，应当结合标的物的价值、性质、租金的构成以及当事人权利和义务等因素，对是否构成融资租赁法律关系做出认定。此外，对名为融资租赁合同，但实则不构成融资租赁法律关系的，法院应按其实际构成的法律关系进行处理。

时，通过上述具体标准，根据具体的法律关系来认定。比如，在标的物性质方面，融资租赁合同的标的物一般是有体物，但如果以高速公路收费权作为租赁物的，可能会在实际上构成《物权法》规定的权利质押关系。如以专利权、商标权作为租赁物的，则可能构成《知识产权法》规定的专利权、商标权的许可使用关系。

在标的物价值方面，司法实践中主要针对的是价值明显偏低、无法起到担保租赁债权实现的情形。比如，将价值 3000 万元的标的物估价为 200 万元。这类名为融资租赁的合同，实为借款关系。因此，对这类合同的判定，也不应当一概否定，而可基于具体关系将其认定为借款合同。在融资租赁合同中，法院主要考虑的因素是在正常的融资租赁合同中，租金主要由租赁物的购买价款加上其他费用和利润构成，但有的融资租赁合同约定的租金显著高于前述计算方式得出的租金。此种情况，也可能是披着融资租赁合同外衣的借款合同。

需要特别指出的是，对于以房地产、公路、城市地下管网等不动产为租赁物的融资租赁合同，人民法院如何认定该合同效力也值得探讨。目前，我国较为常见的房地产融资租赁有直租、售后回租、间接租赁等 3 种形式①。对于上述融资租赁合同的认定，在司法解释起草过程中，监管部门、行政执法部门以及立法部门争执较大，没有形成一致意见。而融资租赁行业特别是金融租赁公司对否定房地产融资租赁的观点多表示出强烈的反对意见。对此，司法解释并没有明确否定以房地产为租赁物的融资租赁合同的效力，但对于此类合同，仍应根据个案情况来进行认定。

对不构成融资租赁法律关系的合同，不应一概否定而将其认定为无效合

① 一是直租式，即融资租赁公司作为出租人，以自有资金代替承租人购买房产，随后将之租给承租人使用，并向承租人收取定期租金。合同期满后，根据约定可由租赁公司收回房产，也可由承租人支付象征性对价而获得房屋所有权。二是售后回租式，即开发商将房产出售给租赁公司，随后租回该项资产。此种情况之下，开发商既是出卖人，也是承租人。而租赁公司则既是买受人，也是出租人。三是间接租赁式，即以房地产项目内的机电设备、管线为租赁物，或者以生产型企业的生产设备为租赁物，开展售后回租业务，间接实现为房地产项目融资的目的。

同。本着促进交易、鼓励约定、减少合同无效的宗旨，司法解释倾向于认定合同有效。即便融资租赁合同并不构成融资租赁关系，也并不意味着该合同本身无效，人民法院在司法审判中，应当根据合同的约定条款来判定其是否构成其他有名合同（如借款合同、分期付款买卖合同、权利质押合同等），并以此认定合同当事人之间的权利义务关系。

（2）售后回租

售后回租，一般是指承租人为实现融资目的，将其自有物所有权转让给出租人，再从出租人租回该物使用，并按约向出租人支付租金的一种交易方式。在该类交易中，出卖人与承租人归于一体，与传统的融资租赁关系存在3个主体有所区别，导致司法实践对售后回租合同是否属于融资租赁合同存有争议。有意见认为，售后回租与抵押贷款合同具有一定的类似性，因此，可以认定其为抵押贷款合同。还有观点认为，售后回租有可能异化为高利贷，对这类合同的认定很可能变相鼓励高利贷。还有观点认为，在售后回租中，租赁物到期所有权归属难以认定，因此不应构成融资租赁关系。

但司法解释明确确认了售后回租的效力，这一确认的背后有以下因素。一是《合同法》第237条并没有明确禁止承租人与出卖人为同一人。法无明文禁止即自由，因此，在售后回租中，恰好出现承租人与出卖人归于一人的竞合现象，并不足以否定其合同效力。其二，我国监管机关及税务部门均已明确认可售后回租的效力。银监会制定颁发的《金融租赁公司管理办法》第4条规定以及国家税务总局发布的《关于融资性售后回租业务中承租方出售资产行为有关税收问题的公告》也承认了售后回租的效力。其三，售后回租可以作为盘活企业存量资产的一种重要融资方式，而该融资方式并不具有危害性与违法性。

当然，在实践中，也确实存在以售后回租为名、行借款合同之实的交易方式。比如，出租人与承租人签订的合同虽为回租式的融资租赁合同，但实际上并没有租赁物。这类合同显然违背了融资租赁中融资与融物相结合的本质，也不存在事实上的租赁物买卖关系，因此，应当将其认定为借款合同。《金融租赁公司管理办法》对此也明确规定，"售后回租业务必须有明确的标的物"。

（3）租赁物经营许可对合同效力的影响

对于出租人是否应取得租赁物经营使用的行政许可问题，我国目前的规定主要体现在医疗器械融资租赁领域[①]。在学理上，对此存在 3 种观点。有观点认为，应将合同效力与行政审批脱钩，无论是承租人还是出租人有无获得行政许可，都不影响融资租赁合同的效力。也有观点认为，出租人无须取得租赁物经营许可，但承租人必须获得租赁物的经营许可。如出租人明知承租人应取得而未取得该行政许可，则可认定融资租赁合同无效。还有观点认为应将承租人未取得相应行政许可的融资租赁合同认定为无效，但承租人取得租赁物经营使用行政许可的时间应限制在一审诉讼前。

司法解释认为，租赁物经营使用的行政许可所要约束的，是承租人利用租赁物开展的经营行为，它并不涉及出租人与承租人之间的合同效力问题。因此，对于涉及根据法律、行政法规等规定经营使用租赁物应当取得行政许可的融资租赁合同，其合同效力与租赁物的经营使用是否取得行政许可没有必然联系。该规定的背后理由有两个。一是融资租赁是以融物的形式达到融资目的的业务。法律、行政法规对租赁物经营使用要求取得行政许可的规定，主要是针对租赁物的出卖人与承租人，而这并不是出租人的义务。因此，在没有其他影响合同效力的因素存在的情况下，如果仅以出租人未取得行政许可为由，便认定融资租赁合同无效，并不符合融资租赁法律关系的特点。二是即便就行政许可与一般合同的效力关系而言，未经行政许可也并不必然导致合同的无效。无论是从合同自由的角度而言，还是从维护司法自治与交易安全的精神考虑，将租赁物经营使用行政许可与融资租赁合同的效力脱钩，都是符合实践并与学理相契合的。

（4）合同无效租赁物的归属

融资租赁合同作为有名合同的一种类型，其无效情形当然也从属于合同

---

① 参见国务院 2000 年 1 月 4 日公布的《医疗器械监督管理条例》和国家食品药品监督管理局于 2005 年发布的《关于租赁医疗器械有关问题的批复》

无效。我国《合同法》第58条规定了合同视为无效的5种情形①，《最高人民法院关于适用〈中华人民共和国合同法〉若干问题的解释（一）》第10条进一步做出相关规定②。然而，融资租赁合同毕竟有其特殊性。在融资租赁合同中，租赁物对于出租人与承租人而言，具有不同的效用。比如，出租人虽一般享有对租赁物的所有权，但其看重的是租赁物的担保功能，而非其使用功能。租赁物本身对出租人而言并没有太大的价值。恰恰相反，承租人看重的是租赁物本身的使用功能。合同一旦被确认无效，租赁物的返还就很可能对出租人与承租人造成困扰。当然，也有可能出现另外两种极端情况：一是双方当事人都将租赁物视为一种负担，拒绝接受租赁物；二是双方均看重租赁物价值，都想拥有租赁物所有权。为此，司法解释在融资租赁合同无效后，租赁物应当归属于谁的问题上，采取了如下规定：一是鼓励双方当事人自行约定；二是在无约定或者约定不明的情况下，按照《合同法》第58条规定，将租赁物判归出租人所有；三是因承租人原因导致合同无效，出租人不愿意接受租赁物的，从保护无过错方的角度，判决租赁物归承租人所有，并对出租人进行折价补偿；四是当租赁物正在使用，返还出租人后会显著降低租赁物价值和效用的，人民法院可以判决租赁物所有权归属承租人，以发挥租赁物效用和提高资源的使用效率。

（5）合同的履行

在一般的租赁合同中，合同的履行限于出租人与承租人，出租人交付租赁物，承租人受领租赁物。然而，融资租赁合同迥异于一般的租赁合同，出现了两个关系、三个当事人。租赁物并不由出租人进行交付，而是由出卖人直接向承租人交付。除非另有约定，出租人一般也不承担交付和受领租赁物的义务。因此，当租赁物有瑕疵或交付方式不符合合同约定时，承租人可以

---

① 一是一方以欺诈、胁迫的手段订立合同，损害国家利益；二是恶意串通，损害国家、集体或者第三人利益；三是以合法形式掩盖非法目的；四是损害社会公共利益；五是违反法律、行政法规的强制性规定。

② 当事人超越经营范围订立合同，人民法院并不因此而认定合同无效。但违反国家限制经营、特许经营以及法律、行政法规禁止经营规定的除外。合同一旦被认定无效，则当事人应当返还因合同取得的财产，不能或没有必要返还的应折价赔偿。

拒绝受领租赁物，并根据具体情况得到相应的救济。

司法解释第5条明确规定了承租人可以拒绝受领租赁物的集中情形：一是租赁物严重不符合约定；二是出卖人未在约定的交付期间或者合理期间内交付租赁物，经承租人或者出租人催告，在催告期满后仍未交付的。然而，出卖人交付的租赁物有瑕疵或者交付方式不符合约定，产生合同履行障碍时，出租人的权利义务必然会受到影响。因此，承租人应当将此事实通知出租人，以便出租人根据买卖合同做出相应处置或者提供必要协助。如果承租人未及时通知出租人，或者无正当理由拒绝受领租赁物，造成出租人损失的，出租人可向承租人主张损害赔偿，人民法院应予支持。

当承租人向出卖人要求索赔时，该索赔权的行使是否会影响其继续履行融资租赁合同项下支付租金的义务？从合同相对性理论角度而言，买卖合同履行存在瑕疵并不会直接影响融资租赁合同的履行。再者，在融资租赁合同中，出租人实质上是为承租人提供融资。承租人既享有选定出卖人以及租赁物的权利，当然也须承担相应的风险。但在承租人依赖出租人的技能确定租赁物或者出租人干预选择租赁物时，买卖合同的履行瑕疵是否会影响融资租赁合同的租金支付应当结合买卖合同履行障碍产生的原因与责任进行划定。司法解释第6条认为，对于非因出租人的因素造成租赁物本身存在质量问题或者交付方式不符合合同约定的，承租人固然可向出卖人直接行使索赔权，但这并不影响承租人继续履行融资租赁合同项下包括支付租金在内的义务。由此造成承租人损失的，也应由出卖人负责。然而，出于平衡承租人利益的需要，司法解释同时规定：在出卖人严重违约时，承租人可替代出租人解除买卖合同，并借此解除融资租赁合同。因出卖人的原因而导致融资租赁合同目的不能实现的，赋予承租人解除融资租赁合同的权利。

（6）租赁物的风险负担

租赁物的选定以及交付一般由承租人决定，出租人虽与出卖人签订买卖合同，然而其对租赁物并没有进行实质性管控，其所提供的也非有形之租赁物，而是无形之融资功能。因此，从这一角度而言，租赁物的负担风险与一般标的物的负担风险有所不同。要求出租人对租赁物承担毁损、灭失的风险显然有失公平，也不符合实际。从域外立法来看，融资租赁合同中租赁物毁损或灭失的风险由承租人承担，这是考虑到租赁物不仅实质上是由承租人选定，而且在其实际掌控当中。因此，司法解释对此予以明确，规定租赁物的风险由承租人承担。这意味着，即便租赁物出现毁损或灭失，承租人也须向出租人继续支付租金。

考虑到融资租赁合同的履行时间一般比较长，在承租人无过错的情况下，让其承担全部合同义务，会对承租人造成较为严重的经济压力与负担。因此，如租赁物的毁损或灭失导致合同不能履行的，则承租人或出租人可要求解除合同，如承租人以补偿出租人损失来代替履行合同义务的，承租人的责任可因此相应减轻。当然，这一规定并不是强制性的，而是属于补充性规则。出租人和承租人也可自行约定，以排除司法解释的上述规定。

（7）租赁物的善意取得

融资租赁交易造成了租赁物的所有者与占有者的分离，这意味着承租人可以私自转让租赁物或在租赁物上设立他物权。根据《物权法》第106条的规定，第三人在符合法定情形下，可以善意取得租赁物的所有权①。由此，出租人的所有权与善意取得者会产生权利冲突。善意取得制度的规定，主要在于维护善意第三人利益、交易活动的动态安全和稳定社会经济秩序。因为在商事交易中，人们一般只根据权利外观而推知或默认权利的真实情况，不可能花费大量的时间与精力调查外观的背后是否存在内幕，因为这无疑将极大影响商事效率。因此，赋予第三人善意取得，表面上侵犯了原所有权人的权利，实质上保护了交易安全，并因而维护了交易秩序。

当然，这并不意味着原所有权人的权利可任由糟蹋，法律总是在不同的利益方之间试图寻求一种平衡点，善意取得制度也是如此。在租赁物的善意

---

① 我国《物权法》第106条规定：无处分权人将不动产或者动产转让给受让人的，所有权人有权追回；除法律另有规定外，符合下列情形的，受让人取得该不动产或者动产的所有权：（一）受让人受让该不动产或者动产时是善意的；（二）以合理的价格转让；（三）转让的不动产或者动产依照法律规定应当登记的已经登记，不需要登记的已经交付给受让人。受让人依照前款规定取得不动产或者动产所有权的，原所有权人有权向无处分权人请求赔偿损失。当事人善意取得其他物权的，参照前两款规定。

取得方面，司法解释固然赋予了第三人根据《物权法》第106条规定获得租赁物所有权或其他物权的权利，然而，司法解释也做出了例外规定，即如有下列情形之一的，租赁物不可善意取得：一是出租人已在租赁物的显著位置做出标示，第三人在与承租人交易时知道或者应当知道该物为租赁物的；二是出租人授权承租人将租赁物抵押给出租人并在登记机关依法办理抵押权登记的；三是第三人与承租人交易时，未按照法律、行政法规、行业或者地区主管部门的规定在相应机构进行融资租赁交易查询的；四是出租人有证据证明第三人知道或者应当知道交易标的物为租赁物的其他情形。

（8）融资租赁合同的解除

合同一旦成立生效，除非符合法定或约定的解除条件，否则不应当擅自解除。因为这不仅会削弱合同的权威性，也会影响合同当事人的可期待利益。融资租赁合同中也是如此。如果允许出租人或承租人一方任意解约，则不仅可能会给承租人的生产经营带来影响，也可能会让出租人蒙受不必要的损失。然而，这绝不意味着融资租赁合同不可解除。中途不可解约性并不能否定合同的可解除性。有鉴于此，司法解释结合《合同法》第93条和第94条的规定，就融资租赁合同的解除情形做出了具体的细化规定①。

司法解释第12条还规定了出租人可解除融资租赁合同的4种情形：一是承租人未经出租人同意，将租赁物转让、转租、抵押、质押、投资入股或者以其他方式处分租赁物的；二是承租人未按照合同约定的期限和数额支付租金，符合合同约定的解除条件，经出租人催告后在合理期限内仍不支付的；三是合同对欠付租金解除合同的情形没有明确约定，但承租人欠付租金

---

① 司法解释第11条规定了双方均可解除合同的3种情形：一是出租人与出卖人订立的买卖合同解除、被确认无效或者被撤销，且不能重新订立买卖合同的；二是租赁物因不可归责于双方的原因意外毁损、灭失，且未能修复或者确定替代物的；三是因出卖人的原因致使融资租赁合同的目的不能实现的。显然，在承租人无法继续占有、使用租赁物时，合同应当予以解除。合同解除后，法院可依据双方的过错程度判定返还及赔偿责任。在因出卖人的原因致使融资租赁合同出现客观上不能履行或者租赁合同无法继续履行时，赋予承租人解除合同的权利，以避免出租人不解除合同而导致承租人非因自身原因却仍要继续负担融资租赁合同的义务。

両期以上，或者数额占全部租金15%以上，经出租人催告后在合理期限内仍不支付的；四是承租人违反合同约定，致使合同目的不能实现的其他情形。上述4种情形均以承租人违约作为解约前提。第一种实质上是承租人擅自处分租赁物，对出租人造成负面影响，导致严重违约。第二种主要侧重于催告程序，即便欠付租金达到解约条件，也须经过催告程序，才能解除合同。第三种是相对严格的解约标准，或者欠付租金两期以上，或者金额占全部租金15%以上，才能解除合同。第四种是兜底条款，对可能存在的其他承租人违约情形做出原则性规定，比如，售后回租的承租人在租赁物上设定抵押权，导致出租人无法取得租赁物所有权等。这些是否允许出租人解除合同，由审判人员在司法实践中根据案件具体情况自行酌定。

此外，司法解释第13条还规定了承租人一方也可以解除融资租赁合同的情形。出租人有保障承租人平静占有、使用租赁物的义务，如因出租人的原因影响承租人对租赁物行使权利，承租人可以要求出租人承担违约责任。如果承租人实际上已经无法占有或使用租赁物，则出租人构成严重违约，双方签订的融资租赁合同目的也无法实现。据此，承租人可要求解除合同。当然，在司法实践中，应当严格判断合同目的无法实现的原因是否可完全归咎于出租人一方。有时可能因不可抗力或出卖人的原因，而导致合同目的无法实现。此外，审判人员须严格根据这一解释条款进行适用，而不得做反向推理，即不能由这一条款推出"非因出租人原因致使承租人无法占有、使用租赁物，承租人要求解除融资租赁合同的，人民法院不予支持"，而应根据案件的具体情况探究合同目的无法实现的确切原因，以便正确适用相关法律。

(9) 违约责任

在通常情况下，出租人应为承租人占有、使用租赁物提供便利，不得妨碍其行使有关权利，如果出现法定或约定的情形，给承租人造成损失的，则应予以赔偿。我国《合同法》第245条从正面规定了出租人保护承租人平静占有和使用租赁物的义务。但在实践中，对哪些情形构成出租人干扰承租人占有、使用租赁物仍存有争议。各地在认定方面标准不一。对此，司法解释进行了统一规定，分别在第 17 条①、第 18 条②进行了列举。值得注意的是，由于融资租赁是集融资与融物为一体，出租人有时会基于维护租赁物的需要，定期或不定期地检查租赁物。在此情形下，出租人的行为难免会对承租人对租赁物的占有和使用造成干扰。如因此赋予承租人要求赔偿的权利，显然对出租人而言不公平，也不合情理。因此，出于利益平衡考虑，此种情况下，并不将出租人的行为视为干扰或妨碍承租人对租赁物的占有与使用。然而，即便实践中出现了上述 4 种情形，也并不必然意味着出租人应当向承租人承担责任。审判人员在裁判中，应当考察出租人的因素与索赔逾期或索赔失败的损害结果之间是否存在因果关系。比如，在出租人明知租赁物存在质量瑕疵而未告知承租人的情况下，如果承租人自身也知晓此种状况，但因自身原因怠于行使对出卖人的索赔权致使其请求超过诉讼时效进而索赔失败，则出租人违反附随义务的行为与索赔失败的后果并不存在因果关系，因此无须承担相应责任。

在租赁物瑕疵担保责任方面，一般是由承租人选择租赁物，因此，出租人对租赁物的瑕疵一般不承担责任，其承担的角色主要就是融资。然而，这并不绝对，也有例外的时候。根据我国《合同法》第 241 条、第 244 条规定，如果承租人对租赁物的选择依赖于出租人的技能、出租人对其选择进行干预或者出租人变更与承租人有关的合同内容的，则出租人须对租赁物的瑕疵承担担保责任。在司法实践中，对于如何认定承租人依赖出租人的技能或出租人存在何种干预选择，存有不少争议。如果因为租赁公司提供了选购信息就认定是承租人依赖出租人技能或出租人干预租赁物的选择，因而要求租赁公司承担瑕疵担保责任，显然会造成对租赁公司的不公平，也会影响租赁

---

① 第 17 条规定，当出租人有下列情形之一的，应当赔偿承租人相应损失：一是无正当理由收回租赁物；二是无正当理由妨碍、干扰承租人对租赁物的占有和使用；三是因出租人的原因导致第三人对租赁物主张权利；四是不当影响承租人对租赁物占有、使用的其他情形。
② 司法解释第 18 条紧接着规定了承租人要求出租人承担相应责任的 4 种情形：一是明知租赁物有质量瑕疵而不告知承租人的；二是承租人行使索赔权时，未及时提供必要协助的；三是怠于行使融资租赁合同中约定的只能由出租人行使的对出卖人的索赔权的；四是怠于行使买卖合同中约定的只能由出租人行使的对出卖人的索赔权的。

业的进一步发展①。

在承租人违约方面，承租人的违约主要体现在逾期付租，因此需要向出租人支付逾期利息或者违约金。如果合同既约定了逾期利息，又约定违约金的，根据我国《合同法》第114条规定，当事人可以约定一方违约时，根据违约情况向对方支付一定数额的违约金，也可不具体明确违约金数额，而是通过计算因违约产生的损失赔偿进行相应支付。因此，如仅约定违约金或者仅约定逾期利息的，除约定的违约金或者逾期利息过分高于违约行为所造成的损失，且当事人请求人民法院适当减少的，人民法院均予以支持。但如果当事人在逾期利息之外，约定了独立的违约金，是否也应支持？司法解释第20条认为，只要逾期违约金和逾期利息并未超过出租人的实际损失，对出租人要求主张逾期利息和违约金的，应当予以支持。当承租人违约，出租人不能既要求支付全部租金又请求解除融资租赁合同，而只能择一行使，不能同时选择。如果出租人拒绝选择的，属于诉讼请求不明，人民法院可以驳回起诉。

（10）租赁物价值的确定

在融资租赁合同中，一般由承租人选择租赁物，且租赁物大多是定制的大型专业设备。鉴于租赁物的这种特性，对该租赁物价值的确定，很可能因专业性过强而无法在国内进行，抑或可能需要花费大量的时间。特别是在设备是为承租人定制的情况下，一旦承租人不再使用，很可能对于他人而言一文不值，即便以拍卖程序确定租赁物价值，也可能以流拍收场。因此，如何对租赁物进行估价，既避免成本上的耗费，又降低实际的操作难度，也是司

---

① 有鉴于此，司法解释在第19条中对租赁物瑕疵担保责任做出了细化规定，明确出租人需要承担责任的3种情形：一是出租人在承租人选择出卖人、租赁物时，对租赁物的选定起决定作用的；二是出租人干预或者要求承租人按照出租人意愿选择出卖人或者租赁物的；三是出租人擅自变更承租人已经选定的出卖人或者租赁物的。对于第一种情形，这意味着单纯提供选购信息，如设备名录、出卖人名录等，并不构成干预承租人选择。第二种情形则将干预扩充到出卖人，其原因在于租赁公司为厂商租赁型的租赁公司时，出卖人往往是单一的，但出租人如未对租赁物的选择起决定性作用，要求其必然承担瑕疵担保责任，显然有违公平原则，而这也将会制约厂商租赁的发展。

法解释需要解决的问题之一。对此,司法解释第 23 条采取了约定优先的规则。简言之,司法解释首先鼓励双方当事人就租赁物的价值确定方式提前做出约定;如约定不明,则可参照折旧及残值确定的方式,以此减少因大量租赁物价值确定而产生的评估拍卖问题。该条第 2 款也规定了人民法院可以通过委托评估、拍卖的方式为租赁物确定价值。

四 问题及改进

《关于审理融资租赁合同纠纷案件适用法律问题的解释》在很大程度上弥补了《合同法》对融资租赁合同的规定过于原则化的缺陷,统一了融资租赁合同纠纷的裁判尺度,也必将促进融资租赁业有序、健康发展。但这并不意味着融资租赁业的法律规制到此为止。恰恰相反,司法解释的出台,很大程度上是因为缺乏统一的《融资租赁法》而采取的一种迫不得已的"救济"模式。另外,司法解释的仓促出台,也意味着无论是规定的覆盖面,抑或是条款的可操作性,均有不少值得商榷之处。更重要的是,司法解释的目的在于为司法审判人员提供可操作性强的、划一性的裁判标准,而非纯粹地调整、规范融资租赁行业。因此,融资租赁业的法律规制仍有待加强。

(一)登记公示问题

在实践中,因所有权公示问题而导致的纠纷并不罕见。比如,在蔡承来与江苏融昌担保有限公司、江苏金山柳机械销售服务有限公司、中恒国际租赁有限公司、朱克用返还原物纠纷一案中,承租人因长期没有支付租金,出租人因此解除合同,并要求取回租赁物,但发现租赁物已被承租人处分,并受到第三人的限制。对于这类案件,《物权法》以及司法解释已有相应的规定,善意第三人可在符合规定的情况下,取得租赁物的相关权利。然而,司法解释第 9 条第 3 款规定,第三人与承租人交易时,未按照法律、行政法规、行业或者地区主管部门的规定在相应机构进行融资租赁交易查询的,应不适用善意取得的规定。

目前，我国《物权法》仅对不动产和某些特殊的动产（如船舶、航空器等）采取登记生效制与登记对抗制，除此之外，其他的一般动产并没有相关的登记制度。司法解释中的"融资租赁交易查询"如何进行？中国人民银行征信中心虽已推出《融资租赁登记规则》，但该规则并不是强制性的，不可能要求每一笔融资租赁都在征信中心进行登记。而没有进行登记的租赁物，很可能会出现善意第三人取得所有权的纠纷。在实践中，为了解决这一问题，出租人会授权承租人将租赁物抵押给自己，再办理抵押登记，以保障其所有权。司法解释第9条第2款对此予以肯定。然而，这种做法有违背《物权法》之嫌。考虑到全国并没有统一的具有强制性的登记中心，这种规定算是不得已而为之。

（二）取回权问题

对于风险防范意识较高的出租人而言，为保障自身利益，其一般会在融资租赁合同中约定取回权条款，即当承租人出现违约行为或其他约定行为时，出租人可以解除合同，并要求返还租赁物。然而，如何返还租赁物也是一个问题。因为在融资租赁中，租赁物一般是专业性很强的大型设备，对此类设备的返还，不仅需要在时间方面明确约定或者规定，在返还方式或程序方面也应当具体明确，否则，出租人的权利很可能受到二次侵犯。

我国《合同法》以及《关于审理融资租赁合同纠纷案件适用法律问题的解释》对取回权均有相关的规定。比如，《合同法》第248条规定："承租人经催告后在合理期限内仍不支付租金的，出租人可以要求支付全部租金；也可以解除合同，收回租赁物。"[①] 换而言之，我国目前的法律框架已然赋予出租人取回权，但对取回权的行使方式和程序等留有空白。出租人的这一权利很可能因此被架空，出租人因而容易再次受到伤害。因此，未来的立法需要对此进行明确规定。

---

① 我国《破产法》第38条也规定："人民法院受理破产申请后，债务人占有的不属于债务人的财产，该财产的权利人可以通过管理人取回。"

（三）标的物范围的统一

目前，我国融资租赁业受多头监管，不同类型的融资租赁公司，其进行交易的标的物范围也有所不同。甚至于，仅因审批机构与公司类型的不同，融资租赁的标的物就被区分为不同领域。然而，这种分散的、没有统一标准的标的物划分，会妨碍融资租赁业的发展。因此，法律对此应当予以重视，对不同类型的租赁公司的标的物范围进行统一。比如，采用"非消耗物"的概念，但应排除非消耗物中的土地和房屋等不动产，或排除其他客观上难以流通之物，如无法转移所有权的物、法律禁止或限制流通的物。其中，各类可作为固定资产的动产，如飞机船舶、机器设备等，或可转化为固定资产的软件、技术等无形资产也可作为标的物。最高人民法院颁发的《关于审理融资租赁合同纠纷案件适用法律问题的解释》对此并没有做任何规定，未来的立法应当填此空白，以促进融资租赁业的发展。

（四）立法的统一

如前文所述，我国目前对融资租赁业的法律规制呈现分散化与规章化的特点。目前的法律规范均从不同角度对融资租赁进行了规制，为融资租赁业的发展提供了法律保障。然而，统一的《融资租赁法》至今仍未落地，而融资租赁涉及金融、贸易、会计、税收等领域。因此，缺乏统一单体法，融资租赁立法体系仍将持续混乱的局面。而且，融资租赁涉及不同部门，没有统一的基本法，各部门难免会基于自身的利益与立场颁发相应的规章制度，如此一来，规范之间相互打架的现象也难以避免。统一的基本法的出台，不仅可以避免这些互相矛盾的部门规章，也能超越部门利益，将融资租赁业纳入法律的轨道，使之有法可依、依法可施。

我国于 2004 年曾起草统一的《融资租赁法（草案）》，可惜后来"胎死腹中"。然而，这种立法的尝试，至少证明了我国立法者已认识到融资租赁统一立法的重要性，并且付诸实践。即便后来草案搁浅，也并不意味着立法进程到此为止。恰恰相反，基于对前期立法者的尊重以及融资租赁业的发展需要，我国应该延续之前的立法工作，继续推动融资租赁的统一立法进程，以有力推动融资租赁业的有序发展。

参考文献

［1］奚晓明：《最高人民法院关于融资租赁合同司法解释理解与适用》，人民法院出版社，2014。

［2］高圣平：《中国融资租赁法制：权利再造与制度重塑——以〈开普敦公约〉及相关议定书为参照》，《中国人民大学学报》2014 年第 1 期。

［3］高圣平：《基础设施融资租赁交易：现实与法律困境》，《中外法学》2014 年第 3 期。

［4］宋晓明、刘竹梅、原爽：《〈关于审理融资租赁合同纠纷案件适用法律问题的解释〉的理解与适用》，《人民司法》2014 年第 7 期。

［5］刘敬东：《国际融资租赁法律问题研究——兼论中国融资租赁立法与国际融资租赁法律的接轨问题》，中国政法大学博士学位论文，2001。

B.3
中国融资租赁业发展监管制度

郑建库*

摘　要： 本报告对我国融资租赁市场的监管制度概况、近年来国家部
委和有关部门出台的涉及融资租赁的制度性规章、监管部门
出台的主要监管制度和现阶段我国融资租赁市场与行业发展中
的主要问题和发展对策等进行了分析和阐述，对我国融资租赁
行业发展的指导性规章、涉及的主要监管制度进行了系统的梳
理，对指导融资租赁企业的发展具有重要的借鉴意义。

关键词： 融资租赁　监管政策　金融租赁

一　监管制度概况

（一）外部规范性制度

一般而言，融资租赁业务的开展包括租赁物（标的物）、交易主体、融
资租赁合同等几个基本要素。从目前情况来看，规范上述要素的各项制度已
经初步形成。

在规范融资租赁合同方面，由于各法院对租赁案件的审理和判决结果差
异较大，1996 年最高人民法院发布《关于审理融资租赁合同纠纷案件若干
问题的规定》，为融资租赁合同的规范奠定了基础。之后，1999 年 3 月，全

---

* 郑建库，中国社会科学院研究生院金融学博士，中国博士后特华科研工作站博士后，主要研
究领域为宏观经济、金融监管、政策性金融、小企业。

国人大审议并通过了《中华人民共和国合同法》①，以正式法律的形式明确了融资租赁合同的内容及融资租赁当事人各自的权利和义务，为金融租赁业务的开展打下良好的法律基础。

在规范租赁物方面，2007 年全国人大颁布的《物权法》通过明确物的归属、发挥物的效用、保护权利人的物权的方式为金融租赁业务的开展提供了保障。在现实生产和生活中，租赁和金融租赁是设置用益物权的主要表现形式。在租赁期内，承租人享有对租赁物的占有、使用和收益的权利。《物权法》对物的权利界定保护了出租人、承租人各自的合法权益。

完善的法律制度是金融租赁发展的重要条件。随着经济发展和对金融租赁认识的深入，金融租赁的法律环境已经逐步改善。我国目前关于金融租赁的法律在内容与规定等方面与国际统一私法协会的《国际融资租赁公约》主体内容基本一致。对照《合同法》中的"融资租赁合同"与《国际融资租赁公约》的相关规定，《合同法》对融资租赁的定义及其合同要素等规定在本质上与《国际融资租赁公约》已经一致。

国际会计准则制定机构 2011 年出台了修订后的租赁国际会计准则，不再区分经营租赁和融资租赁，建立一种新的、单一的租赁会计处理方法，以确保由租赁合同产生的所有资产和负债都能在财务报表中反映。由于我国会计准则体系正逐步与国际接轨，我国租赁会计准则也会做出相应调整，以改善报表为主要目的的承租人选择租赁业务的意愿因而大大降低，将对金融租赁公司的业务领域、客户范围产生深远的影响。

在规范交易主体方面，1986 年，《融资租赁管理暂行条例》发布，适用于中国境内专营或兼营租赁的机构与中国境内外企业或其他经济组织之间的融资租赁业务。

（二）监管概况

1. 监管框架概况

按照出资主体和监管主体的不同，融资租赁公司可以划分为金融租赁公

---

① 其中，"融资租赁合同"以专门章节的形式予以公布。

司、内资租赁公司和外资租赁公司。其中，金融租赁公司为银行或金融机构出资设立，受银监会监管；内资租赁公司和外资租赁公司为国内或外资厂商发起，受商务部监管，也称商务系租赁公司。

在规则监管差异方面，金融租赁公司一般资本雄厚，有丰富的金融业务经验，但受单一客户、单一行业等规则限制，同时受银监会对一些热点行业的信贷投放进行限制。内资租赁公司则没有这些限制，内资租赁公司和金融租赁公司在利用外汇方面，受到外管局等外汇管理机构的限制。外商融资租赁公司对外资企业的外汇使用管制较少，这是金融租赁和内资租赁公司所缺少的。

从机构性质看，金融租赁公司跟外资、内资租赁公司有以下不同。一是金融租赁公司规模较大，资本雄厚。二是大多数金融租赁公司有银行背景，融资能力较强。三是金融租赁公司业务量较大，客户往往是大企业，关注像飞机、船舶、海洋工程这类大型资产。四是金融租赁公司的风险管理更加规范、严格。五是机构性质不同。内资、外资租赁公司通常被认为是普通工商企业，金融租赁公司则被认为是金融机构。六是商事属性不同。融资租赁公司注册资本实行认缴制，金融租赁公司注册资本实行实缴制。七是业务性质不同。融资租赁公司与商业银行之间是一般工商企业和商业银行的关系，资金来源除了资本金以外主要是银行借款。金融租赁公司与商业银行属于金融同业，融资成本低，资金吸纳能力强。其资金来源除资本金外，还能吸收股东存款、同业拆借、同业借款、发行金融债券等。

2. 商务系租赁公司

2005 年商务部颁布的《外商投资租赁业管理办法》对外商投资的非金融机构类融资租赁公司等金融租赁交易主体做出了详细规定。商务部和国家税务总局通过对内资进入非金融机构金融租赁领域进行个案审批的方式使其成为金融租赁市场的交易主体。

近年来，融资租赁企业数量大幅增加，发展迅速。为鼓励商务系融资租赁公司发展，贯彻落实《国务院关于印发注册资本登记制度改革方案的通知》和《国务院关于废止和修改部分行政法规的决定》，商务部就部分外商投资管理工作提出改进措施，发布了《商务部关于改进外资审核管理工作的通知》，取消包括台、港、澳等外商投资者对投资公司首次出资比例、货币出资比例和出资期限的限制或规定。认缴出资额、出资方式、出资期限由股东、发起人和公司投资者自主约定，并在合营（合作）合同、公司章程中载明。除不实行注册资本认缴登记制的行业外，不再审核公司注册资本的缴付情况。

从业务特点看，商务部监管的融资租赁公司的融资成本比较低。同时，融资租赁公司更贴近市场，特别是厂商类的租赁公司，对市场、对设备的管理更严格，更加有针对性。

从商务系融资租赁公司的发展看，存在以下问题。一是区域发展不平衡，目前90%以上的融资公司位于东部沿海地区，北京、上海、天津、广州等地的融资租赁公司均在100家以上，合计占外国融资租赁公司总数的80%以上，中西部地区的融资租赁发展相对滞后。二是融资租赁公司的专业化能力有待提高。目前，虽然我国融资租赁规模较大，但租赁产品相对单一，种类偏少，融资与融物脱离等问题较为突出。风险管理手段单一，交易风险大。三是少数公司存在业务不规范的现象，个别地区企业存在长期未开展业务或业务开展不规范等问题，不符合《外商投资租赁业管理办法》和《融资租赁企业管理办法》的要求。

3. 金融租赁公司

金融租赁公司的发展速度比较快。从行业发展的客观规律来看，增长有其特殊性，因为银行进入金融租赁业以前，国内金融租赁公司很少，现在银行办的租赁公司成为主体，因此在初期有较快的发展，但这种发展的持续性需要关注和研究。

目前，金融租赁公司由中国银行业监督管理委员会实行监管。在监管制度方面，2007年银监会颁布了《金融租赁公司管理办法》，对金融机构类金融租赁公司的业务开展进行了详细规定。2014年重新修订了《金融租赁公司管理办法》，该办法对金融租赁公司的市场准入、业务范围、风险管理等方面都做出了详细规定。此外，金融租赁公司除受到《金融租赁公司管理办法》监管外，在其具体业务开展过程中，还要受到相关行业主管部门的监管。

近两年，金融租赁公司的发展呈现若干积极特征。第一，金融租赁公司的专业化特色不断增强，特色优势打造取得重要进展，品牌效应逐步显现。工银租赁和国银租赁的商用飞机业务、民生租赁的公务机业务、交银租赁和招银租赁的中小单业务，已初步形成了各自不同的品牌效应。

第二，金融租赁公司的规模化经营趋势明显。2012 年以来，银行系租赁公司规模化经营的态势更明显，股东持续增资和股东结构多元化，金融租赁公司通过规模化经营逐步优化业务结构，调整定价模式，探索专业化经营。同时，股东结构也呈现多元化的态势，特别是以股份制银行和小型商业银行为背景的金融租赁公司较为明显。

第三，金融租赁公司融资渠道的多元化趋势明显，资产证券化取得进展，多元融资进一步发展。民生租赁和工银租赁获准开展资产证券化业务。工银租赁和国银租赁已在境外发行金融债，获得长期资金，还有部分同业与保险公司的合作逐步深入。

第四，金融租赁业行业转型与内涵式发展进程加快，随着《巴赛尔协议Ⅲ》的理念和监管要求逐步深化和落地，金融租赁公司走资本节约型发展之路渐趋明显，坚持稳健、可持续发展的要求逐步清晰，各公司均强调特色化发展，并着力打造与融资租赁相关的金融市场业务的特色优势。

第五，金融租赁公司国际化进程加速。近年来，多家银行系租赁公司建立或已经建立了海外经营平台，以飞机租赁为突破口，加快业务发展，境内外联动的经营模式日趋成熟。需要关注的是，受监管限制，金融租赁公司架设海外平台大多采取"曲线救国"模式，通过股东银行及其他附属公司架设，由金融租赁公司实际支配，这一模式虽然满足了开展国际业务的需求，但同时对金融租赁公司的公司治理结构和海外业务的长期发展产生了负面影响，这一风险应引起金融租赁公司相关决策层的及早关注。

二 近年来的指导性制度规章

（一）《中国人民银行关于央行颁布关于使用融资租赁登记系统进行融资租赁交易查询的通知》（银发〔2014〕93号）

根据自愿原则，租赁公司可以申请接入征信系统，按照市场化模式签署服务协议，约定双方接入系统进行信息报送和查询的相关做法和规则，保证征信平台的数据能够及时更新并保证数据安全。对于融资租赁的新进展，建立中登网提供登记和查询服务。融资租赁登记也是租赁物的公示。

（二）《国务院关于加快发展生产性服务业促进产业结构调整升级的指导意见》（国发〔2014〕26号）主要任务第3条

"建立完善融资租赁业运营服务和管理信息系统，丰富租赁方式，提升专业水平，形成融资渠道多样、集约发展、监管有效、法律体系健全的融资租赁服务体系。大力推广大型制造设备、施工设备、运输工具、生产线等融资租赁服务，融资租赁企业支持中小微企业发展。引导企业利用融资租赁方式，进行设备更新和技术改造。"鼓励采用融资租赁方式开拓国际市场。紧密联系产业需求，积极开展租赁业务创新和制度创新①。加快研究制定融资租赁行业的法律法规。充分发挥行业协会的作用，加强信用体系建设和行业自律。建立系统性行业风险防范机制，以及融资租赁业统计制度和评价指标体系。

---

① 拓展厂商租赁的业务范围。引导租赁服务企业加强与商业银行、保险公司、信托公司等金融机构的合作，充分利用境外资金，多渠道拓展融资空间，实现规模化经营。建设程序标准化、管理规范化、运转高效的租赁物与二手设备流通市场，建立和完善租赁物公示、查询系统和融资租赁资产退出机制。

（三）《农业部关于推动金融支持和服务现代农业发展的通知》（农财发〔2014〕93号）第5条

创新机制，充分发挥财政促进金融支农的作用。"积极开展金融支农模式探索。积极探索开展牛羊肉规模化生产金融扶持、农业机械融资租赁等财政促进金融支农的试点。"

（四）《关于加大改革创新力度加快农业现代化建设的若干意见》第24条

推进农村金融体制改革，"要主动适应农村实际、农业特点、农民需求，不断深化农村金融改革创新。开展大型农机具融资租赁试点"。

（五）《中国银监会、农业部关于金融支持农业规模化生产和集约化经营的指导意见》第2条

发挥各类农村金融机构的支持合力，"大力发展涉农租赁业务，鼓励金融租赁公司将支持农业机械设备推广、促进农业现代化作为涉农业务重点发展领域，积极创新涉农租赁新产品"。

（六）《国务院办公厅关于金融服务"三农"发展的若干意见》（国办发〔2014〕17号）第2条

"丰富农村金融服务主体。支持组建主要服务'三农'的金融租赁公司"和"创新农村金融产品。鼓励开展农业机械等方面的金融租赁业务"。

（七）《科技部关于进一步推动科技型中小企业创新发展的若干意见》（国科发高〔2015〕3号）第15条

"鼓励融资租赁企业创新融资租赁经营模式，开展融资租赁与创业投资

相结合、租赁债权与投资股权相结合的创投租赁业务。"该意见主要是为落实《中共中央、国务院关于深化科技体制改革加快国家创新体系建设的意见》（中发〔2012〕6号），实施创新驱动发展战略，深化科技体制改革，充分发挥市场在资源配置中的决定性作用，激发科技型中小企业的技术创新活力，促进科技型中小企业健康发展。

（八）《关于2015年深化经济体制改革重点工作意见的通知》（国发〔2015〕26号）第7款第26条

"出台实施加快海关特殊监管区域整合优化改革方案，在符合条件的海关特殊监管区域开展高技术、高附加值项目境内外检测维修、融资租赁和期货保税交割海关监管制度等改革试点。"主要是为了适应经济全球化新形势，更加积极地促进内需和外需平衡、进口和出口平衡、引进外资和对外投资平衡，加快构建开放型经济新体制，继续引导加工贸易转移，促进区域产业升级。

（九）《商务部关于支持自由贸易试验区创新发展的意见》（商资发〔2015〕313号）第3部分"降低投资准入门槛"第11条

"支持自贸试验区进一步简政放权，将省级商务部门外商投资、对外投资、融资租赁、典当、拍卖等管理权限委托给自贸试验区管理机构。""支持自贸试验区内企业加大融资租赁业务创新力度，允许符合条件的融资租赁公司设立专业子公司；支持融资租赁公司在符合相关规定的前提下，设立项目公司经营大型设备、成套设备等融资租赁业务，并开展境内外租赁业务。允许注册在自贸试验区内的内资融资租赁企业享受与现行内资融资租赁试点企业同等待遇。"该意见主要是为推进自由贸易试验区建设，发挥自贸试验区改革开放排头兵、创新发展先行者的作用。

（十）《国务院办公厅关于加快融资租赁业发展的指导意见》（国办发〔2015〕68号）

该意见是在近年来我国融资租赁业长足发展的基础上，着力解决融资租赁行业覆盖面窄、市场渗透率较低、行业管理体制不适应、法律法规不健全、发展环境不完善等问题。更好地发挥融资租赁服务实体经济发展、促进经济稳定增长和转型升级的作用①。

（十一）《国务院办公厅关于促进金融租赁行业健康发展的指导意见》（国办发〔2015〕69号）

金融租赁是与实体经济紧密结合的一种投融资方式，是推动产业创新升级、促进社会投资和经济结构调整的积极力量。近年来，我国金融租赁行业取得显著发展，综合实力提升较快，行业贡献与社会价值逐步体现。但总体来看，金融租赁行业的渗透率和行业覆盖率仍然较低，外部环境不够完善，行业竞争力有待提高②。

三　主要监管制度

（一）《金融租赁公司管理办法》

2007年《金融租赁公司管理办法》颁布，随着金融租赁公司经营实践的逐步展开，需要对《金融租赁公司管理办法》的实施效果重新评估并不断丰富完善。一是为提升试点工作成效，推动商业银行试点设立金融租赁公司常态化，需要完善《金融租赁公司管理办法》的相关内容；二是落实尝试由民间资本发起设立自担风险的金融租赁公司等要求，对出资人的相关规

---

① 该意见主要明确了以下4个方面改革任务：一是改革制约融资租赁行业发展的体制和机制问题；二是加快融资租赁重点领域的发展；三是支持融资租赁行业的创新发展；四是加强对融资租赁的事中和事后监管，降低风险。

② 该意见主要包括8个方面内容：一是加快金融租赁行业发展，发挥其促进国民经济转型升级的重要作用；二是突出金融租赁特色，增强公司核心竞争力；三是发挥产融协作优势，支持产业结构优化调整；四是提升金融租赁的服务水平，加大对薄弱环节的支持力度；五是加强基础设施建设，夯实行业发展基础；六是完善配套政策体系，增强持续发展动力；七是加强行业自律，优化行业发展环境；八是完善监管体系，增强风险管理能力。

定进行调整和完善；三是随着金融租赁行业的发展壮大，为促进金融租赁公司立足融资租赁的本质定位，提升专业化发展水平，需要完善原有的监管规则，引导行业做实、做专、做强。

修订工作坚持的基本原则：一是推进金融业改革开放，引导各种所有制资本积极参与；二是立足金融租赁行业的发展实际，适当扩大业务范围；三是引入分类管理制度，将金融租赁公司的业务范围与其经营管理水平挂钩；四是强化股东的风险责任意识，建立自我救助制度；五是丰富、完善相关的监管规制，促进金融租赁行业健康发展。

修订后的《金融租赁公司管理办法》分为 6 章，共计 61 条，重点对金融租赁公司的准入条件、业务范围、经营规则和监督管理等内容进行了修订和完善。主要包括：一是将原有的主要出资人制度调整为发起人制度，不再区分主要出资人和一般出资人，符合条件的 5 类机构均可作为发起人；二是扩大业务范围，放宽股东开展存款业务的条件，拓宽融资租赁资产转让的对象范围；三是实行分类管理制度；四是强化股东的风险责任意识；五是丰富、完善经营规则和审慎监管要求，同时完善资本管理、关联交易、集中度等方面的审慎监管要求；六是允许金融租赁公司试点设立子公司。

对金融租赁行业而言，风险管理处于核心地位，《金融租赁公司管理办法》明确要求金融租赁公司根据其组织架构、业务规模和复杂程度建立全面的风险管理体系，对信用风险、流动性风险、市场风险、操作风险等各类风险进行有效的识别、计量、监测和控制。还应当及时识别和管理与融资租赁业务相关的特定风险。考虑到金融租赁公司拥有和管理的船舶、飞机、设备等都是长期资产，短为 3 年，长则 15 年，资产管理难度较大。

（二）《非银行金融机构行政许可事项实施办法》

主要是明确了金融租赁公司等非银行金融机构董事长、副董事长和高管人员的任职资格和条件。由于金融租赁公司大股东指派的董事长、高管人员等往往不具备金融工作经验，因此不再要求担任消费金融公司和金融租赁公司董事长、副董事长职位的人从事金融工作 3 年以上。在第 179 条，将消费金融公司高管人员的任职资格和条件由"……从事金融工作 5 年以上，或从事相关经济工作 10 年以上（其中从事金融工作 3 年以上）"修改为"……从事金融工作 5 年以上，或从事与消费金融相关领域工作 10 年以上（消费金融公司高级管理层中至少应有一人从事金融工作 5 年以上）"。

（三）《金融租赁公司专业子公司管理暂行规定》

银监会修订后的《金融租赁公司管理办法》允许金融租赁公司设立子公司，此外，随着自由贸易试验区和国内其他保税地区相关政策的逐渐明朗，金融租赁公司在上述地区设立专业子公司的需求越发迫切。此法规的出台，对引导金融租赁公司有序设立专业子公司，拓展海外业务和境外融资渠道，强化对 SPV 业务的统筹管理，提升专业化水平有重要引领作用。

《金融租赁公司专业子公司管理暂行规定》主要有以下几个特点。一是强调机构实体化，落实法人监管责任。《金融租赁公司专业子公司管理暂行规定》明确了金融租赁公司专业子公司为持牌的金融机构，具有独立法人性质，规定金融租赁公司设立专业子公司应具备一定注册资本（不低于5000 万元），应该建立完善的公司治理结构。这有助于提高子公司的独立性和专业性，避免子公司空壳化。二是突出机构专业化特点，在特定领域做专、做强。《金融租赁公司专业子公司管理暂行规定》立足金融租赁公司专业化发展的特点和实际需要，在前期通过境内保税区项目公司开展业务的基础上，允许在特定领域设立专业化租赁子公司，突出子公司的专业性，引导金融租赁公司向专业化方向发展。三是促进业务运营市场化，增强竞争力。《金融租赁公司专业子公司管理暂行规定》充分发挥市场在资源配置中的决定性作用，紧密贴合市场化运营需要，支持专业子公司在风险可控的前提下加大业务创新力度。一方面，允许金融租赁公司在其业务范围内，根据审慎经营原则对所设立专业子公司的业务范围进行授权，并报银监会备案，减少审批项目；另一方面，允许专业子公司在境外设立项目公司开展融资租赁业务，提升金融租赁公司参与国际竞争的能力，有利于部分金融租赁公司将原来挂靠在母行海外平台下的境外业务进行统筹整合。四是推动准入便捷化，优化审批流程。《金融租赁公司专业子公司管理暂行规定》明确金融租赁公司在设立专业子公司的筹建阶段，由金融租赁公司作为申请人直接向银监会提出申请，提高了审批效率。同时，缩短了审批时限，筹建审批期限为收到完整申请材料之日起 2 个月内，开业审批期限为拟设地银监局自受理之日起 1 个月内，境外专业子公司审批期限为银监会自收到完整申请材料之日起 3 个月内。

四 现阶段融资租赁业的主要问题和发展对策

（一）发展中的主要问题

从发达国家的发展历史来看，租赁业务都经历过从简单租赁向复杂产品升级的发展过程。目前我国租赁业仍处在初级阶段，金融租赁公司的经营模式比较单一，租赁业务以融资性租赁为主，"融资"特性比较明显，而更能体现租赁特色的"融物"功能发挥不充分，与银行存在一定程度的同质化竞争，缺乏核心竞争力。

从融资租赁公司的业务发展来看，主要的制约因素有以下 4 个方面。一是各公司异地展业，管理能力较薄弱。融资租赁公司扁平化的组织结构虽有助于提高效率，但分散在各地的业务部门既负责营销、材料制作，又负责租赁物或抵押物的实地查证，缺少有力制约，自身管理能力不足与异地展业快速发展间的矛盾渐显。二是经营粗放，内控机制有待健全。租赁公司的风险控制尚处在边发展、边摸索、边完善的阶段。缺少租赁物评估、动态监测风控等手段，特别是在售后回租业务占主导的背景下，租赁物预期现金流不是围绕租赁物能产生多大的现金流展开。三是短借长用，流动性管理薄弱。四是风险暴露，资产质量压力大。随着经济形势进一步下滑，潜在的问题开始暴露，突出表现在不良租赁资产和逾期租赁资产余额快速增长。

为规范行业发展，国务院出台《关于促进金融租赁行业健康发展的指导意见》，明确提出加快金融租赁行业发展。但在现实发展中，从外部环境看，我国融资租赁市场发展仍存在以下问题。一是融资租赁市场发展不够成熟，政策与法规建设有待进一步完善。主要体现在：融资租赁的运行规律有待进一步探索；融资租赁的市场环境尚未成熟；融资租赁行业的发展与设备制造、二手市场的发达程度密切相关。二是盈利模式未能体现核心竞争力，盈利可持续性有待增强。近年来金融租赁公司的盈利在总量上呈现增长态势，但从盈利结构来看，实质上还是以利差收入为主，残值收益很少。三是金融租赁公司现有的发展模式存在一定的风险和问题。融资租赁公司大量依靠短期负债，难以支撑不断增长的中长期租赁业务，流动性风险日益突出，部分金融租赁公司成为规避监管的通道。

（二）发展对策

面对更加复杂的市场环境，融资租赁发展的关键是处理好金融业与实体经济的关系。金融租赁公司要围绕服务实体经济的根本出发点，牢牢把握科学发展这个主题和加快转变经济发展方式这条主线，把金融租赁公司的功能发挥和发展模式转变落到实处，在市场变化中提高主动应对能力。

现阶段，从融资租赁企业来看，应牢固树立风险意识，做好以下风险防范工作。一是防范信用风险。目前金融租赁公司的主要风险仍然是信用风险，应关注国家的产业政策调整，高度重视"两高一剩"以及周期敏感性行业。二是加强流动性风险防范。金融租赁公司要在提高自身偿债能力和抗风险能力的同时，加强流动性管理。三是加强法人治理和内控建设。金融租赁行业的安全、稳健运行，关键在于科学的公司治理和有效的内部控制，要加强内部控制，防范风险。四是租赁公司应科学制定战略发展规划，实现发展速度和发展质量并重；强化内控优先理念，确保内控对各项业务活动、管理活动的全覆盖；优化人员薪酬管理机制，加强对租赁业务专业人才队伍的培养和储备。

从外部环境建设看，应注意以下问题：一是要加强自身基础建设，在建设监管法规制度、改进审批管理、提高行政审批效率等方面进一步加大力度；二是现有外部监管制度偏于"原则性""方向性"指引，对租赁业务和内部管理缺少有针对性的行为规范，如对于资产分类，监管部门应制定符合租赁业务特点的资产分类指引，减轻目前租赁公司的资产准备计提压力。

参考文献

［1］蔡鄂生：《我国金融租赁业的现状与发展模式》，《中国金融》2011 年第 4 期。

［2］吕振燕、杜国臣：《国际融资租赁市场的新发展与启示》，《经济纵横》2013 年第 8 期。

［3］中投顾问产业研究中心：《2009～2012 年中国融资租赁业投资分析及前景预测报告》。

［4］中国外商投资企业协会租赁工作委员会：《世界租赁年报》（2010～2013 年）。

B.4
中国融资租赁业发展税收制度

王光伟*

摘　要： 在影响融资租赁业的众多因素中，税收政策一直被作为刺激
行业发展，进而刺激投资的关键因素。西方发达国家采取一
系列税收优惠政策对融资租赁进行干预和调节，取得了良好
的效果。本报告首先梳理了我国融资租赁面临的税收政策，
其中对当前推进的"营改增"进行了重点和详细分析，其次
讨论了我国现行税收政策存在的问题，在借鉴他国税收激励
经验的基础上，最后提出了我国融资租赁税制改革的建议。

关键词： 融资租赁　税收政策　税制改革

税收是融资租赁业发展的四大支柱之一，直接关系到融资租赁公司的经
营成本，对行业的发展规模、发展速度有较为重要的影响。

一　税收政策

融资租赁行业涉及的税收比较多，基本涵盖了主要的税种，包括营业
税、增值税、所得税、房产税等。

---

* 王光伟，经济学博士，中国博士后特华科研工作站博士后，主要研究领域为融资租赁、产业
经济和资本市场。

（一）营业税

营业税是流转税的一种，流转税包括营业税、增值税和关税等。流转税的征税对象是商品生产和流通环节的流转额或数量，以及非商品交易的营业额，是商品生产和商品交换的产物，因此，又被称为流转课税或流通税。我国融资租赁业征收营业税以"营改增"试点作为分水岭，"营改增"试点之前征收营业税，试点之后征收的则是增值税。

1993 年，国家税务总局在《国家税务总局关于印发〈营业税税目注释〉（试行稿）的通知》（国税发〔1993〕149 号）中，将融资租赁定义为具有融资性质和所有权转移特点的设备租赁业务，并将其划为金融保险业。1995年，《国家税务总局关于营业税若干问题的通知》（国税发〔1995〕76 号）中进一步界定融资租赁的征税范围，主要思路是根据从事融资租赁业务的单位类型进行判别，即：经中国人民银行批准经营融资租赁业务的单位，按照《营业税税目注释》中的"融资租赁"项目征收营业税，其他单位经营融资租赁业务则按"服务业"税目中的"租赁业"项目征收营业税。

1997 年，《财政部、国家税务总局关于转发〈国务院关于调整金融保险业税收政策有关问题的通知〉的通知》（财税〔1997〕45 号）对融资租赁业务的营业额进行了定义，明确了差额征税的原则，并规定了可扣除费用的范围。但在实际征收过程中，由于各地理解不一，许多地方对融资租赁企业的境外外汇借款利息支出是否在征税时扣除存有异议。因此，财政部和国家税务总局于1999年下发了《关于融资租赁业营业税计税营业额问题的通知》（财税字〔1999〕第183 号），明确出租货物的实际成本包括纳税人购买出租货物所发生的境外外汇借款利息支出，计算营业额时可以扣除。自此，融资租赁业在税收中的内涵和计税依据有了相对明确的定义，而且，对融资租赁和经营租赁也进行了区分。

由于各地对融资租赁业务性质和内涵具有不同的理解，因此有的地方征收营业税，有的地方征收增值税。为了统一标准，国家税务总局于 2000 年下发《国家税务总局关于融资租赁业务征收流转税问题的通知》（国税函〔2000〕514 号），明确区分了营业税和增值税在融资租赁业务中的不同征收情况。2003 年，

《财政部、国家税务总局关于营业税若干政策问题的通知》（财税〔2003〕16号）进一步明确了经中国人民银行、外经贸部和国家经贸委批准从事融资租赁业务的单位，对其融资租赁业务征收营业税时其营业额的准确计算标准。

融资性售后回租业务是融资租赁业务的重要品种，有其特殊性。各地对承租方在售后回租中出售资产的行为性质存在较大的认识差异，导致在征税时各地按照自己的理解去征缴，缺乏统一标准。为此，国家税务总局在2010年发布《国家税务总局关于融资性售后回租业务中承租方出售资产行为有关税收问题的公告》（国家税务总局2010年第13号），定义了融资性售后回租业务，明确承租方出售资产的行为不征收营业税和增值税。

由于国家部委"三定"方案的演变，内资融资租赁试点企业和外商投资融资租赁公司自2003年均归商务部审批管理。2004年，商务部、国家税务总局在《关于从事融资租赁业务有关问题的通知》（商建发〔2004〕560号）中规定，内资融资租赁试点企业和外商投资融资租赁公司可以按规定享受融资租赁业务的营业税政策。

随着我国税制改革的推进，根据最新的"营改增"政策，有形动产融资租赁业务被视为现代服务业纳入"营改增"试点，适用17%的税率。关于"营改增"政策将在后文进行阐述。

（二）所得税

2007年，经修订的《中华人民共和国企业所得税法》颁布，外资租赁企业不再享受超国民待遇，内外资融资租赁企业所得税统一，均按照25%的税率缴纳所得税。对企业通过融资租赁方式租入的固定资产，所得税法对其计税基础的界定，与会计准则对该资产入账价值的规定有些差异①。会计

---

① 《中华人民共和国企业所得税法实施条例》第47条规定，企业通过融资租赁租入固定资产所产生的租赁费，构成固定资产价值的部分，应当提取折旧并分期扣除。第58条对计税基础进行了明确定义，租赁合同约定付款总额的，以约定的付款总额和承租人在签订租赁合同过程中发生的相关费用为计税基础；租赁合同未约定付款总额的，以该资产的公允价值和承租人在签订租赁合同过程中发生的相关费用为计税基础。

准则将租赁开始日租赁资产的公允价值和最低租赁付款额现值进行比较，较低者作为入账价值，未确认融资费用计入资产价值，分期计提折旧。而税法中的规定相对简单，以合同规定的付款总额或者公允价值作为入账价值。会计上的未确认融资费用是在入账价值为最低租赁付款额时，最低租赁付款额小于公允价值的金额。未确认融资费确认后并分期摊销，所以当租赁合同有明确付款总额且不大于公允价值时，两者的税收效应是一致的。当且仅当租赁合同有付款总额约定，且大于公允价值时，会计入账价值折旧金额才小于税收可抵扣折旧金额。

针对融资租赁中的售后回租业务，《国家税务总局关于融资性售后回租业务中承租方出售资产行为有关税收问题的公告》（国家税务总局 2010 年第 13 号）规定承租人出售资产不确认为销售收入，租赁资产仍以出售前的原账面价值为计税基础计提折旧。租赁期间承租人支付的属于融资利息的部分，作为财务费用在税前扣除[①]。

（三）印花税

《中华人民共和国印花税暂行条例》规定，书立、领受"购销、加工承揽、建设工程承包、财产租赁、货物运输、仓储保管、借款、财产保险、技

[①] 其他与融资租赁企业相关的所得税政策主要是一些优惠措施，如《财政部、国家税务总局关于促进企业技术进步有关财务税收问题的通知》（财工字〔1996〕041 号）规定，企业因技术改造通过融资租赁方式租入机器设备，其折旧年限可以按照租赁期限和国家规定的折旧年限孰短的原则确定。根据税法规定，一般设备的折旧年限为 10 年，租赁期限一般短于法定折旧年限，企业通过融资租赁的方式购买设备，相当于享受了加速折旧的所得税间接优惠。2009 年，《国家税务总局关于企业固定资产加速折旧所得税处理有关问题的通知》（国税发〔2009〕81 号）对加速折旧进行了规定，即企业拥有并用于生产经营的固定资产，存在技术进步、产品更新换代较快，或者常年处于强震动、高腐蚀状态的情况，可以缩短折旧年限或者加速折旧。此外，《财政部、国家税务总局关于执行环境保护专用设备企业所得税优惠目录、节能节水专用设备企业所得税优惠目录和安全生产专用设备企业所得税优惠目录有关问题的通知》（财税〔2008〕48 号）指出，企业购置并实际使用列入目录范围的专用设备，可以按投资额的 10% 抵免当年所得税应纳税额，企业当年应纳税额不足抵免的，可以在不超过 5 年内向后结转。

术合同或者具有合同性质的凭证"，需要缴纳印花税。购销合同按购销金额万分之三贴花，财产租赁合同按租赁金额千分之一贴花，借款合同（银行及其他金融组织和借款人所签订的借款合同）按借款金额万分之零点五贴花。

《国家税务局关于对借款合同贴花问题的具体规定》（国税地字〔1988〕30 号）第 4 条认为融资租赁业务本质上是分期偿还的固定资金借贷，融资租赁合同以合同所载的租金总额暂按"借款合同"计税贴花。

从中可以看出，对融资租赁业务的印花税缴纳问题，需要区分不同的情况。对银监会、商务部批准经营融资租赁业务的单位所从事的融资租赁业务，其实质是分期偿还的固定资金借款，依"借款合同"计税贴花，税率为万分之零点五；对其他单位从事的融资租赁业务，租赁货物的所有权未转让给承租方的，其实质为经营租赁行为，依"财产租赁合同"计税贴花，税率为千分之一；对其他单位从事的融资租赁业务，租赁货物的所有权转让给承租方的，其实质为销售货物，依"购销合同"计税贴花，税率为万分之三。

另外，为了促进飞机租赁业的发展，财政部、国家税务总局在《关于飞机租赁企业有关印花税政策的通知》（财税〔2014〕18 号）中规定 2014～2018 年期间，暂免征收租赁企业购机环节购销合同的印花税。

（四）房产税

当融资租赁业务的标的是房产时，需要缴纳房产税。《财政部、国家税务总局关于房产税城镇土地使用税有关问题的通知》（财税〔2009〕128 号）专门对融资租赁的房产税问题进行了规定，要求承租人依照房产余值缴税。缴税起始日根据具体情况，从合同约定开始日的次月或者合同签订的次月开始。

（五）契税

《中华人民共和国契税暂行条例》（国务院令〔1997〕第 224 号）规定，

转移土地、房屋权属，承受的单位和个人应依法缴纳契税。在房屋的融资租赁业务中，会涉及契税的缴纳。

契税的适用税率由省、自治区、直辖市人民政府根据本地区的实际情况，在3%~5%幅度内确定，报财政部和国家税务总局备案。

另外，财政部、国家税务总局在《关于企业以售后回租方式进行融资等有关契税政策的通知》（财税〔2012〕82号）中将售后回租业务分为两个环节并规定不同的契税政策。金融租赁公司开展售后回租业务并承受承租人房屋和土地权属，照章缴纳契税；承租人在业务合同期满回购原房屋和土地权属，免征契税。

（六）关税

关税是海关根据法律规定，对进出口货物课征的一种税收。从融资租赁进口业务的角度看，大概分为两种情形：第一种情形是出租人在境内，根据承租人对进口货物的选择与境外供货商签订合同，以购买方式进口，再出租给承租人；第二种情形是出租人在境外，境内承租人以融资租赁的方式进口货物。

第一种情形视同一般的货物进口贸易，进口货物的收货人，也就是融资租赁业务的承租人应缴纳关税。进口货物以到岸价格为关税完税价格。第二种情形就是所谓的跨境租赁，《中华人民共和国进出口关税条例》第23条规定，"以租赁方式进口的货物，以海关审查确定的该货物的租金作为完税价格"。

随着我国综合国力的提升，对外资本输出逐渐成为趋势，我国目前有不少融资租赁企业开展了融资租赁出口业务，作为出口货物的发货人，自然成为关税的纳税义务人。为了鼓励出口，国家在天津实行了为期一年的出口退税试点。《财政部、海关总署、国家税务总局关于在天津市开展融资租赁船舶出口退税试点的通知》（财税〔2010〕24号）规定，对所有权转移给境外企业的融资租赁船舶出口，实行增值税"免退税"办法，即：该出口租赁船舶的出口销项免征增值税，其购进的进项税款予以退税。涉及消费税的应税消费品，已征税款予以退还。

境内企业开展进口设备的售后回租业务，需要注意海关监管的问题。如果进口设备正常完税，则不存在海关监管的问题，但如果进口设备享受关税减免的优惠，而且处于海关监管期，就要注意海关的审批问题。《中华人民共和国进出口关税条例》第 49 条规定，"由海关监管使用的减免税进口货物，在监管年限内转让或者移作他用需要补税的，海关应当根据该货物进口时间折旧估价，补征进口关税"。在售后回租业务中，设备的使用权仍在承租人，只是向出租人转让了法律意义上的所有权，并没有实质性转让或出售，也没有移作他用。因此，企业用监管货物开展售后回租业务，应主动向海关备案，在租赁期间发生监管货物实质性出售或转让时，应根据相关规定补缴关税。

（七）城市维护建设税和教育费附加

城市维护建设税简称城建税，是为了加强城市维护建设，扩大和稳定城市维护建设资金的来源而征收的税种。《中华人民共和国城市维护建设税暂行条例》规定，城建税的纳税人是缴纳消费税、增值税、营业税的单位和个人，计税依据是纳税人实际缴纳的消费税、增值税或营业税税额。可见，从事融资租赁业务需要缴纳城建税。税率根据纳税人所处地区不同而有所不同，纳税人所在地在市区的，税率为 7%；所在地在县城、镇的，税率为 5%；除此以外，税率为 1%。

教育费附加的征税对象是缴纳增值税、消费税、营业税的单位和个人，征收率为 3%，主要目的是筹措地方教育经费并扩大资金来源。

另外，还有地方教育附加，地方教育附加开始并不是全国统一开征的税种，全面开征以 2011 年《国务院关于进一步加大财政教育投入的意见》（国发〔2011〕22 号）的发布为标志。地方教育附加的计税基础是实际缴纳的增值税、消费税或营业税税额，税率是 2%。

二 "营改增"政策

（一）融资租赁"营改增"进程

增值税概念由美国耶鲁大学亚当斯教授于 1917 年提出，有效解决了传统销售税的重复征收问题。法国于 1954 年率先开征，其他国家迅速跟进效仿。我国于 1979 年引入增值税，于 1984 年设立营业税。1994 年进行分税制改革，确立了延续多年的营业税和增值税并存的货物和劳务税税制格局。1994 年扩大增值税的征收范围，所有的货物和加工修理修配劳务征收增值税。2009 年，在地区试点的基础上，将机器设备纳入增值税抵扣范围。

在我国现行税制结构中，增值税和营业税两税并行。从覆盖面来看，第二产业中除了建筑业外都征收增值税，营业税则在第三产业中占了大部分行业。随着市场经济的发展，这种不同行业适用不同税制的做法，日益显露其内在的不合理性，扭曲了经济的运行，不利于经济结构的优化。体现在以下方面：两税并行，抵扣中断，影响了增值税的作用发挥；第三产业在国民经济中的地位和作用日益突出，但是大部分第三产业被排除在增值税征收范围之外，影响了服务业的长远发展；经济行为的逐渐多样化和复杂性，加剧了税制并行中税收征管的难题；两套税制并行，还影响了我国进出口贸易的发展，阻碍经济全球化进程。因此，将增值税征收范围扩展至全部商品和服务，是我国深化税制改革的必然选择。

2011 年，财政部、国家税务总局发布了《关于印发〈营业税改征增值税试点方案〉的通知》（财税〔2011〕110 号），拉开了"营改增"的序幕。同时决定自 2012 年 1 月 1 日起，在上海开展交通运输业和部分现代服务业"营改增"试点，其中，有形动产租赁服务作为现代服务业被纳入试点范围。

2012 年 7 月，国务院总结前期的试点经验，决定扩大"营改增"试点范围。财政部和国家税务总局发布通知，自 2012 年 8 月 1 日起至当年年底，试点范围由上海市分批扩大到 8 个省、直辖市和宁波、厦门、深圳 3 个计划单列市。从 2013 年 8 月 1 日起，交通运输业和部分现代服务业"营改增"试点扩大至全国范围。

2013 年 12 月 13 日，财政部、国家税务总局发布《关于将铁路运输和邮政业纳入营业税改征增值税试点的通知》（财税〔2013〕106 号），规定融资租赁企业自 2013 年 8 月 1 日起执行。12 月 30 日，财政部、国家税务总局根据实践中出现的问题，又紧急发布了《关于铁路运输和邮政业营业税改征增值税试点有关政策的补充通知》（财税〔2013〕121 号），对财税〔2013〕106 号文（以下简称 106 号文）进行调整和补充。一方面，调整了商务部审批监管的从事融资租赁业务的试点纳税人注册资本金的缴足期限；另一方面，对既往的融资性售后回租合同确定销售额的方式做了规定。

（二）融资租赁增值税政策

"营改增"后，融资租赁企业适用的税收政策发生了很大变化，106 号文出台了一些重要规定，对融资租赁行业产生了深远的影响。

1. 对业务类型的定义

106 号文对有形动产融资租赁和融资性售后回租业务进行了明确定义。值得一提的是，有形动产融资租赁兼具融资性质和所有权转移特点，出租人最终是否将有形动产残值售卖给承租人，并不构成是否判定为融资租赁的根本因素。

2. 增值税税率

提供有形动产租赁服务，税率为 17%，征收率为 3%。

3. 计税依据

106 号文对有形动产融资租赁和有形动产售后回租业务的销售额计算方式进行了明确规定，并明确在融资性售后回租业务中，出租人向承租人收取的有形动产价款本金，可以开具普通发票，不得开具增值税专用发票。

4. 减免措施

除了现行规定适用增值税零税率的，标的物在境外使用的有形动产租赁服务免征增值税。

5. 即征即退政策

2015 年 12 月 31 日之前，试点纳税人提供有形动产融资租赁服务，增值税实际税负超过 3% 的部分实行即征即退政策。对商务部审批监管的从事融资租赁业务的试点纳税人，根据注册资本达到 1.7 亿元的情况，规定了享受上述政策优惠的时间要求。

6. 扣除价款有效凭证

106 号文要求试点纳税人扣除价款应当取得符合规定的有效凭证。对于融资性售后回租业务中出租人向承租人收取的有形动产价款本金，合法有效凭证是承租人开具的发票。

（三）"营改增"实施中的问题

"营改增"试点后，融资租赁企业在实施中发现某些方面还需要完善，需要相关部门根据行业特性，出台更具体的操作细则或者补充措施。结合一年多的实践，焦点主要集中在以下几个方面。

1. 税负增加

不管是营业税还是增值税，融资租赁业均实行差额纳税原则。营业税下的营业额和增值税下的销售额基本相同，都是融资租赁企业收取的全部价款和价外费用扣除相应的出租货物的实际成本。但是税率从营业税下的 5% 上升到增值税下的 17%，提高了 12 个百分点。不仅如此，与之相附的城建税和教育费也相应增加，融资租赁企业的税负明显增加。

虽然名义税负增加，但不少融资租赁企业在经营中发现实际缴纳的税款在减少，这引出另一个问题，也就是税负的跨期效应问题。在增值税下，融资租赁企业购进设备所负担的增值税，作为进项税额可以从销项税额中抵扣。在实务中，供货商往往是一次性将进项发票开给出租人，而出租人却是在租赁期分期将销项发票开给承租人。整个租赁期间销项税额会大于进项税额，但在租赁前期进项税额大于销项税额，因此，前期经常不用缴纳增值税，后期则要集中缴税。

税负的跨期效应对不同的企业有不同的影响。如果融资租赁企业处于业务扩张阶段，随着业务量的增加，进项税额会不断累积，如企业能保持不断的滚动发展，其进项税额将维持在较高的水平，实际缴纳的增值税额会比较低甚至为零。但是，当企业业务开始萎缩甚至停滞时，进项税额增加不多，随着融资租赁项目不断进入后期收官阶段，销项税额就会大于进项税额，在累积的作用下，会出现大量的集中缴税，对融资租赁企业的现金流造成巨大压力。因此，虽然进项抵扣可以给融资租赁企业带来延期纳税的好处，但是由于纳税的时间与企业收入现金流不匹配，将对企业形成一定的经营风险。如果企业经营发展不平稳，业务波动较大，可能会形成集中缴税的高峰期，不利于企业的长期稳健发展。

2. 即征即退难以实现

为了避免融资租赁业的实际税负增加，降低"营改增"对融资租赁公司的冲击，106号文规定了一个过渡的优惠政策，即在2015年12月31日前，试点纳税人提供有形动产融资租赁服务，增值税实际税负超过3%的部分即征即退。但是，在实践中，此项优惠政策很难落地。

106号文对增值税实际税负有明确定义。在计算实际税负时，其分母是包括租赁本金在内的全部价款和价位费用，并不是增值税的计税依据销售额，实务中很难有足够多的高收益项目使融资租赁企业能够满足这个税收优惠门槛。另外，前面提到的税负跨期效应问题，进项税额抵扣导致递延纳税，融资租赁企业要到项目后期或者业务开始萎缩时才会产生大量的应缴增值税款，但3%的即征即退措施只是一个过渡政策，2015年底即截止，这就意味着大多数企业无法享受此优惠。更有的融资租赁企业是在租赁合同开始时一次性支付应税货物的增值税，如果后期项目失败合同终止，融资租赁企业将无法收回租金，可能因为无法确认增值税销项而被取消全部退税优惠。

3. 售后回租的发票开具不明确

与售后回租业务相关的增值税，主要涉及两个关键问题，一个是承租方在出售资产时的增值税问题，另一个是出租方在收取租金时的增值税问题。106号文明确的是出租方的增值税问题，主要包括两方面，一方面是如何确定计征销项税的销售额，另一方面是如何开具发票。对前者明确规定了销售额的计算方法，对后者则明确指出可以开具普通发票，不得开具增值税专用发票。

令人困惑的是承租方出售资产时的增值税问题。106号文已经明确规定向承租方收取的有形动产价款本金可以在计算销售额时从全部价款和价外费用中扣除，以承租方开具的发票作为合法有效凭证，但106号文并没有对承租方开具的发票做出具体要求。实际上，早在 2010 年，国家税务总局在《关于融资性售后回租业务中承租方出售资产行为有关税收问题的公告》（国家税务总局 2010 年第 13 号）中就明确规定承租方在融资性售后回租业务中出售资产时不征收营业税和增值税。因此，承租方收取有形动产价款本金，可以开具普通发票作为出租方据以差额扣除的有效凭证，不对承租方征收增值税。但在实践中各地税务部门认识不一，有的地方仍要求承租方开具增值税发票。

出租方开具发票也存在操作上的问题。出租方每期收取的租金，既包括部分设备价款，也包括部分毛利。开票时就存在两种方式：一种是设备价款部分开具普通发票，毛利部分开具增值税专用发票；另一种是在租金金额超过设备价款之前，全部开具普通发票，之后再全额开具增值税专用发票。对此，106 号文并没有明确。

第一种方式，融资租赁企业需要准确区分每笔租金中的本金和毛利，据此分别开具普通发票和增值税专用发票，操作上有一定的难度，好处在于可以保证税款均衡入库。第二种方式，不用区分本金和毛利，操作上相对简单，但在租金覆盖设备价款之前，无法缴纳增值税，不利于税款均衡入库，也不利于融资租赁企业的现金流匹配。具体采取何种方式，国家税务总局没有明确意见，全凭各地主管税务局的判断，这就可能导致标准不一，尤其是不少融资租赁企业在全国各地都设有分支机构，开展业务会面临不同的政策标准，这会对融资租赁企业产生一定的困扰。

三 现行税收政策存在的问题

制定合理的税收优惠政策，以此促进融资租赁业的发展，是世界上各个国家的通行做法，尤其是在行业发展初期，税收优惠对推动整个行业的快速发展具有相当重要的作用，这已经得到了各国的经验证明。而且，政府还可以通过制定体现产业特色的税收优惠政策，引导融资租赁的行业投向，借此实现支持相关产业、促进产业结构升级的目标。因此，讨论融资租赁的税收政策问题以及如何借鉴他国的成功经验，一般来说，都是围绕着税收政策如何调整以促进融资租赁业发展这个中心展开。

（一）税收优惠政策层次不高

我国目前没有专门针对融资租赁业的税收规定，对融资租赁业的征税规定，包括营业税、增值税、所得税、印花税等分散在现行的相关税法中，系统性和规范性整体来说欠缺。由于我国尚未出台融资租赁的专门法律，对融资租赁的经营性质、业务范围等并没有形成统一认识，体现在税收政策上有所割裂，一直没有在国家层面制定统一的优惠政策。

随着融资租赁在推动企业设备更新、提升生产技术水平、促进经济结构调整以及解决中小企业融资难问题等方面作用的逐渐显现，各地高度重视，纷纷加大对融资租赁业的扶持力度，通过资金补助、租房补贴、税收减免、人才补贴等一系列措施吸引融资租赁企业落户（见表1）。但是，这些优惠政策均为地方性的，而且具有临时性和过渡性特点，难以在全国范围内形成持续和长期的效用，对推动融资租赁业的长远健康发展作用有限。

表1　各地对融资租赁行业优惠政策

地区	优惠内容	相关政策文件
天津	融资租赁企业自开业5年内，按其缴纳的营业税给予补助，前2年补助标准为100%，后3年为50%；自获利5年内，按其缴纳的企业所得税地方分享部分给予补助，前2年补助标准为100%，后3年为50%；对新购建的自用办公用房，按缴纳契税的100%给予补助，并在3年内按其缴纳房产税的100%给予补助	《天津市促进现代服务业发展财税优惠政策（节选）》（津财金〔2012〕24号）
北京（中关村科技园区）	金融租赁公司，可以享受一次性资金补助政策，所需资金由市区两级各分担50%。外商投资融资租赁公司、内资融资租赁公司，由海淀区人民政府给予政策支持	北京中关村《关于中关村国家自主创新示范区促进融资租赁发展的意见》（中科园发〔2012〕33号）

续表

地区	优惠内容	相关政策文件
上海（浦东新区）	对为新区企业提供融资服务的融资租赁企业，根据其当年为新区企业提供融资总额，给予融资总额 0.5% 的补贴；对融资租赁企业购入新区先进装备制造企业生产的设备，按照合同金额的 0.5%，给予融资租赁企业补贴；对融资租赁企业新购入船舶和飞机，给予登记费 100% 补贴，单船或单机最高补贴额为 10 万元，对单一融资租赁企业，每年该项补贴额最高为 200 万元	《浦东新区促进金融业发展财政扶持办法实施细则》
成都	对 2013 年末融资性担保在保余额 20 亿元以上的融资性担保公司，按季末平均融资性担保在保余额的万分之一给予奖励，奖励金额不超过 60 万元。奖励资金在市金融发展专项资金中安排，由市金融办受理后按程序办理	《成都市人民政府办公厅关于加快我市农村金融服务创新的试行意见》（成办发〔2013〕58 号）
厦门	将以融资租赁方式在海沧保税港区购买、租赁大型生产设备（单台套价格 200 万元人民币及以上）的企业分为三类：普通企业；在厦门工商登记注册、缴交税收的企业；在海沧工商登记注册、缴交税收的企业。前 3 年按每台（套）设备年租赁费用的一定比例给予补贴，后 2 年按照一定比例给予购租企业补贴	《厦门市海沧区人民政府关于印发鼓励在海沧保税港区开展融资租赁业务意见的通知》（厦海政〔2013〕119 号）
晋江	从融资租赁公司在晋江的注册年度起，其缴纳的营业税和企业所得税的地方留成部分，分 5 年给予一定比例的奖励；印花税可根据融资租赁合同所载租金总额按借款合同计征贴花；未分配利润转增股本应缴纳的所得税，按地方留成部分全部给予奖励；融资租赁公司还可以按年度净利润的 1.5% 计提一般风险准备金	晋江市人民政府《关于促进融资租赁业发展的若干意见》（晋政文〔2012〕350 号）
深圳	金融租赁公司总部因业务发展需要增加资本金的，根据注册资本金的大小给予一次性增资奖励，最高可达 1000 万元；金融租赁公司并购重组深圳市外部金融机构，重组后的机构注册地在深圳的，根据并购交易额的大小给予一次性并购奖励，最高可达 1000 万元	深圳市人民政府《关于印发深圳市支持金融业发展若干规定实施细则补充规定的通知》（深府〔2013〕12 号）
武汉	在资本特区新设或者从武汉外迁入的融资租赁公司，购置符合所得税优惠条件的专用设备，承租企业可从当年的应纳税额中抵免设备投资额的 10%；融资租赁合同按借款合同所载租金总额的万分之零点五计征；政府物业和商业物业的售后回租业务中产生契税的，实行先征后补；符合产品更新换代较快等条件的租赁机器设备，可以采用缩短折旧年限的方式加速折旧；金融租赁公司按照年度净利润的 1% 提取一般风险准备金，其他融资租赁公司根据承租人的风险状况，合理计提风险准备金	武汉市人民政府关于《促进资本特区融资租赁业发展实施办法》（武政办〔2011〕111 号）

资料来源：根据公开资料整理。

（二）税收扶持力度不足

前文在讨论融资租赁业"营改增"时已经分析了增值税政策的改善空间，不仅如此，其他税种在对融资租赁业的扶持上仍有不足。

1. 租赁物折旧

折旧越大，应缴税金就越少，企业负担就越轻。根据我国现行所得税法的规定，融资租赁公司出租的固定资产不得计算折旧扣除。融资租赁设备由承租人提取折旧，确实鼓励了企业更多地采用融资租赁方式升级更新生产设备，但是作为资产所有方的出租人无折旧可以提取，收取的租金全额纳税，在一定程度上影响了其投资和资产管理的积极性。如果出租人可以提取折旧，承租人则在税前扣除其支付的租金和费用，将使出租人和承租人均获得税前扣除，非常有利于推动行业的发展。

2. 税前扣除

《国家税务总局关于印发〈企业所得税税前扣除办法〉的通知》（国税发〔2000〕84号）规定企业以融资租赁方式取得生产设备，可以按照规定提取折旧费用，但不得税前扣除租金支出。而在国外，为鼓励企业采取融资租赁方式取得设备，将其成本支出在税前扣除是允许的，可以使其获得类似加速折旧的好处。

3. 投资税收抵免

投资税收抵免降租节税的作用比较直接有效，对推动融资租赁业发展的效果明显。我国所得税法中对企业购置环境保护、节能节水、安全生产等专用设备的投资税收抵免有相关规定，但是主要限定在自身购置并实际投入使用的企业，不包括那些通过融资租赁方式获得专用设备的企业。这一局面直到财政部、国家税务总局于2009年发布《关于执行企业所得税优惠政策若干问题的通知》（财税〔2009〕69号）后才有所改观，官方明确指出通过融资租赁方式租入设备也可享受投资税收抵免优惠。而且，我国当前的投资税收抵免只针对部分专用设备，相比美国类似的政策，优惠范围显得过窄。

4. 关税

对承租人在投资项目租赁业务中租赁的自用进口设备，如果产权属于国内项目单位，符合内外资产业目录的，我国有相应的关税减免政策。对部分符合条件的短期租赁，也有关税减免措施。目前存在的主要问题是相关的政策依据基本是"复函"或"批复"的形式，往往是针对具体问题做出的，缺乏一般性。除此以外，为了支持上海自贸区的发展，《财政部、海关总署、国家税务总局关于中国（上海）自由贸易试验区有关进口税收政策的通知》（财关税〔2013〕75号）规定，自贸区内的生产企业和生产性服务企业进口机器设备，免征关税。遗憾的是，由于融资租赁企业不是生产性企业，并不适用此项规定。理论上，各地类似的法律法规都不应把融资租赁企业区别对待。

5. 印花税

融资租赁业务虽然由买卖和租赁两个环节构成，但因其独特的业务特点，不应对其买卖环节和租赁环节分别计征印花税。对此，各地的税务征管局认识不一，直到2011年国家税务总局才在网上非正式回复。也就是说，为了避免重复征税，应将融资租赁业务的购买和租赁环节合并计征印花税，租金总额作为计税基数。

（三）人为制造税收差别待遇

根据监管主体的不同，我国融资租赁企业分为两类三种机构。一类是银监会审批设立的金融租赁公司，属于非银行金融机构；另一类是融资租赁公司，属于非金融机构，其中又分为内资试点融资租赁公司和外资融资租赁公司，由商务部审批设立。除此以外，还有一些不是专门经营融资租赁业务的企业也在开展融资租赁业务，比如财务公司等。由于监管主体和对交易认定的不同，本质上从事相同业务的公司承担了不同的税负。

在营业税下，《国家税务总局关于融资租赁业务征收流转税问题的通知》（国税函〔2000〕514号）规定，经中国人民银行批准经营融资租赁业务的单位从事融资租赁业务，不管租赁物的所有权最终是否转移，征收营业税，不征收增值税。其他单位从事融资租赁业务，根据租赁物的所有权最终是否转移进行判断，所有权转让给承租人的，征收增值税；未转让的，征收营业税。可见，由于对交易单位和交易性质的判定不同，融资租赁企业的税收负担不一。

在呆坏账准备金计提方面，金融租赁公司作为金融机构，可以按照《金融企业准备金提取管理办法》税前计提呆坏账准备金。内资试点融资租赁公司和外资融资租赁公司不是金融机构，不能税前计提呆坏账准备金，从而陷入了不利的税收地位，不利于市场主体公平竞争。

即使是非主要税种的印花税，也因为企业属性的差异适用不同的印花税率。按照《国家税务局关于对借款合同贴花问题的具体规定》（国税地字〔1988〕30号）的要求，银监会、商务部批准经营融资租赁业务的单位从事融资租赁业务，可按"借款合同"计税贴花，税率为万分之零点五；对其他单位从事的融资租赁业务，根据租赁货物的所有权是否转让，分别适用千分之一和万分之三的税率。而且，由于国税地字〔1988〕30号文主要针对的是金融租赁公司，内资试点融资租赁公司和外资融资租赁公司是否参照该标准执行，在税收实务中是有争议的。

四 国际经验借鉴

西方各国非常重视融资租赁业发展中的税收激励因素，采取一系列税收优惠政策对融资租赁业进行干预和调节，以促进其健康发展，我国可以借鉴。

（一）投资税收抵免

投资税收抵免制度诞生于1962年的肯尼迪政府，指的是在企业的应纳税额中，按照其当年的资本设备投资直接扣除投资额的一定比例，主要目的是鼓励企业投资，从而刺激经济。在1981年之前，美国政府主要是根据固定资产的折旧年限进行不同比例的税收抵免，折旧年限越高，可享受的减税比例越高，最高可达 10%。同时美国政府规定了限制措施，如果固定资产在折旧年限未完成之前被售卖，其投资减税额须根据实际年限重新计算，融资租赁企业要退回多享受的减税额。

1981 年后，里根政府在世界经济较为低迷的情况下，为了加大经济刺激力度，推出了"经济复兴税法"，一方面扩大税收优惠范围，另一方面简化租赁的管理制度，实行"加速成本回收制"，创新融资租赁模式，推出"安全港租赁"，以充分利用减税收益。相比之前，减税力度更大，比如折旧年限在 5 年以上的，可减税 10%，而过去的规定是 7 年。出租人在享受减税好处的同时将部分利益让渡给承租人，实现了双方的共赢。为了方便税务局界定"真正的租赁"，政府要求出租人和承租人签订具有租赁特征的协议。这样，出租人就是融资租赁资产的所有人，可以将加速成本回收、利息及投资税抵免等权利授予承租人。1985 年，美国政府又推出"资本成本回收制"取代"加速成本回收制"，税收优惠政策覆盖了更多的租赁业务。

英国也一直有设备资本投资的补助和减税制度，代表是 1972 年实行的"百分之百的第一年投资减税政策"。根据规定，从 1970 年起，第一年的税收减免是设备成本的 60%，在支出当年可以索回。该项政策取得了良好的效果，英国政府继续加大优惠力度，逐年提高减税标准，从 1971 年的 80% 提高到 1972 年的 100%。不仅如此，该项优惠政策覆盖面还很广，有关机械设备和厂房投资都可以适用。

值得指出的是，根据英美两国的规定，资产所有者是纳税者，因此，享受税收优惠的也是资产所有者。在融资租赁业务中，出租人是租赁资产的所有者，故享有投资税收抵免的收益。但在实务中，出租人和承租人双方往往会协商共同享受这份收益。

（二）加速折旧

各国税法普遍规定资产折旧可以税前扣除，折旧提得越多，企业的应纳税额就越小，企业的负担也就越轻。在资产使用前期提取较高的折旧费用，相当于延期缴纳税款，尽管总缴税额不变，但由于货币的时间价值，对企业有较大的好处，尤其对那些在业务发展初期的融资租赁企业，加速折旧相当于增加了企业的现金流量，减轻了企业负担，有利于企业规划长远发展目标。

折旧年限直接关系到折旧计提的金额大小，因此，许多国家对各种资产的折旧年限进行了明确的规定。美国在这方面规定得比较详细，早在1942年，就规定了各种固定资产的耐用年限。到了1962年，美国实施加速折旧政策，调整了机械设备和金属加工设备的折旧年限，与1942年相比，折旧年限缩短了30%~40%。1971年，美国又在1962年规定的基础上对机械设备的折旧年限设定20%的上下波动幅度，1981年的新税法进一步缩短了折旧年限。

日本税法缩短了融资租赁资产的折旧年限，仅为法定耐用年限的60%~70%。采取加速折旧法时，尽管折旧总额没有发生变化，但是可以提前完成法定折旧。德国也允许承租企业对融资租入的设备进行加速折旧。俄罗斯允许3倍加速折旧，即融资租赁以低于正常折旧年限的3倍速度加速折旧。瑞士的融资租赁企业还可以与税务当局协商租赁资产的折旧年限，一般的机器设备折旧年限为4~6年，税务当局可以接受两年的折旧期，对于一些技术更新较快的设备，折旧年限甚至可以缩短至一年内。

（三）租金税前扣除

许多国家允许承租人将租金作为费用税前扣除。美国规定，出租人和承租人之间签订了具有租赁特征的协议（所谓的"真实租赁"）的，承租人可以将租赁总成本作为费用在纳税所得中扣除。在日本，承租人可以根据租赁合同金额的60%，再计提7%作为税款扣除，相当于承租人可以获得租金总额4.2%的税收减免。德国和澳大利亚也规定承租企业支付的租金，可当作费用在成本中列支。

（四）杠杆租赁的税收优惠

杠杆租赁自20世纪60年代在西方国家出现。在杠杆租赁中，出租人在购买设备时不需要提供全部资金，只需要支付设备款的一部分，这个比例一般是20%～40%。至于其余资金，出租人向银行或其他金融机构申请贷款，以出租的设备作为抵押物，租金收入作为贷款本息的偿还来源。可见，借助第三方资金购买设备对出租人有杠杆作用，出租人可以利用有限的自有资金开展合同金额较大的融资租赁业务，以赚取租赁收入超过贷款本息的那部分收益。而且，按照美国税法的规定，出租人从第三方申请贷款的利息支出可以作为财务费用税前列支，这样，出租人可以获得所得税减免的好处。在实际操作中，出租人可以将这部分所得税减免的好处以降低租金的形式部分让渡给承租人，达到一个共赢的局面。

（五）计提呆账准备金

在融资租赁业务中，一旦承租人不能按时支付租金，出租人就面临坏账损失。因此，为了降低融资租赁企业的经营风险，西方国家普遍允许出租人根据承租人的还款情况提取足额的呆账准备金，一旦形成坏账，出租人就可以及时核销损失。各国还在不同程度上对准备金给予税收优惠，比如美国规定出租人可以根据自身经营状况确定呆账准备金比例并自主提取，发生损失后，损失部分可以免税。日本规定，当承租人无法履行支付租金的义务，出租人蒙受损失时，其债权额作为呆账损失在计算应纳税所得时可计入呆账发生日的年度损失额中。瑞士、俄罗斯规定融资租赁企业可以参照金融机构的标准计提呆账准备金，并可以在税前扣除。

五　我国融资租赁业税制改革的建议

（一）统一税收立法

我国目前没有专门的融资租赁法，未来一段时期立法的可能性也不是太大。财政部、国家税务总局和海关总署在颁布的法规制度中对融资租赁税收有一些规定，但整体来说比较零散。而且，不少政策是通过"复函"或

"批复"的形式，权威性和规范性欠缺。各地近年来出台了不少鼓励融资租赁业发展的税收制度，但都是区域性的，临时性和过渡性特征比较明显。为了更好地规范和促进融资租赁业的发展，有必要统一融资租赁的税收立法，吸收地方政府实践中的成功经验，借鉴国外案例，由财政部、国家税务总局专门针对融资租赁业出台税收办法，规定融资租赁税收中的主要原则，为各税务主管局提供明确统一的法律依据，减少政策执行中的不确定性，为融资租赁企业创造良好的税收法治环境。

（二）扩大优惠范围，加大优惠力度

税收优惠政策对融资租赁业的发展具有十分重要的作用。西方各国综合运用投资税收抵免、加速折旧、租金税前扣除等手段促进融资租赁业的发展，取得了良好的效果。我国融资租赁处于行业发展初期，更需要政府采取多种措施加以鼓励和引导。

我国确实制定了一些税收优惠政策，但与国外相比，不管是优惠范围还是优惠力度都有所欠缺。比如投资税收抵免，主要是针对一些专用设备，实际上完全可以扩大范围。理论上说，只要投资投向符合国家的产业政策，企业购置设备都可以享受资本支出的一定比例税收抵扣，以刺激承租人及时进行技术更新和出租人加大投资力度。此外，为了发挥政策的导向作用，可以根据国家产业目标、行业差异和设备的新旧程度，对不同的设备执行不同的税收减免率。

另外，我国的加速折旧优惠政策主要是针对企业用于技术改造的融资租入设备，在这方面也可以放宽要求，只要是符合国家产业政策的设备都应该被允许纳入加速折旧范围，甚至可以步子再大一点，允许企业在现行的折旧制度框架范围内，自主选择加速折旧方法，加大鼓励企业新增投资和进行技术设备更新的力度。对于出租人和承租人谁提取折旧的问题，目前我国的规定是由承租人提取租入资产折旧，但其租金支出不能作为费用税前扣除，出租人方尚缺乏有效的激励措施。西方很多国家的做法则不同，在通常情况下，提取折旧的是出租人，可以加速折旧，承租人则将租金作为费用税前扣

除。我国可以借鉴这种双赢做法，既体现对出租人的税收激励，也能降低承租人的融资成本。

我国正在实施"一带一路"、"中国制造 2025"和新型城镇化建设等重大战略，产业结构升级处于关键时期，需要大力发展新一代信息技术、高端装备制造、新能源、节能环保等新兴产业。融资租赁因其兼具融资、融物的特点，理应在实现国家战略中发挥更大的作用。因此，建议政府制定更科学的融资租赁税收政策，扩大税收优惠范围，加大优惠力度，使融资租赁更好地服务于国家发展目标。

（三）创建公平税收环境

我国可以从事融资租赁业务的企业，种类比较多，有不同的审批监管主体，其中既有经银监会、商务部批准的融资租赁公司，也有其他未经批准的企业。银监会监管的金融租赁公司和商务部监管的内资试点融资租赁公司、外商投资融资租赁公司也存在各种差异。理论上，从事同质业务的融资租赁企业应适用同样的交易规则，不能因所属监管主体不同就被人为划分为不同属性，从而按照不同的规则经营，这违背了市场的公平竞争原则，造成市场割裂，损害市场效率。

我国的融资租赁企业因为监管分割的原因，面临不同的税收政策，产生税收待遇差别。对于由历史原因造成的监管分割格局，在短期实现监管机构统一有一定难度，但可以统一包括税收政策在内的交易规则。因此，建议政府制定适用于整个融资租赁行业的税收政策，不考虑融资租赁企业本身的属性，只要从事符合规定的融资租赁业务，都适用该税收政策，以创建公平的税收环境，促进市场的有效竞争。

参考文献

[1] 丁淑芹：《融资租赁业"营改增"的税收困境》，《财会月刊》2014 年第 6 期。

［2］杜朝运、邓秋艳：《发展我国融资租赁的税收激励思考》，《税务研究》2007 年第 4 期。

［3］李银珠：《西方国家融资租赁税收优惠政策及对我国的启示》，《国际税收》2005 年第 2 期。

［4］梁飞媛：《融资租赁税收政策的国际比较》，《集团经济研究》2005 年第 11 期。

［5］徐同远：《论我国融资租赁的税收政策及其完善》，《南昌大学学报》（人文社会科学版）2015 年第 6 期。

［6］中国融资租赁三十人论坛：《中国融资租赁行业 2014 年度报告》，中国经济出版社，2014。

B.5
中国融资租赁业发展会计制度

朱元甲*

摘　要：　会计制度与法律、税收和监管并称租赁业四大支柱。会计管理活动随着商品经济的发展而不断进步。一方面，会计制度的变迁反映经济业务的发展；另一方面，其必然随着经济业务的发展而前进。因此，经济发展每上升一个台阶，会计理论和实务就会得到同步的发展。融资租赁业务从 20 世纪开始，如今已经发展成为重要的金融市场业务，租赁会计也不断在改进和发展。本报告系统研究租赁业的会计制度，梳理融资租赁会计理论和实务的发展脉络，分析现行融资租赁会计理论和操作与实际经济业务的适应性。

关键词：　融资租赁　会计　准则　报告

一　融资租赁会计概述

（一）会计角度的租赁

会计管理由确认、计量和报告活动组成，对于特定类型的经济业务，确认其经济实质和会计含义是基础，进行准确的会计计量是及时对经济业务予

---

* 朱元甲，经济学博士，中国博士后特华科研工作站博士后，金石投资有限公司监事，负责私募股权投资基金工作，主要研究领域为股权投资、资本市场、金融会计。

以报告的必要条件，报告的标准则是对经济业务最终成果进行展示的核心。因此，单一类型经济业务的会计制度和规范文件的发展都是围绕确认、计量和报告而展开的。

租赁会计制度就是有关租赁业务会计处理原则的一系列规范化文件。租赁会计研究的是会计工作如何有效对租赁业务进行会计确认、计量和报告的工作。因此，首先我们要从会计角度来认识租赁。

会计上关于"租赁"有专门的表述。根据我国企业会计准则（2006）之《企业会计准则第 22 号——租赁》（CAS21 号），租赁是指租约双方在约定期间，出租人即资产所有权人将资产的使用权让与承租人，并收取租金的协议。《国际会计准则第 17 号——租赁》（IAS17 号）这样定义租赁：在约定期间，出租人将特定的资产使用权让渡给承租人，以换取一系列收益支付的协议。美国《第 13 号财务会计准则公告——租赁》界定租赁是"在一定时期内转移资产的使用权协议"。会计上，对租赁进行确认的核心因素在于资产使用权的有偿让渡使用。

广义租赁包括在"租赁期"内有偿转移资产的使用权，无论最终是否转移资产所有权。这是租赁的本质特征——"融物"为我所用。例如，在某些情况下，协议所包含的交易虽然未采取租赁的法律形式，但该交易或交易的组成部分就经济实质而言出现了"融物使用权"，则属于租赁业务。判断依据：一是协议的履约依赖特定资产，即"融物"；二是资产使用权的转移，即"为我所用"。

（二）融资租赁的含义

租赁在传统会计理论上分为经营租赁和融资租赁。首先，承租人的目的是拥有租赁资产的使用权，即"融物"。其次，融资租赁还具有融资的特性。IAS17 号和 CAS21 号从租赁标的资产所有权的最终归属、承租人获取租赁资产最终归属权对价、承租人对资产使用权使用期限、最低租赁付款额与资产价值的关系、资产对承租人的专属性等方面规定了判断融资租赁的标准。IAS17 还附加几项判别标准：一是承租人享有租赁资产残值波动损益；

二是承租人对租赁资产的第二个租赁期租金远低于市价。

《美国财务会计准则第 13 号——租赁》（FAS13）对融资租赁的确认与 CAS21 的前 4 项标准基本相同。在有些判别标准上规定得更加具体，更具有可操作性，如租赁期不短于租赁标的资产整个使用年限的 75%，租赁最低付款额的现值不低于租赁标的资产公允价值的 90%。FAS13 增加了出租人确认融资租赁的两个条件：一是出租人应正确地估计租赁最低付款额收回的可能性；二是承租人的无法偿还成本不能有明显的不确定性。这主要是从租赁资产所有权上的风险和报酬是否完全由出租人转移给承租人的角度来考虑的。FAS13 对出租人确认融资租赁的额外必要条件，与 IAS17 界定所指含义一致。

IAS17 以与租赁资产所有权有关的风险和报酬归属为依据来进行分类。融资租赁是指实质上转移了与资产所有权有关的全部风险和报酬的租赁，否则就是经营租赁。融资租赁资产的所有权最终归属，实际中可能移至承租人，也可能并没有。

二　租赁会计沿革

（一）租赁会计概述

最早有关租赁的会计规范文件出自美国。美国租赁业务随着经济增长迅速发展，为了规范租赁交易的会计处理，美国财务会计准则委员会（FASB）于 1976 年发布了《美国财务会计准则第 13 号——租赁》，随后又发布了一系列公告、技术指南、解释说明等指导文件。英国、加拿大、澳大利亚等国会计规则制定机构以 FAS13 为蓝本，制定了本国的租赁准则。1982 年，国际会计准则理事会（IASB）的前身国际会计准则委员会（IASC）发布了《国际会计准则第 17 号——租赁》（IAS17），1997 年予以修订，2003 年再次修订，沿用至今。我国也于 1996 年发布了《企业会计准则——租赁（征求意见稿）》。2001 年，《企业会计准则——租赁》正式实施。与国际会计准则趋同，在参考 IAS17 和 FAS13 等规范文件的基础上，2006 年，我国

《企业会计准则第 21 号——租赁》（CAS21）发布实施。

2006 年，IASB 和 FASB 开始联合对租赁会计进行修订，2010 年向全球征求修改意见。2013 年 IASB 发布征求意见稿。目前，我国所用租赁准则仍然是以原 IAS17 为基础的 CAS21 号准则。租赁定义和分类、融资租赁和经营租赁的会计处理和列报等方面与租赁会计最近的发展有一定差异。2016 年 1 月，IASB 发布新的租赁准则《国际财务报告准则第 16 号——租赁》（IFRS16），并于 2019 年 1 月 1 日起开始实施。IFRS16 号从根本上改变了租赁交易的会计处理模式，并对租赁业务模式产生重大的影响。

（二）租赁会计准则变革

1. 美国租赁会计准则——FAS13

美国租赁业很发达，租赁会计研究历史最长，也最为成熟。1879 年贝尔电话公司就开创了电话出租业务。1901 年，货车信托公司向铁路公司进行长期租赁业务。第二次世界大战以后，美国"军转民"产业过渡时期，金融机构不动产租赁业务迅速发展。1952 年，现代融资租赁的开创者——美国租赁公司成立，这也是美国首家专业租赁公司。租赁不仅是融资的手段，也被用来粉饰财务报表，因为起初租赁业务引起的负债不在报表上反映。1949 年，美国执业会计师协会首次单独就租赁会计发布了研究公告《会计研究公告 38 号：长期租赁在财务报表中的列示》。核心观点是租赁业务期限长，但凡影响财务报表使用方做判断的，都要在财务报表上正式列示或说明。1953 年《会计研究公告第 43 号》延续了 38 号公告的思想，并专述了长期租赁在财务报表上的列示问题。1962 年，协会出版专题研究报告《会计专题研究报告 4 号：租赁编制财务报表的方法》，对租赁会计的理论和实务提出了若干建议。1964 年和 1966 年，美国执业会计师协会所属会计原则委员会分别发布了编报租赁财务报表的 5 号意见书和 7 号意见书。1976 年，美国财务会计准则委员会替代会计原则委员会发布了 FAS13。该准则基本上取代了前述一系列公告文件。FASB 随后不断对此进行补充和修正，一系列有关租赁的会计规范文件构成了美国租赁会计准则。

美国租赁会计研究和制定的规范文件，开了租赁会计的先河，是各国租赁会计准则的制定基础。后来，英国、日本、澳大利亚和加拿大等国家相继制定了租赁会计规范文件。国际会计准则委员会也在借鉴 FAS13 的基础上制定租赁会计准则。

2. 国际租赁会计准则——IAS17

国际会计准则委员会于 1982 年 9 月发布《国际会计准则第 17 号——租赁会计》，1984 年开始生效。该准则界定融资租赁是"转移了与资产所有权有关的全部风险和报酬的租赁"，在此范围之外的租赁都被视为经营租赁。IASC 于 1994 年对该准则进行修订。1997 年，IASC 更新发布《国际会计准则第 17 号——租赁》，取代原准则，于 1999 年生效。IASC 演变为 IASB 之后，于 2003 年 12 月再次对第 17 号准则进行修订。同时，发布了与第 17 号准则有关的解释公告——《经营性租赁：激励措施》（SIC15）和《评价涉及租赁法律形式的交易的实质》（SIC27）。2006 年 7 月，IASB 和 FASB 联合研究制定和统一租赁会计准则，确保租赁业务相关的资产和负债都能够在财务报告确认、披露。2009 年 3 月，双方联合发布租赁会计准则修订讨论稿，并于 2010 年 8 月发布了征求意见稿。征求意见稿的核心理念是"资产和负债观"，即建立"使用权资产"概念，以公允反映租赁交易所产生的资产与负债，并且不再区分经营租赁和融资租赁，实现"两租合一"的会计处理模式。2013 年 5 月，IASB 发布了新的征求意见稿。新征求意见稿中增加了租赁分类的内容，进一步补充和规范了承租人和出租人的确认原则、计量方法、列示项目和披露信息，增加了修订售后租回、短期租赁等内容。

3. 中国租赁会计准则——CAS21

由于租赁实务发展缓慢，我国租赁会计的发展进程也很缓慢。同时，由于起初租赁业务不以融资为目的，租赁会计归于经营租赁的范畴。按照资产入账以所有权为依据，租赁会计处理原则与 IAS17 和 FAS13 中经营租赁会计原则相似。1981 年，财政部发布《国营工业企业会计制度、会计科目、会计报表》，其中有关租赁业务核算的规定就是按照上述原则做出的规定。

其核心内容：一是出租人核算出租固定资产，并提折旧；二是承租人支付租金费用化处理。1982 年，财政部出台《关于租赁费用的财务处理的暂行规定》，内容已经涉及现代租赁业务所具有的购置和融资特点。1992 年，财政部发布《企业会计准则》，明确规定融资租赁的资产应比照固定资产核算。这基本上已经和国际通行租赁会计准则接轨。2001 年《企业会计准则——租赁》公布并实施，与 IAS17 的内容基本相同。2006 年，2001 版租赁准则经修订优化后重新颁布，即《企业会计准则第 21 号——租赁》（CAS21）。新准则不仅符合国际惯例，也与国内迅速发展的租赁实务紧密结合。

融资租赁会计制度从租赁会计制度延伸而来。租赁从会计上区分为融资租赁和非融资租赁后，对业务也有实质性的影响。体现为确认不同类型的租赁，直接影响租赁各方的会计报告资产负债状态和经营成果。CAS21 对租赁的会计处理限定在"在约定期间，出租人将资产使用权让与承租人，以获取租金的协议"的经济业务范围内①。

三　租赁准则新征求意见稿

（一）新征求意见稿的背景

经济的发展促进租赁业务趋向于多元化、多样化发展，租赁会计规范也不断发展完善。目前全球通行的租赁会计准则从融资租赁和经营租赁两个层面对租赁业务的会计处理予以规范，经营租赁被看成单纯的"融物"，未被纳入资产负债表内。传统会计将租赁分为融资租赁和经营租赁两类，容易导致经济实质相似的租赁业务采取不同的会计处理方式，影响财务指标的可比性。基于上述问题，IASB 和 FASB 于 2010 年联合发布了租赁会计准则的征求意见稿，核心就是不再区分融资租赁和经营租赁。IASB 根据反馈意见，

---

① 对于出租人以经营租赁方式租出的土地使用权和建筑物，电影、录像、剧本、文稿、专利和版权等项目的许可使用协议，出租人因融资租赁形成的长期债权的减值等，分别适用投资性房地产、无形资产和金融工具确认和计量等准则。

在 2013 年发布了新征求意见稿。新的修订稿，反映了包括融资租赁业务在内的租赁会计准则的变革和改进方向。

租赁会计的变革核心在于与财务会计概念框架保持一致性的调整。2010 年 IASB 发布讨论稿，2015 年 5 月发布征求意见稿。征求意见稿中关于要素变革的资产界定变化最大。新概念框架的资产定义：资产是指过去事项形成的由主体控制的现时经济资源。其中，经济资源是指一项能够产生潜在经济利益的权利。这里的权利可以通过合同、法律或者类似途径形成。例如，产生于金融工具的权利，源自固定资产等有形问题的权利，受惠于其他方现行义务的权利，接受商品或服务的权利，以及知识产权等。还有产生于其他方推定义务的权利，其他方无法获得的其他权利（如专有技术）。因此，对租赁而言，承租方向出租方支付租金，即获得了租赁资产在租赁期内的使用权和因使用而受益的权利。所以，按照新的会计改革方向，租赁必然要在承租方确认为一项权利资产和负债义务。这就是租赁会计准则中关于承租人对租赁资产使用权一律如表的调整方向。当然，租赁会计准则新的征求意见稿也特别提到了租赁期短语 12 个月内可以不确认资产和负债的简化处理。

（二）新征求意见稿的修订内容

新征求意见稿围绕租赁的会计确认、计量、核算和报告均有最新的修订和调整，核心是承租人的租赁会计修订，涉及的修订意见包括租赁界定和分类、租赁期和租金、会计处理、售后回租、购买选择权的调整等。

1. 租赁界定和分类

（1）租赁界定

新的征求意见稿认为租赁是有关资产使用权利的让渡使用并支付对价的合同，即租赁是在商定的期限内出租人让渡一项资产使用权以获取对价的合同。原 IAS17 这样界定租赁：出租人将特定资产的使用权转让给承租人，在议定的期限转让予承租人，并收取一笔或一系列款项的合同。新的征求意见稿没有资产使用权转让的要求。

（2）租赁分类

原 IAS17 采用融资租赁和经营租赁的分类方式，并明确给出了确认为融资租赁的条件。新征求意见稿不再对租赁的方式进行分类，针对租赁标的资产是否为房地产做了区分。在租赁开始日，租赁主体将标的资产是房地产的租赁确认为"B 类型"，否则将租赁确认为"A 类型"。同时，在初始确认时，如果租赁期占标的资产剩余经济寿命的大部分或租金支付的现值相当于标的资产的全部公允价值，则归为"A 类型"，否则为"B 类型"。这样的分类一经确定，租赁主体不能进行重分类处理。

传统租赁会计将租赁业务分为经营租赁与融资租赁，会计准则要求融资租赁的资产才进入资产负债表，经营租赁的资产则没有体现在资产负债表上。这与会计总体发展方向不相符。新租赁会计准则最大的变化之一是不再区分经营性租赁和融资租赁，实现租赁资产入表。

2. 租赁期和租金

（1）租赁期

租赁期是租赁会计中很重要的一个因素，在原 IAS17 中租赁期是判断租赁是否为融资租赁的一个条件。在新征求意见稿中，租赁期是指可能发生的最长可能租赁期。"可能发生的最长"，是考虑到延长或终止租赁的选择权的影响。

（2）租金

租赁准则新征求意见稿提出，在租赁开始之日，无论租赁标的资产风险和报酬是否已完全转移，承租人都应将租赁资产使用权确认为一项资产，将租金支付义务确认为一项负债，租金支付义务是将应付租赁款按照增量借款利率或租赁内含利率折现后的现值。同样，在租赁开始日，出租人对租金的收取权应确认为一项资产。上述两项确认的资产需要定期判断是否发生减值并确认相应的减值损失。

3. 会计处理

（1）承租人会计处理

相对于原 IAS17，IASB 在新征求意见稿中对承租人的会计处理采用

"使用权资产"模式,确认租赁资产的使用权为资产,应付租金为负债,实现了承租人租赁资产进入资产负债表的目的。租赁资产的使用权入账价值包括租金与承租人发生的初始直接费用。对剩余资产除计提减值外不进行重新计量。

(2)出租人会计处理

新征求意见稿关于出租人的会计处理,本质上与IAS17没有区别。出租人针对不同类型租赁资产的会计处理会有所区别。A类型租赁和B类型租赁的会计处理方式分别与原IAS17中融资租赁和经营租赁的会计处理方式类似。

4. 售后回租

售后回租合同拆分为销售交易和租赁交易。符合出售、购买条件的可转让,买卖双方按销售和购买确认资产,租赁则按租赁准则进行会计处理。

5. 购买选择权的调整

在新征求意见稿中,承租人行使购买选择权,租赁合同终止。这时,承租人将租赁合同视为购买业务予以会计处理,出租人按销售进行会计处理。IAS17中,当租赁期届满,承租人行使购买选择权时,不按新的购买业务处理,而是将价款贷计剩余的应收融资租赁款。

四 IFRS16及其影响

(一)IFRS16要点

1. IFRS16的改进

IASB在2016年1月发布了《国际财务报告准则第16号——租赁》(IFRS16)。IFRS16与2013年发布的新征求意见稿倡导的理念方向基本一致。IFRS16规定承租人需要将所有租赁确认为资产和负债,以更好地通过财务报告反映经济业务的实质。

一是通过调整租赁业务的会计处理模式,承租人租赁相关的资产和负债全部反映在财务报表上。传统意义上的融资租赁和经营租赁,都是企业融资的方式。融资租赁作为表内融资反映在财务报表资产负债项目组中。经营租赁作为表外事项也形成了真正的债务和资产。事实上，很多经营租赁是重大长期经营租赁承诺，如果资产负债表过于简单而没有反映这一类债务，对经营者自身很具迷惑性，往往会导致他们忽视经营中存在的债务风险。

二是租赁资产和负债统一入表，财务报告使用者能获得更为全面的财务信息。一方面，不是所有投资者都能够将租赁表外融资业务调整到资产负债表中，而是在很大程度上依赖于企业提供的财务信息做出判断；另一方面，企业会有意识地利用经营租赁不入表的会计原则，扩大租赁安排，使财务报表状况看上去很好。

三是传统租赁会计处理方式导致各企业之间核算、报告的口径不一致，影响了财务信息可比性。通过租赁业务获得大部分资产的企业的资产负债表，与通过资金借贷购置资产的企业的资产负债表会有很大差异，虽然从经济实质上来看其负债相似。如果租赁被视为表外融资，则显然借贷融资的企业资产负债率会更高，后续融资所需付出的成本要比租赁融资企业的融资成本高，导致企业的竞争环境不公平。

IFRS16 对租赁会计处理理念的变革，首先体现在对一些重要概念进行了相应更新。

IFRS16 对租赁基于使用权资产做出界定。租赁是指赋予交易双方主体在一段时间内转让一项已识别资产的使用权来换取对价的合同，或合同的一部分。对任一合同，如果它的履约取决于一项已识别资产并且在试用期内转让控制该项资产使用的权利，那么合同就包含了租赁。在会计核算和财务报告中，对租赁的每一组成部分都应单独进行识别和会计处理。

租赁定义中提到的已识别资产，是指可以通过明示或暗示的方式进行识别的一项资产。但是如果已识别资产的实质性权利可以被出租人调整的话，则合同不包括一项已识别资产。

如果承租人实质上有权取得资产使用期间产生的几乎全部经济利益及有权主导资产的使用，即决定如何使用资产及使用资产的目的，则承租人具有控制已识别资产使用的权利。

区分单独租赁组成部分：如果承租人能够单独从该项资产（连同随时可用的资源）中获益，并且该资产与合同中的任何其他标的资产不是相互依存或高度相关，则该项资产使用权是一个独立的租赁组成部分。

2. IFRS16的会计处理

IFRS16 适用的租赁安排，不包含对出租人而言的无形资产的租赁、自然资源的开采和使用权的租赁、生物资产的租赁等。

IFRS16 关于租赁会计处理的修订，核心是对承租人会计处理的调整。出租人的会计处理基本上没有变化，仍然采用 IAS17 的分类原则，将租赁分为经营租赁和融资租赁。

承租人的会计处理变化大，除了期限不足一年或者小额的租赁之外，对所有租赁均采用单一的会计处理方式，计入资产负债表，避免了隐形资产和隐性负债问题。

承租人对租赁的初始确认和计量，需要就支付租赁款的义务初始确认租赁负债，并就在租赁期内使用标的资产的权利确认使用权资产。租赁负债按照租赁期内支付租金的现值计量。使用权资产按租赁负债的金额进行初始计量，并对租赁预付款、已取得的租赁激励措施、承租人的初始直接费用（如佣金）以及对复原、搬迁和拆除成本的估计进行调整。承租人对租赁资产的后续计量主要是计提折旧，利息和租金的支付引起的负债增加和减少，还会涉及对使用权资产的调整。

承租人对租赁资产和负债的列报，可以区别于其他资产单独在资产负债表中列报，也可以在资产负债表的附注中披露。折旧费用和利息费用不可以在损益表内合并列报。

IFRS16 对新旧准则的适用做了过渡安排，允许承租人对过渡日存在的租赁的过渡采用完全追溯调整法或修正的追溯调整法，并可选择使用某些过渡豁免。

（二）IFRS16的影响

IFRS16 自 2019 年 1 月 1 日才开始实施，但对于企业而言，同现在的情况相比，租赁业务的会计处理方式彻底变更。对于承租人而言，几乎所有租赁业务都会在报表上确认为一项使用权资产和一项金融负债，在租赁期的前半段时间内的租赁费用要高于现行租赁准则下直线法确认的经营租赁费用，导致资产负债表、利润表和现金流量表所反映的一些重要的财务指标有较大变化。

首先，承租人财务报告所体现的债务比率提高、经营利润率下降。IFRS16 要求承租人同时确认和计量租赁资产和租赁负债，经营性租赁不再是表外融资，这必然会给企业的资产负债表带来经营租赁负债的增加。同时，由于经营租赁资产的确认，承租人将在利润表中确认更多的费用，包括折旧费用和与租赁负债相关的财务费用。对于承租人而言，经营租赁的上表导致资产和负债增加。

其次，租赁业务决策和应对也将随之调整。承租人无法享受经营租赁表外融资的方便，那么在租赁和购置固定资产之间，承租人必然重新评估资产投资决策。承租人在资产投资方面"买还是租"的决策，促使出租人调整策略。

再次，IRFS16 将影响承租人与其他业务合作伙伴的合同，与供应商重新商谈付款信用期条款等。企业还需要考虑监管方面的要求，如银行的资本充足率等。

最后，承租人的税负条件也会因为 IRFS16 受到影响。租赁相关费用的确认方式发生变化，会导致有关税项义务实际支付金额和时间的变化。

参考文献

[1] 竹丽婧：《国际租赁会计准则的最新动态及启示》，《商业会计》2014 年第 1 期。

[2] 财政部：《企业会计准则》，经济科学出版社，2006。

[3] 财政部会计司编写组：《企业会计准则讲解》，人民出版社，2008。

[4] 企业会计准则编审委员会：《企业会计准则案例讲解（2014）》，立信会计出版

社，2014。

［5］中国注册会计师协会：《2013 年度注册会计师全国统一考试辅导教材——会计》，中国财政经济出版社，2013。

［6］汪祥耀等：《国际会计和财务报告准则——研究与比较》，立信会计出版社，2005。

［7］IASB/FASB, Exposure Draft "Leases", ED/2010/9.

［8］IASB/FASB, Exposure Draft "Leases", ED/2013/5.

［9］IASB, IFRS16—Leases, 2016. 1.

市 场 篇
Market Reports

B.6
中国融资租赁业承租市场分析

王 进[*]

摘　要：　融资租赁市场规模的快速成长主要受各类新型市场需求的带
动。在飞机、船舶等运输工具传统市场需求保持稳定的同时，
"中国制造2025"、"一带一路"、新型城镇化建设、扶持中小
微企业融资等国家战略为融资租赁市场的增长提供了巨大空
间。特别是在国家一直关注的农业机械化领域，融资租赁业
务模式具有极大的市场推广潜力。而对生物性资产开展融资
租赁业务，是国内融资租赁业重要的创新模式。

关键词：　融资租赁　承租市场　农机租赁

---

[*] 王进，经济学博士，中国博士后特华科研工作站博士后，主要研究方向为农业金融、城镇化
和文化创意产业。

一 2014~2015年融资租赁承租市场情况

据统计，截至2015年9月底，全国融资租赁业租赁合同余额约为39800亿元，比上年底的32000亿元增加7800亿元，增幅为24.4%。在经济下行压力较大的情况下，依然保持快速增长的势头。

（一）融资额增长较快

2014年，融资租赁企业新增融资额5374.1亿元，比上年增加1510.6亿元，增幅为39.1%。从业务模式看，直接租赁融资额占22.4%，售后回租融资额占61.7%，其他租赁方式融资额占15.9%。从企业类型看，内资试点企业新增融资额1178.0亿元，其中直接租赁融资额占38.2%，售后回租融资额占60.2%，其他租赁方式融资额占1.6%；外资企业新增融资额4196.1亿元，其中直接租赁融资额占18.0%，售后回租融资额占62.1%，其他租赁方式融资额占19.9%。

（二）租赁资产行业分布集中

从融资租赁资产的行业分布看，交通运输设备、通用机械设备、工业装备、建筑工程设备和基础设施及不动产业居融资租赁资产总额前五位，前五大行业融资租赁资产占融资租赁资产总额的50.0%。

（三）区域集中分布明显

分区域看，截至2014年底，东部、中部、西部地区和东北地区融资租赁企业资产总额分别占全国的90.7%、3.8%、4.3%和1.2%。总体上，融资租赁企业绝大部分在东部地区，但与2013年相比，西部和东北地区企业占比有所提高。分省市看，北京、天津、上海、广东是目前我国融资租赁业发展最好、最快的地区，其中京津沪资产总额占比近七成。截至2014年底，资产总额总量最多的3个地区为上海、天津和北京，分别为3535.8亿元、

2048.2亿元和1908.3亿元，三地总量占全国的68.0%。

上海自贸区自2013年成立以来，不断出台各种政策，鼓励融资租赁产业发展，快速形成了融资租赁企业集聚。目前，上海自贸区既有远东租赁、中航租赁等从事飞机、船舶、大型设备租赁的大型融资租赁公司，也有服务中小企业、以中小型设备为目标的小型租赁公司。

天津东疆保税港区成立于2008年，利用国务院对东疆核心功能区发展融资租赁业务的优惠政策，借鉴爱尔兰等国家和地区的做法，发挥临近天津港口、临近空港的优势，以飞机租赁和船舶租赁为重点，着力打造中国融资租赁业研发基地和国际航空租赁中心。

北京顺义区天竺保税区，是目前国内唯一包含机场口岸操作区、实现区港无缝对接、高效作业的空港型综合保税区，这些条件为飞机租赁业务的开展提供了良好的政策环境。此外，北京市政府根据自身特点，结合中关村国家自主创新示范区规划，以科技金融创新为中心，鼓励中关村科技企业通过融资租赁方式实现发展，鼓励融资租赁企业不断创新融资租赁经营模式。

2014年，深圳、广州、珠海相继推出融资租赁扶持政策，引导融资租赁企业落户。自贸区方案获批之后，广东省政府更加积极地扶持融资租赁产业，提出"依托南沙双区叠加的战略优势，落实全国内外资融资租赁行业统一管理体制改革试点等一批融资租赁先行先试政策，打造融资租赁业的服务高地、推动形成千亿级的融资租赁产业集聚区，打造华南地区融资租赁中心"。

（四）新兴行业需求强烈

虽然融资租赁资产主要集中在交通运输设备、通用机械设备、工业装备等领域，但是产业发展较好的地区依靠各自的区位优势及政策支持，鼓励租赁业务逐步进入节能环保、通信电子、医疗设备、农业机械等新兴行业。

（五）承租主体更加多样

2014年，融资租赁企业实现总收入970.4亿元，税前总利润106.5亿元，租赁业务收入占总收入比重为75.9%。其中，内资试点企业总收入468.2亿元，租赁业务收入占内资试点企业总收入比重为61.9%；外资企业总收入502.2亿元，租赁业务收入占外资企业总收入比重为88.9%。

总体上，融资租赁是大部分融资租赁企业的主要业务，行业融资额增长较快，行业整体经营状况良好。

二 2016年承租方需求分析

进入2015年，中国经济面临较大的下行压力，融资租赁行业应当积极适应经济新常态，坚定不移地支持实体经济的发展和国家重点基础设施的建设，在稳增长、调结构中继续发挥自己的作用。在刚刚过去的整个"十三五"时期，国内融资租赁行业经营规模有望持续保持30%～50%的较高增长速度。据统计，2016年第一季度，全国融资租赁业务总规模已经超过5万亿元，一举超越美国，成为世界租赁业第一大国。

（一）传统的租赁需求

1. 航空领域

中国飞机租赁行业起步较晚，2006年以后，各路资本才陆续进入飞机租赁行业。从2009年起，部分地区通过设立保税区或保税港区的方式，借鉴引入国外先进业务模式，支持各类内外资融资租赁公司在保税区内设立租赁项目特别目的公司（SPV），借助政策准入放宽、税收优惠和流程简化等措施，降低飞机租赁业务综合成本，鼓励企业开发飞机租赁创新业务模式。2013年12月20日，国务院办公厅印发《关于加快飞机租赁业务发展的意见》（国办发〔2013〕108号），着重提出要加快我国飞机租赁业发展。2014年3月，财政部和国家税务总局发布《有关飞机租赁企业印花税政策调整的通知》，要求于2018年12月31日之前，对飞机租赁企业在购机环节签订购销合同所发生的印花税暂免征收；2014年5月，财政部、国家税务总局联合海关总署发布《关于租赁企业进口飞机有关税收政策的通知》，要求自 2014 年 1 月 1 日起，一般贸易项下由租赁企业进口飞机并租赁给国内航空公司使用的，可以享受与国内航空公司进口飞机同等的税收优惠政策，这项规定为租赁企业开展飞机租赁业务提供了更优惠的税收条件。随着一系列国家政策的出台和修改，融资租赁政策环境不断优化。

2. 海工领域

随着我国经济发展进入新常态，航运业整体业务需求有所下降，行业产能过高、运能过剩成为迫切需要解决的问题。2013 年，国务院发布《船舶工业加快结构调整促进转型升级实施方案（2013～2015 年）》，提出加快发展海洋工程装备，推进海洋工程装备专用系统和设备以及特种材料的研发、制造，鼓励有条件的地方发展船舶工业。融资租赁业务的介入，将有利于船舶制造企业盘活资产，将相对过剩产能与潜在有效需求合理对接，瞄准当前新兴的全球化战略装备，开拓国际市场，逐步迈向高端制造业，更好地实现形成具有国际竞争力的现代航运服务业体系的战略目标。

3. 装备制造业

装备制造业是为国民经济各部门、各行业提供装备技术支持的战略性基础产业，是衡量一个国家及地区制造业竞争力、科技水平和综合国力的重要指标。早在 2009 年，我国机械装备工业销售额已居世界第一，当前，在新型工业化环境下，该行业面临由传统粗放增量模式向服务模式转型的任务，融资租赁作为紧密结合实体经济的行业，将助推装备制造业战略转型和商业模式升级。近期，一些大型装备制造企业开始布局融资租赁产业，如中国船舶、中集集团等成立了融资租赁公司，从传统制造商向现代服务商转型，从单纯的制造拓展到整个环节全流程服务。

（二）新的发展契机和重点领域

《国务院办公厅关于加快融资租赁业发展的指导意见》（国办发〔2015〕68 号）明确了融资租赁重点发展的相关领域和行业。

该意见结合我国国民经济发展的新形势，特别是最近几年一系列国家重大战略部署，以及国内产业转型升级、加快对外开放等突出的现实需求，提出了全方位的具体指导措施。

（三）融资租赁新兴领域和新增长点

1. 服务中小微企业

在国内 3000 多万家企业市场主体中，小微企业占了绝大部分。目前小微企业的经营环境较差，集中表现在融资难和融资成本高等方面。小微企业由于没有太多可以抵押的固定资产，同时自身资信状况较差，从银行等传统信贷机构获取融资的门槛很高，而常见的民间借贷等地下融资方式成本较高、风险巨大。通过发展面向广大小微企业和个体经营者的融资租赁业务，既可以扩大融资租赁业务的覆盖范围，又可以在很大程度上满足广大小微企业低成本便捷融资的需求。2015 年国家有关部门提出"大众创业、万众创新"战略，对于创业企业而言，除了面临小微企业经营融资普遍的难题，还缺少必要的经营业绩和收入来源，获得传统信贷融资的概率微乎其微，相比之下，融资租赁更适宜成为创业企业重要的启动资金来源。

2. 机器人领域

目前，我国工业机器人应用与日本、韩国和德国等发达国家相比差距较明显。随着我国劳动力成本的上升，我国工业机器人市场发展潜力巨大。企业使用机器人替代人工，需要几百万元甚至上千万元的投入，对于实力较弱的多数中小企业来说，会影响其资金流动性。融资租赁方式，不仅有利于解决企业融资难问题，还有利于企业取得主动权。融资租赁与机器人产业的结合，在推动工业机器人行业发展的同时，也为工业制造业转型升级提供了支持。

3. 农业领域

2014 年以来，国务院、农业部等国家相关部门开始不断出台促进农机设备租赁普及的政策。2014 年 4 月 16 日，国务院总理李克强主持召开国务院常务会议时，特别强调了普及推广农机租赁金融服务、创新租赁物抵押与质押担保方式、发展农村生产设备产权交易市场的重要性。2014 年 12 月 30

日，国务院办公厅印发《关于引导农村产权流转交易市场健康发展的意见》，指出包括农机设备在内的各类农业生产资料，是农村产权交易市场的重要组成部分，应当采取各种措施鼓励调动农村生产资料的交易活跃性，以加快农业生产方式升级。其中，融资租赁作为一种设备融资和产品销售相结合的形态，在促进农村生产资料流转交易方面可以发挥积极作用。

4. 医疗卫生方面

随着老龄化的日益加剧以及居民健康意识的提升，居民对医疗服务及医疗设备的需求快速上升，部分医院受制于资金，难以及时采购设备，融资租赁为此提供了很好的解决方案。2014 年，主营医疗设备融资租赁的和佳股份融资租赁业务较上年同期增长 429.4%，收入达 4658.4 万元，毛利率高达 87.7%。

三 农机融资租赁发展现状及前景

（一）农机金融租赁——快速提高农业机械化的新路径

农业机械是农业生产活动中最为重要的生产工具之一，是提高农业生产力水平的关键，也是衡量农业现代化水平的重要标志。农业机械门类型号众多，涵盖了农林牧渔各个子行业和耕种、植保、收获和农产品加工等各个环节（见表1）。

表1　农业机械主要门类构成

农业生产环节	主要机械种类
土地平整	耕地拖拉机、整地机械
播种施肥	播种机、插秧机、育苗机械、施肥机械、覆膜机
田间管理	中耕机械、除草机械、撒药机、灌溉设备、驱虫机械
收获	谷物收割机、马铃薯收割机、棉花收割机、果类收获机械
收获后处理	脱粒机、筛选机、剥壳机、干燥机、研磨机
农产品初加工	碾米机、榨油机、轧棉花机、屠宰设备
其他	农用搬运机械、养殖机械、农用动力发电设备等

新中国成立以来特别是改革开放之后，我国农业机械化水平不断提高（见图1）。截至2014年，我国农业总动力已经超过10亿千瓦，农业机械化水平提前完成了国家农业"十二五"发展规划设定的目标。

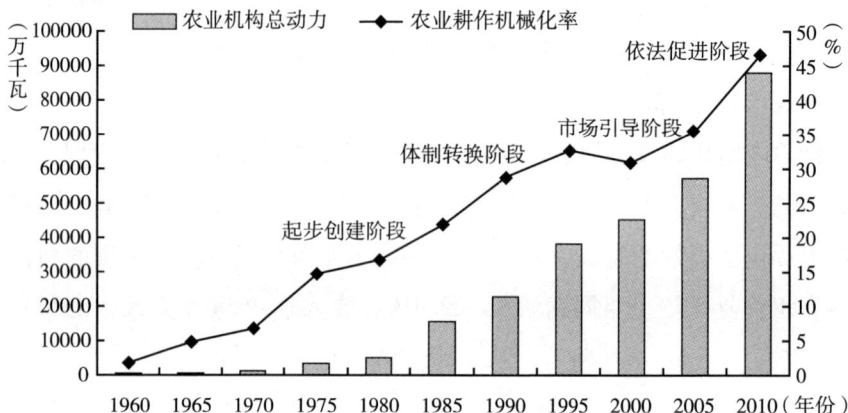

图1 全国农业机械化生产发展趋势（1960～2010年）

注：20世纪60年代以前全国农业生产中基本没有动力机械，因此无相关统计数据。

资料来源：农业部历年统计公报。

近年来，国内农业生产主体的平均生产规模不断扩大，作为新型农业经营主体的家庭农场、农业专业合作社、种粮专业户等，对大马力、高效率、智能化和综合化的农业机械的需求日益增长。农机市场历来有"吃得饱，穿得暖，农机龙头看两头"的说法，也就是说农机的大规模应用最典型的是大规模种植棉花和粮食的黑龙江和新疆。以全国产粮第一大省——黑龙江省为例，截至2013年底，黑龙江省农业综合机械化率超过90%，远超全国平均水平。黑龙江土地成片，人均种植面积大，对农机的需求非常强烈。从农机效率来看，黑龙江省农业机械总动力为4849.28万千瓦，占全国总量103906.75万千瓦的4.67%，虽然农机化程度高，装备总量大，但农机的有效产能不足、技术相对落后的问题仍比较突出。

虽然我国农业机械化发展速度迅猛，但与美国、英国、日本等世界先进国家差距巨大，农业机械市场还有极大的提升空间。以美国为例，2007 年美国农业机械保有量超过 1800 亿美元，平均每个家庭农场拥有 88000 美元的机械设备（账面原值）。借助现代化的农业机械工具，美国每个农业劳动力最多可以承担 200 英亩（约合 1200 亩）的耕地耕作，养活超过 500 人。主要发达国家单位农业劳动力粮食产量和农业劳动力比重见图 2。

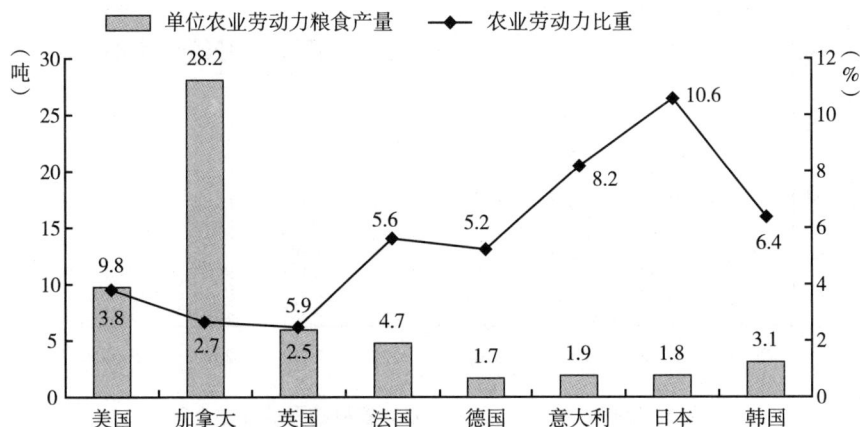

图 2 主要发达国家单位农业劳动力粮食产量和农业劳动力比重

资料来源：美国贝恩咨询公司报告。

农机需求得不到满足主要有几方面原因，一是农民自筹资金能力不足。规模农业需要大马力农机，价格普遍较高，大型农机动辄上百万元，超大型联合收割机单机价格上千万元。自 2008 年大量组建现代农机专业合作社以来，在国家和地方财政补贴的政策带动下，农机更新换代需求强烈。虽然组建农机合作社的资金大部分由国家和地方财政投入，但农民自筹仍占 40%。二是补贴政策有待完善。虽然农机购置部分财政补贴对农机产品销售有着显著的拉动作用，但比较巨大的购置金额，对于广大农机购置者而言依然是很大的问题，特别是单价较高的大马力农机一次性支出很大。从 2011 年开始，农机购置补贴实行全额购机返还政策，这种补贴政策要求购置主体自行付全款购机后，再根据售价由政府按比例返还购置款，这项政策能减轻购机负担，促进机械化程度提高，但是短期的资金压力仍然较大。三是金融服务手段缺乏。农村金融体系薄弱，融资难、融资贵现象仍然普遍存在。采用银行信贷方式要经过烦琐的程序，时间较长，还常常面对缺乏抵押物、征信成本过高等问题。2007～2014年国家财政对农机购置的补贴金额见图3。

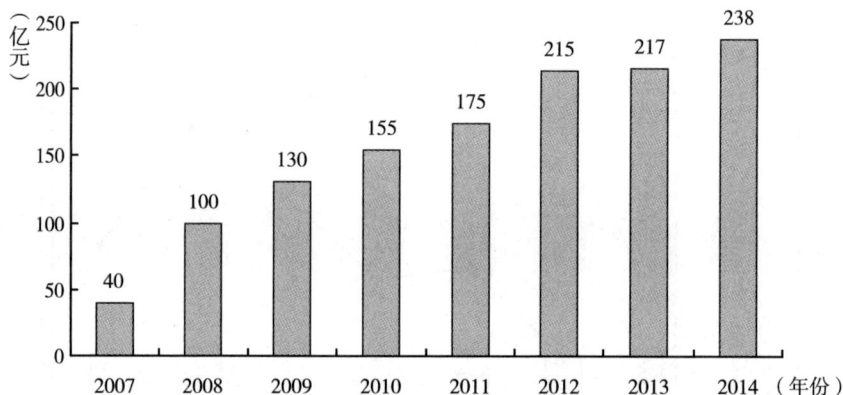

图3　2007～2014年国家财政对农机购置的补贴金额

资料来源：农业部历年统计公报。

通过农机金融租赁，可以变"买设备"为"先租设备"。相比其他的金融手段，融资租赁服务灵活的运行机制，可以解决用户的燃眉之急，非常适合农机购置。融资租赁模式，兼具融资和融物双重属性，能结合不同租赁产品的具体情况，最适于成为解决农机购置主体资金不足的现实方式。融资租赁不需要像其他金融工具一样对客户信用进行太多调查，只要通过设备物权控制信用风险。农机融资租赁可以极大地盘活农村的存量闲置资产，整合农业各方资源，缓解农村地方财政资金短缺问题，确保有限的支持"三农"的财政资金发挥更大的作用。对于金融资源匮乏的农业生产领域，融资租赁业务模式具有更大的发挥空间。

（二）政府推动农机融资租赁试点情况

为探索推动农村金融服务的有效模式，2015年农业部组织开展了一批财政资金促进金融支农的创新试点。其中，针对大型农机购置融资难题，在新疆和广西启动了采棉机和甘蔗收割机金融租赁试点。

1. 试点取得初步成效

在地方农业（农机）部门的积极配合下，农行农银金融租赁公司积极开展业务，项目实施进展顺利。其中，在新疆沙湾县扶持 3 个农机合作社购置 15 台凯斯纽荷兰 9970 型采棉机（国内组装），单机价格 325 万元，共撬动资金 4875 万元；在广西南宁、崇左等地扶持 9 个农机合作社购置凯斯纽荷兰和约翰迪尔切段式甘蔗收割机 24 台，单机价格 160 万～280 万元，撬动资金 3960 万元。采棉机在 9 月棉花采摘季前已交付使用，并完成第一个作业季作业，完成棉花采收任务约 12.8 万亩；甘蔗收割机也在 2015 年 12 月甘蔗榨季前全部交付使用。该项目的实施，实现了财政撬动金融和社会资本支持农业，提高了财政资金的使用效益，对金融机构来说进一步拓展了农业、农村业务，有助于探索解决新疆棉花采摘、广西甘蔗收割等机械化问题。

2. 初步形成适合我国农业特点的农机金融租赁模式

农银金融租赁公司搭建了金融租赁的融资平台，合作社首付购机价款的1/3，剩余部分 3 年付清，全款付清后机具所有权转移到合作社。通过这种方式购置大型农机，无须抵押，只需要合作社联保，或厂商回购担保，交了首付即可使用机械，降低了农户购置大型农机具的资金门槛，解决了贷款难问题。中央财政对新疆的采棉机每台安排 40 万元的购机补贴，中央和地方财政对广西的甘蔗收割机每台分别安排 25 万元的购机补贴。农业部对农机金融租赁贷款给予全额贴息，采棉机每台贴息约 40 万元，甘蔗收割机每台贴息约 20 万元。通过农机购置补贴和贴息，大大降低了农民的购机成本，解决了购机融资问题。农银金融租赁公司按照基准利率提供融资贷款，降低了融资成本，还促进其他融资租赁企业增加了对农机租赁的兴趣。

3. 让农民尝到了购置大型农机的甜头，提高了农机金融租赁的认可度

通过农机金融租赁，最大限度地降低了购机成本，受到了广大农民的

欢迎。新疆柳毛湾镇鑫业合作社社长朱清江说："这种方式太好了，一下子拿出300多万元买新机器，谁也负担不起。可是分成3年，每年还六七十万元，用了采棉机一年能净赚八九十万元，3年还清没问题！"据了解，开展试点项目后，新疆一些合作社的态度从观望转变为踊跃参与，广西一些合作社的负责人也表示会继续扩大租赁规模，预计金融租赁的需求会快速增加。

（三）市场化的农机租赁发展

与新疆和广西由政府主导的试点不同，黑龙江等地专注于大型农机租赁。注册于黑龙江省哈尔滨市的哈银金融租赁有限责任公司，是东北地区第一家银行系金融租赁公司。在成立短短半年的时间里，哈银租赁的农业特色业务投放超过16亿元，同时租金回收率达到100%。

农业机械行业本身利润率不高，根据黑龙江玉米种植面积大、机械化程度高的特点，哈银租赁选择了市场需求最大、用户反馈最佳的某型号玉米收割机作为第一笔订单瞄准的对象，创新推出"批量下单、包销直租"租赁模式，一次批量下单576台，租赁投放金额达9700万元，实现该机型在黑龙江省的全覆盖。此外，哈银租赁在农用飞机领域也有所尝试，2014年6月底该公司与国内最大的农用航空运营企业——北大荒通用航空公司展开业务合作，完成标的金额6000万元的售后回租模式业务合同，用于购置新型农用飞机和科技研发。哈银租赁还一直积极探索为农产品国际贸易和农业"走出去"服务的业务品种和方式。2014年11月底，哈银租赁成功为当地农垦北大荒集团位于牡丹江的"新友谊农场项目"量身定制了标的金额为5亿元的融资租赁解决方案，用于批量采购成套农机具，以满足在俄罗斯远东地区租种46万亩耕地的设备需求。

在全国性的融资租赁公司中，宜信租赁已经为中国的粮食主产区山东、黑龙江、吉林、辽宁、内蒙古、河南等省份共计33个城市和地区的近万名用户提供农机租赁服务，与近百家国内外知名农机厂商、经销商建立合作关系，融资租赁的机型覆盖了动力机械、收获机械、耕整机械、粮食加工设备等6个大类，未来将对畜牧设备、水果采摘机、甘蔗收获机等农机设备种类进行更多探索。

国内农机生产企业也陆续推出了融资租赁服务。以国内历史最久、市场规模最大的本土农机巨头洛阳第一拖拉机集团为例，该公司产品售价较高，为了满足终端用户多样化的融资需要，其开发的融资租赁产品设计了多种还款期限和安排。位于山东的北汽集团福田重工农机公司，也联合融资租赁企业开发了各种适应市场需求的融资模式。从国内农机生产制造企业对融资租赁销售手段的重视程度来看，在未来相当长的时间内，融资租赁将成为国内农机销售的主流模式。

（四）制约农机租赁发展的问题

农机融资租赁服务虽然取得了一些突破，但其发展过程中面临的困难和障碍更应引起我们的关注。

1. 融资租赁的认知情况问题

农机融资租赁面对的是广大农业生产者群体，这一群体的认识水平直接关系到融资租赁商业模式的普及和推广。受制于广大农民的文化水平和市场经济意识，融资租赁这一在国内新兴的普惠金融模式，很难在短时期内为广大农民所理解和认知。特别是农民对生产工具强烈的占有意识使租赁模式不太受到欢迎。此外，广大农机租赁从业者知识能力有限，宣传不到位。

2. 出租人融资问题

低廉、长期、稳定的资金来源是开展融资租赁业务的物质基础，大型成套农业机械设备价格高昂，想要开展农机融资租赁业务的租赁企业必须具备较强的资本实力与筹资能力。国内各类融资租赁公司普遍面临融资渠道狭窄的问题，如不切实解决业务资金来源问题，租赁公司很难大规模扩展融资租赁业务。此外，农机租赁企业融资成本过高也极大地抵消了农机租赁业务的优越性。

3. 租赁业务类型单一问题

目前，国内开展农机融资租赁的企业，业务内容仅限于为农机购置者购买农机设备提供融资支持，其他业务类型没有大规模开展。业务类型单一，不利于租赁企业发挥总体竞争优势，为客户提供全方位的服务。

（五）发展农机融资租赁的建议

1. 发展专业化农机融资租赁公司

国内目前还没有专门从事农机融资租赁业务的公司。现有开展农机融资租赁业务的各类租赁公司更擅长外部融资，在农业机械设备服务管理方面缺乏专业知识和经验，也没有建立针对农业机械设备融资业务的专业人才队伍。只有发展壮大专业从事农机融资租赁的企业，建立成熟农业机械租赁的专业化业务模式和团队，随着业务规模的扩大，租赁农机品种增加，才能实现出租人和承租人的双赢。

2. 鼓励国产农机企业发展融资租赁业务

工信部提出，到 2020 年国产农机产品要实现 90% 的市场占有率。目前，国际上最大的农机制造跨国企业约翰迪尔公司和凯斯纽荷兰公司，都先后设立面向本公司下游客户和经销商的融资服务部门或独立企业，通过融资租赁等服务，促进企业产品销售规模增长，同时，融资利息和服务费用也是重要的利润来源。为了提高国产农机的市场占有率，不仅在质量功能上，而且在售前、售后服务和销售金融服务上，国产农机企业都应当提升服务能力和水平，发展农机融资租赁是重要的努力方向。

3. 发展健全的相关辅助市场

农机融资租赁产业的发展亟须相关配套市场的辅助带动，应大力着手发展二手农机设备市场和设备租赁保险服务市场。出租人通过二手设备市场回收抵押农机，可有效化解租赁资产和客户信用风险，也可以衍生出新的产品类别。农机融资租赁保险在保障出租人和农机用户利益方面也有不可替代的作用。

（六）农机融资租赁发展机遇和市场前景

1. 农机租赁前景广阔

2015 年初的中央农村工作会议提出，加快推进农业现代化，对稳增长、调结构、惠民生意义重大。目前国内农业现代化进程和生产集约化进程不断加快，财政发放的农机购置补贴金额继续增长，农业生产中机械化率有望不断提升，反映在市场上即总量持续扩大。同时，土地流转不断开展也进一步带动农机需求。农机行业的大发展使农机融资租赁成为融资租赁领域的快速增长部分，市场前景广阔。据统计，2015 年，全国农业机械总动力达 11.6 亿千瓦，农作物耕种收综合机械化率突破 60%，2016 年预计超过 67%，农机产品装备结构持续优化。目前我国粮食、棉花等大宗作物生产机械化率较高，但经济类作物生产中的农业机械化率还比较低，有很大提升空间。2008 年和 2012 年不同作物农业生产机械化率见图 4。

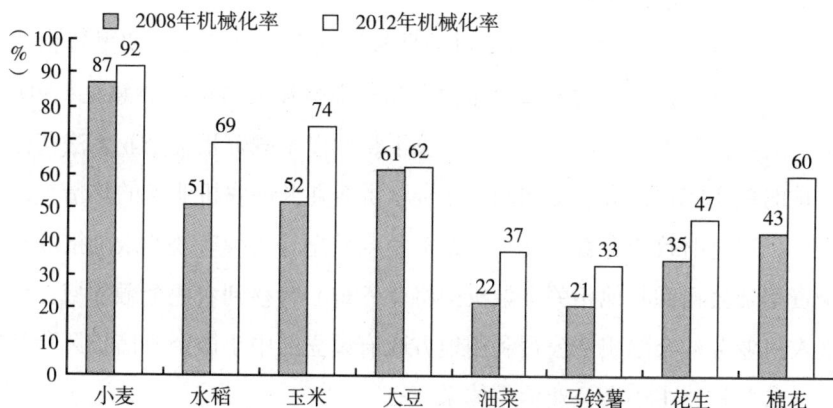

图 4   2008 年和 2012 年不同作物农业生产机械化率对比

资料来源：农业部历年统计公报。

伴随着农业机械化的发展，农机具融资租赁业务大有可为。据调研结果，一台售价 12 万元左右的久保田牌收割机，基本一年可以回本，最多的年收入可以达到 30 万元。随着跨区作业越来越普遍，进口农机的使用率越来越高，而且保值能力强、残值率高，而使用率高和残值率高恰恰是融资租赁业务大力发展的良好基础。

根据最新的市场调研信息，2015 年国内融资租赁企业在农机设备融资领域开展业务的累计合同余额在 300 亿元左右。目前，国内无论是农机设备普及率还是设备销售融资租赁业务覆盖率，均远远低于西方发达国家，因此这一市场增长空间巨大。按照以往数据分析，未来几年，农机设备销售领域的融资租赁业务合同金额增长率依然会维持较高水平，保守估计到 2020 年，国内农机设备融资租赁业务规模可以突破 2000 亿元大关，甚至可以达到 2500 亿元的水平。

2. 政策环境有利于农机租赁发展

2014 年以来，国务院常务会议及银监会、农业部的相关文件中多次提及农机租赁，不仅强调要巩固发展现有的农业相关融资租赁业务，还提出要鼓励未涉足农业领域的融资租赁公司积极拓展相关业务，甚至提出要尝试发起专业化的农业设备融资租赁公司。

2015 年 9 月 7～8 日，国务院办公厅接连发布了《关于加快融资租赁业发展的指导意见》和《关于促进金融租赁行业健康发展的指导意见》，明确提出扩大农机购置补贴范围，从而解决了长期以来融资租赁企业无法获得购机补贴的现实问题，进一步调动了融资租赁企业开展农机业务的热情。该意见提出，通过财政资金直接奖励、融资利息贴息等各种有效的激励措施，引导融资租赁公司和其他相关金融机构将业务重心转移到农业金融领域。允许开展农机业务的金融租赁公司利用地方政府设立的中小微企业信贷风险补偿基金，参与构建中小微企业信用体系。

2016 年，农业部将在试点的基础上，进一步完善农机金融租赁模式，扩大新疆大型采棉机、广西大型甘蔗收割机试点，并探索在东北启动大马力拖拉机金融租赁试点。在政策上从 3 个方面加大支持力度：第一，适当提高农机购置补贴标准，并对新疆、广西的这两类机械购机补贴资金需求优先予以满足；第二，通过团购、集中采购的方式，促使厂商降低农机价格，让利农民；第三，认真研究发展规模和贴息政策的匹配。

3. 农机租赁未来可以重点在以下几方面发挥作用

（1）支持现代化农业新兴主体

以农机专业合作社为代表的现代化农业新兴主体，代表着未来农业集约化发展的方向，金融租赁适时介入，具有十分广阔的发展前景。一是盘活原有合作社的存量农机资产，促进农机更新换代和技术升级；二是深度介入新建农机合作社，成为合作社的投资主体；三是整合生产商、经销商、种粮大户、农民合作社等主要用户，同时大力扶持农业生产各环节的专业外包服务商。

（2）支持现代化农业固定资产投资

国内粮食仓储机构的仓储设施，总体上普遍存在仓储容量严重不足、建筑设备陈旧老化、储粮保质保管期限不长、"危仓老库"占地面积较大4个方面问题。随着粮食生产12年连增，库存压力进一步增大，对粮食仓储的建设需求逐步增加。

（3）支持现代化农业"走出去"

现阶段，国内现代化农垦企业在俄罗斯、澳大利亚等地租赁和征购的大片农业用地，均可采用融资租赁的方式解决设备购置问题，一方面充分发挥融资租赁公司开展跨境融资的便利性，另一方面利用国内农机行业产能过剩、产品性价比高的优势，保障国家粮食安全、支援发展中国家实现农业现代化。

四 生物性资产融资租赁——促进农业发展融资租赁的新模式探索

在租赁标的物上，租赁企业和承租方进行了大胆的探索，2015年出现了国内首单生物性资产融资租赁。2015年9月，宜信融资租赁有限责任公司与河北滦县军英畜牧公司达成合作协议，双方约定以承租人军英牧场的200头奶牛作为融资租赁业务标的物，租赁公司以100万元对奶牛资产进行售后回租业务操作。具体操作方式是，宜信融资租赁有限公司购买军英公司原有泌乳奶牛200头，出售价格是100万元，军英公司把这些奶牛出售后再回租，双方签订售后回租协议，分期还清100万元。从理论上讲，这200头奶牛的所有权归租赁公司，但租赁期内由养殖企业全权管理和使用。

从合同内容上看，这是典型的融资租赁方式，只是租赁标的物从传统的无生命的设备资产变成了有生命的活体奶牛。这为我们拓展融资租赁的范围打开了思路，生物性资产同样可以作为融资租赁标的物。

"家财万贯，有毛的不算"，传统上因为价值评价困难、交易困难和风险较大，活体一般很难被视为资产。随着经济社会的发展、产业结构的升级，生物性资产的重要作用和意义受到重视，新的会计准则将生物性资产单列为资产的一类。按照我国的会计准则，生物性资产可分为消耗性生物资产、生产性生物资产和公益性生物资产。其中，在各类生产性生物资产中，可以选择某些高价值牲畜如奶牛、多年生经济作物如甘蔗和经济林等作为融资租赁标的物，探索开展融资租赁，进行租赁模式设计。

生物性资产融资租赁发展的积极因素主要有以下几方面。

（一）农业转型发展带来的巨大需求

农业的重要性无须多说。农业的转型升级使各类经营主体不断涌现，规模经营主体不断壮大。在农业金融需求中，分散经营的农户的金融需求通过小额贷款、农户信用贷款等普惠制金融得到满足，规模较大的农产品企业可以使用各类融资方式。但是中等规模的经营主体由于缺乏信用积累和充足的抵押物，往往是融资需求最旺盛却最难满足的部分。以奶牛养殖场为例，对奶源安全的要求使奶牛场的建设标准越来越高，各种设备投入较大。特别是在奶牛养殖场的建设成本构成中，购买良种牛群的比例相当高，一般可超过60%，而且出于防疫等方面考虑，一般养殖场会一次性购买整个牛群，中途不再添购牛只，所以一次性投入很高，短期资金压力较大。经营者一般缺少抵押物和担保物，养殖企业很难从传统的金融机构得到融资。融资租赁是解决融资难题的重要途径。传统的融资租赁主要涉及各类奶场养殖、挤奶、消毒设备。有了生物性资产融资租赁，占投入很大比例的牛群购买资金需求有了新的满足渠道。

（二）相对成熟的产业链

经过多年的发展，一些产业已经形成了相对完整的产业链，使上下游企业特别是大企业可以提供担保和信用等支持。以乳业为例，规模奶牛养殖越来越和龙头企业结成紧密型关系，而伊利、蒙牛、光明等龙头企业也对整个行业产生越来越大的影响。首例生物性资产融资租赁的承租方军英牧场就是伊利华北大区的重要奶源地，伊利乳业对合作下游牧场的评级标准可以作为资信的重要依据。龙头企业掌握养殖企业的经营情况和财务状况，也可以直接为其提供信用担保，这在一定程度上降低了融资风险。

（三）农牧业的优惠政策

近年来，国家对农业的投入逐年增加，各项补贴可以在很大程度上弥补成本投入。针对奶牛养殖，有奶牛良种补贴、标准化养殖补贴等多种。

发展生物性资产融资租赁需要解决的问题和制约因素有以下几方面。

1. 风险防控

比起设备融资，生物性资产融资的标的物面临更多的风险。自然风险包括疫病、天气原因造成的资产价值损失，市场风险包括供求变动产生的价格下降等。因为农业的生产周期较长，面临的风险更容易对经营者造成毁灭性打击。这对租赁企业的风险防控提出了更高的要求。

对奶牛养殖企业来说，市场经营风险首先体现在鲜奶收购价格行情不稳定，政府没有对国内鲜奶实行保护价收购，而国外低成本奶制品不断进口冲击国内市场，国内奶牛养殖企业的利润不断受到挤压。其次是经营中的潜在风险。例如，如果养殖企业出现重大产品安全质量问题，产品就会滞销。再次是重大疫情风险，如口蹄疫等流行疾病，目前绝大部分养殖企业开始投保重大疫情险，但仍无法覆盖全部风险。最后，相当一部分养殖户是承包租赁国有和集体农业土地作为经营场地，存在承包租赁政策方面的风险。在分散风险方面，宜信租赁的做法是：一方面，规定每户单笔融资金额不超过宜信融资租赁公司全部注册资本的5%，以避免单一客户占比过高导致风险集中度上升；另一方面，对准备开展的项目实现进行3个月左右的观察期，等获得一个比较完整的生产活动周期信息后，再继续深入推进相关业务。

2. 评估问题

对生物性资产的评估目前主要采用历史成本法。2006年2月15日，我国企业会计准则和审计准则同步发布，首次以《企业会计准则第5号——生物资产》的形式对生物资产准则做出了详尽的规范。该准则明确说明，生产性生物资产一般应当通过初始成本计量入账。只有在可以通过公开活跃的生物资产交易市场获取公开价格信息的情况下，才可以考虑以公允价值方式进行计量估价。

综上所述，国内目前对生物性资产的计价基本上采用以初始取得成本为主的模式，仅在特定情况下才考虑采取公允价值为辅的计价模式。另外，出于简化生产性生物资产的财会核算和提高可信度的考虑，我国现有的《中小企业会计准则》规定，生产性生物资产计价模式只能采用历史成本法。这种方法可以大致估算生物性资产价值，但是由于历史成本法较依赖企业自身提供的信息，隐含的信息较多，缺乏市场的验证，对估值的可信性有一定影响。另外，受品种、产量等因素影响，对生物性资产的折旧计算问题还需要深入地探索研究。

3. 流转市场

生物性资产的交易流转与传统资产相比有一定的特殊性。一是交易的市场缺乏，交易流转需要的平台很少，相比机器设备等资产，林权、牲畜的交易平台相对较少。二是流动性差，在一定区域内，生物性资产需求有限，在不同主体间的流动相对困难。三是动产登记目前还少有生物性资产的类目。

参考文献

［1］商务部流通发展司:《中国融资租赁业发展报告》,2015 年 8 月。

［2］尹俊伟:《现代农机租赁业务前景探索》,《黑龙江金融》2015 年第 1 期。

［3］冯雯:《我国生物资产计量模式选择的分析与研究》,《中国市场》2013 年第 34 期。

［4］李理:《农机租赁的探索与实践》,《中国金融》2015 年第 5 期。

［5］卜明、芮红:《我国农业机械融资租赁发展前景探讨》,《中国农机观察》2013 年第 8 期。

B.7
中国融资租赁业出租市场分析

刘坤 王师*

摘 要： 融资租赁作为一种以设备融资为主要业务内容的金融工具，
对于促进设备制造行业的产品销售具有不可估量的意义。现
阶段，国家大力推进战略性新兴产业发展，融资租赁作为一
种融资手段，对于国内医疗健康、新能源、环保等设备制造
企业普及推广产品设备，带动相关行业的市场需求，可以起
到积极的作用。本报告选取医疗设备、光伏新能源、新能源
汽车和环保设备4个时下融资租赁领域最热门的新兴制造业
行业，对其融资租赁业务发展状况和市场前景进行了整理总
结和研究预测。

关键词： 融资租赁 新兴产业 新能源 环保

一 医疗租赁行业市场分析

医疗器械行业作为国内高端制造业的代表性产业和战略性新兴产业生物
医药产业的重要组成部分，在国家产业政策的支持下，以及在国内医疗器械
市场飞速发展的强劲需求带动下，迎来了良好的发展机遇期。而融资租赁模
式作为医疗器械特别是大型医疗器械销售的重要融资手段和配套服务，市场

---

* 刘坤，经济学博士，中国博士后特华科研工作站博士后，主要研究领域为资本市场、公司金
融；王师，北京特华财经研究所研究员，主要研究领域为资本市场、融资租赁。

发展空间巨大。很多国内一线融资租赁企业，将医疗器械作为最主要的业务来源和业绩增长点。

（一）国内医疗器械设备制造行业发展概况

中国医疗器械行业协会发布的《2015 中国医疗器械行业发展蓝皮书》公开数据显示（本小节之后的行业数据信息均摘录自该报告），2015 年全年全国医疗器械销售规模约 3080 亿元，比上年度的 2556 亿元增长了 524 亿元，增长率为 20.5%。全行业在过去十几年时间中一直维持较高的行业增长速度，医疗器械市场销售规模由 2001 年的 179 亿元增长到 2015 年的 3080 亿元，剔除物价因素影响，15 年间增长了 16.2 倍。

1. 行业主体概况

国内医疗器械生产和销售行业普遍存在龙头企业市场份额低、市场格局分散的状况。行业生产企业众多，全国共有医疗器械生产企业 15698 家，但是前 20 家大企业和上市公司的市场份额累计不足两成；企业普遍规模较小，单位年产值不到 2000 万元；同时行业企业生产的产品种类繁多，共有 3500 多种。

国内医疗器械和设备制造行业中领先的本土企业主要有迈瑞医疗、鱼跃医疗、九安医疗、东软股份、乐普医疗、微创医疗、阳普医疗、新华医疗、万杰高科、上海医疗等，基本上分布于东部沿海发达地区。这些国内龙头企业在各自细分领域有一批性价比高的拳头产品，销售增长速度较快。但国内企业与西门子、通用电气和飞利浦等世界跨国公司巨头相比，在技术水平、产品质量、售后服务等方面还存在不小的差距。以销售收入为例，国内最大的本土医疗器械厂商——深圳迈瑞生物医疗电子股份有限公司，2014 年销售收入为 82 亿元人民币（折合 13 亿美元），而世界医疗设备龙头企业美国通用电气公司，2014 年医疗设备全球销售收入高达 180 亿美元，二者差距巨大。随着国际医疗器械巨头先后在中国开设工厂进行本土化生产，未来国内医疗设备市场特别是中高端医疗设备市场将出现更为激烈的市场竞争。

2. 终端销售状况

在 2015 年我国医疗器械总计 3080 亿元的市场销售规模中，医院市场约为 2326 亿元，占 75.52%；零售市场约为 754 亿元，占 24.48%。其中零售市场包含传统线下终端店面和线上电商平台。从具体产品细分来看，零售产品主要是家用血压/血糖仪、制氧机等小型医疗健康设备，而面对医疗机构销售的主要是大中型医疗器械，这部分销售市场也是融资租赁企业可以广泛介入的领域。

根据医疗器械行业的国际贸易数据，2015 年上半年，我国医疗器械贸易总体表现平稳，进出口总额 179.5 亿美元，同比增长 6.9%。其中，出口额 98 亿美元，同比增长 5.5%。可以看出医疗设备出口增长空间有限，行业未来主要的增长空间来源于国内市场。

3. 市场格局变化

医疗器械和设备行业的市场增长速度十分抢眼，远远高于传统制造业行业的市场增长速度，而医疗器械制造企业平均高达 22% 的毛利率，更是明显高于一般机械电子加工企业的毛利率水平。在高增长空间和高利润的诱导下，越来越多的各类机电装备制造企业尝试介入医疗器械生产制造领域，行业竞争更为激烈。

而国内医疗器械生产企业大部分集中于中低端产品和中小型辅助医用设备等领域，市场空间有限，一些优质企业开始寻求转型升级，向光学影像设备等大型医疗电子设备进军。而国内医疗器械行业的良好成长前景，也吸引各路资本的追逐，很多上市医疗器械公司及其他企业开始以收购整合的形式扩展细分业务领域或者进入该市场。

2014 年，仅在国内资本市场上就发生了 53 起针对医疗器械和设备企业的并购行为。大规模的资本介入和行业兼并整合，可以在极大程度上改变国内医疗器械行业 "散、乱、低、弱" 的行业困境，增强本土产业的竞争力，为高端医疗设备国产化提供必要的实力支撑。

（二）国内医疗器械设备市场需求状况

国内医疗器械和设备，特别是大型成套医疗设备的最主要销售市场是以公立医院为主的专业卫生医疗机构。最近几年，国家深化推进医疗事业改革，加大了医疗方面的投入力度，国家卫生支出明显增长。

1. 卫生医疗支出和医疗资源增长状况

根据卫生部公布的《2013 年我国卫生和计划生育事业发展统计公报》，2013 年全国卫生总费用达 31669 亿元，其中政府财政投入、社会保险支出和个人消费支出比例大致为 3∶4∶3，人均卫生费用 2326.8 元，卫生总费用占 GDP 的比重为 5.4%（见图 1）。

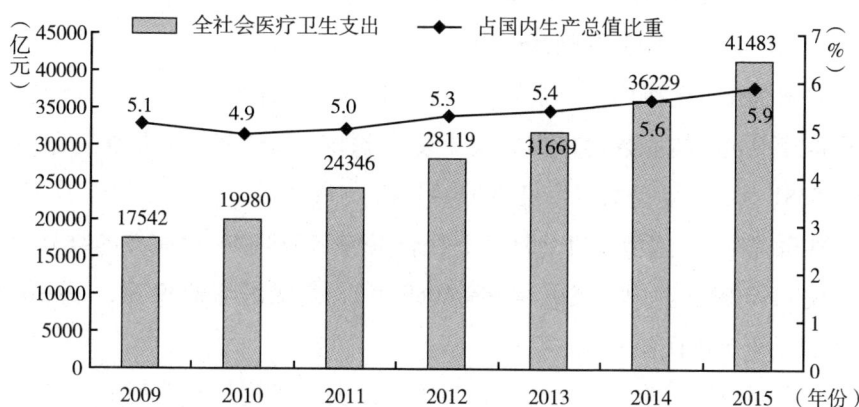

图 1　2009～2015 年中国社会医疗卫生投入增长状况

资料来源：环球医疗金融公司港股招股说明书。

卫生部统计公报同时显示，2013 年末，全国卫生人员总数达 979.0 万人，其中卫生技术人员 721.1 万人，卫生技术人员中执业（助理）医师数量为 279.5 万人。卫生医疗工作人员超过一半分布于各大医院，其次分布于基层医疗机构。

2013 年末，全国医疗卫生机构有床位 618.2 万张，其中医院病床数占比为 75%。病床床位数量年均增长速度为 7%。

虽然我国医疗卫生事业发展较快，但同世界先进国家相比较，还存在较大的差距。以社会卫生医疗总费用为例，虽然这一指标的增速快于世界其他国家，但 2013 年我国人均卫生医疗费用折合美元不到 400 美元。同期美国人均医疗卫生费用超过 9500 美元，占美国国内生产总值的比重超过 17%，是国内人均费用的 20 多倍。说明随着我国经济的持续增长、人口老龄化趋势的延续以及居民健康意识的提高，我国医疗卫生支出还有很大的增长空间。

在医疗资源方面，我国与发达国家也存在较大差距。2013 年我国每万人拥有医疗床位数量为 45 张，虽然高于一般发展中国家水平，但与韩国（132 张）、日本（173 张）、英国（209 张）、德国（83 张）等国家差距较大。未来医疗硬件设施投入也存在很大的增长空间。

2. 医疗资源分布不平衡现象突出

我国医疗卫生机构以公立医院为主，根据卫生部统计公报，2015 年末，全国医疗卫生机构总数达 974152 家，其中医院 24731 家，基层医疗卫生机构 915381 家，专业公共卫生机构 34040 家。

在医院中，公立医院 13353 家，民营医院 11378 家。医院按等级分：三级医院 1793 家（其中三级甲等医院 1089 家），二级医院 6739 家，一级医院 6435 家，未定级医院 9764 家。

从不同等级医院的分布来看，我国医疗卫生机构呈现典型的金字塔形态。分布于各大中心城市、占医疗机构数量比重较小的重点三级医院占据了大部分优质医疗资源，不仅拥有一批知名专家资源，医疗设备也以大型高端国际品牌为主，设备现代化程度较高。而占绝大多数的县级以下医院和乡镇卫生院等基层医疗卫生机构，由于资金来源有限，收入不足，医疗设备投入存在严重的缺口，大部分基层医疗机构设备种类不全、机型老旧破败，部分基层医疗卫生机构甚至还在使用七八十年代生产的淘汰设备，严重束缚了这些基层医疗机构提供基本医疗服务的能力，甚至危及患者的生命安全。

为了改变国内医疗资源紧缺和医疗资源分布不均衡的状况，满足群众就近就医的需求，卫生部、财政部等政府主管部门开始加大对基层医疗机构特别是对欠发达地区和乡村卫生医疗机构的扶持力度，主要是加大对这些机构的财政投入，其中很大部分就是设备更新购置支出。来自基层医疗机构的设备购置支出，将成为医疗器械设备企业新的市场蓝海。由于基层医疗机构预算有限，高性价比的国产医疗器械设备将比同类合资进口产品更具有竞争力。

（三）国内医疗器械设备租赁行业发展状况

医疗设备融资租赁一直是国内融资租赁企业关注的重点细分市场领域，这一块领域也是除了飞机、船舶、工程机械等大型设备、运输工具之外，规模较大的融资租赁细分领域之一。医疗器械和设备融资租赁由于主要面对的客户对象是医院等医疗机构，同广大生产性企业有很大区别。对于数量最多的公立医院而言，其非营利性事业单位法人的身份，令其举债扩张受到政策的严格限制，卫生主管部门多次发文强调公立医院不得贷款兴建楼宇、购买设备[1]。国家主管部门的禁令，客观上使各级公办医院失去了贷款融资的渠道，融资租赁成为其唯一的融资选择。

1. 融资租赁市场规模

根据 Frost&Sullivan 公司发布的中国医疗融资租赁市场报告，截至 2014 年末，国内融资租赁企业全部医疗器械设备融资租赁合同应收租金余额为 1239 亿元，较上一年增长 32.2%，医疗器械设备融资租赁业务规模增长速度高于国内医疗器械设备销售市场增长速度。医疗器械设备融资租赁业务合同租金余额，占 2014 年末国内融资租赁行业全部 3.2 万亿元合同余额的 3.87%。

根据 2009 ~ 2014 年历年医疗器械设备融资租赁应收租金合同余额的年度增加值，加上按照行业经验推算出的各年份到期合同余额，计算各年份新发生的融资租赁合同余额，结合各年份国内医疗器械设备销售数据，推算出 2010 ~ 2014 年医疗器械设备行业融资租赁渗透率变化情况（见表1）。

---

[1] 详情参见国家卫生部 2014 年 6 月通知，http：//www.lndoh.gov.cn/zfxxgk/zwgg/gsgg/201412/t20141224_ 1511319.html。

表1　2010~2014 国内医疗器械设备融资租赁规模增长和渗透率变化

单位：万元，%

年份	租赁业务合同余额	合同余额增量	年内到期合同额	本年新发生合同额	医疗器械销售额	融资租赁渗透率
2010	399	97	123.27	220.27	859	25.64
2011	536	137	162.86	299.86	1088	27.56
2012	702	166	218.78	384.78	1369	28.11
2013	937	235	286.53	521.53	2130	24.49
2014	1239	302	382.45	684.45	2556	26.78

注：按照医疗设备融资租赁行业经验，合同期限平均为5年，假定32%的行业增速，则每年全部租赁合同平均剩余期限为2.45年，年内到期合同额为上年合同总余额与平均合同剩余年限相除结果；2011年以前的医疗器械销售额数据是根据2012年行业协会统计数据和增速推算而来。

从以上分析可以看出，目前国内医疗器械设备融资租赁的销售比重大致维持在26%~28%，虽然医疗器械设备市场销售规模和融资租赁业务规模都在快速增长，但融资租赁渗透率指标变化不大。考虑到目前我国融资租赁在整个固定资产投资中的渗透率不足5%，医疗器械设备行业融资租赁渗透率远远高于大部分行业水平，说明医疗器械设备领域融资租赁业务开展得较为成熟，并逐步成为主流的销售融资模式。

2. 融资租赁市场参与主体情况

根据上海租赁行业综合信息服务与交易平台研究中心（SLSE）公布的关于国内医疗设备融资租赁行业的报告，在截至2014年底全国2000多家融资租赁企业中，经常性开展医疗器械设备及有关融资租赁业务的公司有270家左右。医疗器械设备融资租赁企业主要可以分为以下几大类。

第一，有老字号央企进出口集团背景的大型专业化融资租赁公司。比较有代表性的企业包括央企中化集团控股的上海远东宏信租赁公司、前文提及的中国通用技术集团控股的香港环球医疗金融公司。这部分企业坐拥得天独厚的股东资源，掌握过硬的专业技术，是目前医疗器械设备融资租赁行业的领军企业。

第二，医疗设备制造行业龙头跨国公司及关联企业在华融资租赁企业。

这类企业主要包括西门子财务租赁公司中国业务部、通用电气金融公司中国租赁公司、日立租赁公司和为荷兰飞利浦公司提供融资租赁服务的荷兰国际银行下属拉赫兰顿融资租赁公司。此类外资厂商系融资租赁公司依托母集团供应商的技术实力和行业地位，在市场竞争中拥有较强的议价能力，融资租赁业务标的医疗设备一般偏向于选择母公司或者关联企业生产的品牌。

第三，银行等大型金融机构发起的金融租赁公司或者由金融机构控股的内外资融资租赁公司。比较知名的包括华融资产管理集团旗下的华融金融租赁公司、平安集团的融资租赁子公司和海通证券公司间接控股的上海恒信租赁公司等。金融租赁公司或者金融机构控股租赁公司在获得低成本资金方面占有很大优势，而江苏金融租赁公司等地方融资租赁企业在获取本地政府支持、争取政府医疗设备采购业务方面占有优势。

根据财务公告数据，上海远东宏信租赁公司 2014 年度融资租赁合同应收租金余额为 211 亿元人民币，占该公司所有融资租赁合同余额的比重超过 1/4。而另一家香港上市公司环球医疗金融公司 2014 年末融资租赁合同余额为 190.44 亿元，其中来自医疗行业的融资租赁合同余额比重为 73.3%，共计 139.6 亿元，该公司医疗行业业务比重在所有合同余额百亿级别的主要融资租赁企业中最高。

上述两家融资租赁公司的医疗器械设备融资租赁合同余额总计为 350.6 亿元，占 2014 年全国医疗器械设备融资租赁合同余额 1239 亿元的比重为 28.3%。这两家企业是市场份额最大的领先企业，医疗设备融资租赁行业总体市场集中程度较高。

3.医疗器械设备融资租赁行业龙头企业竞争优势

与飞机、船舶等单价 1 亿元以上的大型交通工具的融资租赁不同，虽然部分医疗器械设备融资租赁的标的单体价值也较高，但大部分标的租赁物单价在 100 万元以下。医疗器械设备行业的融资租赁企业不仅需要低廉的融资成本作为后盾，还要在以下两个方面取得优势。

（1）销售网络体系和供应商渠道

医疗器械设备融资租赁与其他运输工具、生产设备融资租赁存在很大的区别。国内医疗机构，特别是1.3万多家公立医院，基本上是按照行政区划分布的。因此，相比于制造业的融资租赁业务，医疗设备融资租赁的客户分布最为广泛和分散，仅次于农业设备租赁之后①。

分散的客户群体决定了医疗设备融资租赁的市场地理范围十分广阔，因此，只有依托庞大的销售网络体系，才能最大限度地覆盖全国主要行政区域，更直接地贴近终端客户，及时准确地满足客户的融资需求。同时医疗器械设备类型多样、型号各异，厂商数量（特别是国内制造商）众多，只有与众多医疗设备细分行业的龙头供应厂商建立良好的合作关系，才能开拓各种类型医疗器械设备的融资业务市场。

行业两大龙头企业——上海远东宏信和环球医疗金融，背后的大股东中化集团和通用技术集团，是国内经营医药产品进出口业务历史最悠久的企业，其子公司和业务代表处构成的业务网络覆盖国内各个省份和主要城市，并通过几十年的进出口业务，与国内外医疗器械设备厂商建立了长期稳定的业务合作关系，特别是两家企业目前是国外几百家医疗设备制造厂商的国内代理商，很多是独家代理。

上海远东宏信和环球医疗金融两家公司利用股东集团庞大的全国销售网络和国外医疗设备企业的代理商资格优势，迅速将融资租赁业务渗透至各地各层级医疗机构，融资租赁标的产品涵盖国内外主要厂商的主流设备，在地域广度和业务内容多样性方面首屈一指。

（2）专业技术咨询服务能力和行业经验

医疗器械设备不同于车、船等运输工具和生产性机械设备，医疗设备种类多样复杂，作为高技术含量的精密机电设备，对操作者的技术水平和实践经验要求极高。虽然医疗机构的工作人员十分专业，但是购买医疗设备毕竟不是经常性行为，大部分医疗机构管理者，特别是偏远地区中小医院的管理者，对于采购选择医疗设备缺乏必要的经验。

基于客户的现实困难，医疗器械设备特别是大型高端医疗设备融资租赁

---

① 事实上，国内大型农业设备融资租赁基本集中于少数规模化粮食主产区。

业务，需要由掌握较强专业知识技能的团队完成。医疗设备融资租赁的极高技术门槛，决定了只有少数实力雄厚、行业经验技术领先的龙头企业才可以提供专业、可靠的技术咨询服务。以行业龙头企业环球医疗金融为例，该公司不仅拥有大批熟悉融资租赁专业知识的业务人员，还有110名医疗领域和医用电子设备领域的专业人士和200多名外部合作专家。公司在20多年的医疗设备融资租赁业务中积累了丰富的经验，可以为全国各种规模、类型的医院提供专业化的、有针对性的医疗设备采购升级融资服务解决方案。融资租赁的客户——医疗机构，不仅可以享受优惠的融资服务，解决资金不足的困难，还可以在专业咨询的指导下，有的放矢地选择适宜的设备和型号，减少不必要的采购投入，提高设备投资效益。

4. 医疗器械设备租赁行业特色业务模式

医疗器械设备融资租赁业务开展得比较早，除了飞机、船舶、生产设备等传统租赁子行业外，医疗器械租赁市场规模也较大，因此目前国内融资租赁行业常见的主要租赁业务模式，包括直接租赁、售后回租、杠杆式租赁、转租赁、捆绑式融资租赁、收入分成式租赁等都有所涉及。相较于其他大型交通工具、工业设备，医疗器械设备单体金额不大，平均在100万元左右，占一般租赁公司的业务规模比重不高，因此杠杆式租赁和转租赁等方式应用较少。而医疗设备特别是二手设备一般变现能力较差，处置成本较高，因此售后回租模式应用也不多。由于医疗器械设备频繁使用极易发生老化和损耗，相比于其他设备的融资租赁业务，医疗器械设备租赁较多地采取分成租赁模式，即根据设备使用产生的业务现金收入，按照一定比例计算当地租金。

医疗器械设备融资租赁行业因为行业内承租客户主体具有特殊性，设备技术含量高、专业性强，行业内龙头企业在多年融资租赁业务经验的基础上，创造出了自身独特的业务模式。

以前文所述的国内专注于医疗设备融资租赁领域的环球医疗金融与技术咨询服务有限公司为例，公司全名除了表明公司可以提供设备融资租赁的金融服务之外，还加入了技术咨询服务内容。而该公司2014财年的营业收入构成中，为医疗机构行业客户提供技术咨询和全套解决方案所实现收入占总收入的比重高达三成，相当于融资租赁收入的一半；而在净利润构成中，咨询服务贡献比重更是超过一半。这也是该公司有别于一般融资租赁企业最大的业务模式特色。

该公司依托母集团的央企贸易公司背景，在 20 多年的业务经营历史中，积累了丰富的专家资源、供应商资源、医疗机构合作伙伴资源、案例信息资源等，形成了业内独有的医疗机构设备融资综合服务体系，几乎可以覆盖医疗设备下游的全产业链。无论是设备采购经验不足的基层中小医院，还是新进入中国市场对市场环境感到陌生的国外制造商，都可以从该公司获得相应的服务和支持。公司业务体系已经远远超过了简单的设备融资的范畴，向附加值更高的环节渗透。其业务模式分类和结构框架如图 2 所示。

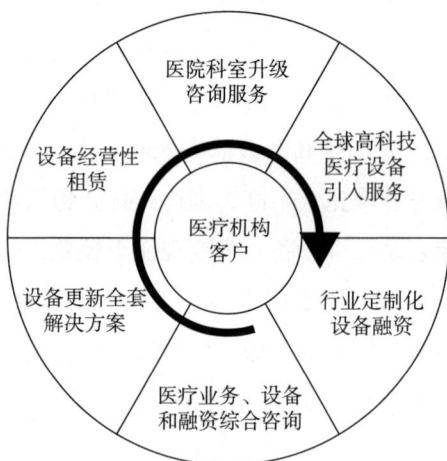

图 2　环球医疗金融公司全方位创新业务模式

资料来源：环球医疗金融公司港股招股说明书。

图 2 中各模块代表的业务领域都是该公司强大的专业技术服务能力的体现。其中：全球高科技医疗设备引入服务，可以帮助医疗机构在第一时间获取使用世界一流新技术设备的机会，并获得相应的融资支持，另外也可以帮

助国际领先设备厂商完成进口设备认证注册审批环节,迅速打开中国市场;行业定制化设备融资,针对不同类型的医疗机构,专门设计适应医疗健康各个细分行业业务特点、满足专业医疗客户机构现实需要的差异化技术咨询和融资解决方案;医疗业务、设备和融资综合咨询,这部分是单纯的咨询服务,不涉及融资和设备采购,但该公司可以通过咨询服务获取新的融资业务客户,并且巩固维持原有的客户关系;设备更新全套解决方案,一般融资租赁企业和其他机构只提供新购置设备融资,而该公司对医疗机构设备更新改造活动,也提供专业化、实用性的技术咨询服务,并给予融资支持;设备经营性租赁,开展这项业务的公司不多见,但是该公司在长期经营实践中积攒了相当大数量的二手医疗设备,通过这种非标准化实物租赁手段,一方面盘活过剩资源,另一方面也可以解经济实力较差的医疗机构的燃眉之急;医院科室升级咨询服务,这也是纯粹的咨询服务,是该公司的招牌特色服务内容之一,通过身经多年业务实战的专业团队,为医疗机构提供量身定制的系统方案,甚至还涵盖人员技术培训乃至后期维护环节,不仅通过设备融资"授人以鱼",更通过专业技术服务体现了"授人以渔"。

除了环球医疗金融公司外,其他在医疗设备融资租赁领域深入开拓的知名租赁企业,如远东宏信、华融租赁、海通恒信等金融系或内外资商务系公司,为了争取客户资源和业务机会,向环球医疗金融及国外领先医疗融资租赁企业的成熟模式学习,不断对业务模式进行改进创新,也形成了各具特色的产品服务体系。

5. 医疗器械设备融资租赁行业发展展望

医疗器械设备租赁行业市场规模同医疗器械设备市场同处于高速增长期,医疗器械设备融资租赁作为开展较早、业务较为成熟的细分行业,2014年行业融资租赁合同余额增长速度为32%,虽然略低于融资租赁行业总体的规模增长速度52.4%,但依然显示出良好的发展态势。基于以下几个方面的判断,未来医疗器械设备行业融资租赁依然会拥有良好的发展前景,并在相当长的一段时间内维持较高的增长速度。

第一，鉴于目前国内医疗资源，特别是普惠性的基层医疗资源严重匮乏的现状，县域以下的基层医疗机构大规模扩张建设和设备更新改造仍将持续。而目前国内医疗机构设备设施投入主要还是依赖于财政资金投入，特别是国家开始规范整顿公立医院运营，改变"以药养医"的乱象，医院资金来源更加有限。在当前经济增速整体下滑的背景下，地方财政特别是广大中西部地区财政十分吃紧。现有的财政投入大部分用于医疗机构建筑工程，为了满足医疗设施设备投入的增长需要，就需要广开财源，探寻新的融资渠道，而融资租赁作为一种手续简便、条件优越的融资手段，将成为地方政府增加医疗设施资源投入的主要融资来源。

第二，医疗器械设备融资租赁的客户对象以公立医院为主，公立医院作为政府主管的事业单位，相比于一般经营性企业，信用水平较高。此外，在经济形势不景气的情况下，传统生产经营企业的经营状况特别是现金流状况整体恶化。医疗行业作为人民生活刚性需求行业，不受经济周期影响，除了少数资源枯竭型人口净流出城市外，大多数地区公立医疗机构的就医人数都在增长，国内医疗服务特别是优质医疗服务供不应求的局面没有根本改变。因此相比于其他行业，医疗机构的信用水平和现金流状况优良，是开展融资租赁业务的理想客户。

第三，国家高层对促进国内医疗器械设备行业发展给予高度关注。2014年5月，习近平总书记考察上海联合影像医疗科技公司时表示，要加快高端医疗设备国产化进程，降低设备价格，让更多的老百姓用得起。国内医疗设备企业在高端医疗设备生产、研发、专利技术方面同国际巨头之间存在较大差距，更需要在融资租赁服务等综合服务方面有所提升，这样才能在与跨国医疗设备巨头的竞争中取得突破。融资租赁服务对国内医疗器械设备销售的促进作用不可忽视，国内医疗设备龙头企业纷纷涉足这一领域。国内医疗器械设备厂商的加入，为医疗器械设备融资租赁行业增加了新生力量。

第四，在主流市场之外，其他医疗机构和医疗服务领域的融资租赁行业也大有可为。目前国内民营医院资本规模已经超过2000亿元，国家主管部门出台政策鼓励和规范民营医院发展，将发展民营医院作为医疗体制改革的重要内容。现阶段，国内民营医院设备设施十分落后，融资手段以民间借贷集资为主，融资成本高，民营医院财务管理普遍不规范。通过开发民营医院的融资租赁市场，可以有效改善民营医院的硬件条件，降低其融资成本，并可在一定程度上规范民营医院的管理运作。随着我国人口老龄化和居民健康意识的提高，养老医疗机构、体检中心等大健康产业的发展势头迅猛，作为新兴行业，医疗健康服务行业从业机构大部分存在资本匮乏、融资渠道有限等困难，融资租赁的介入，可以为这些极具增长前景的医疗服务企业提供必要的资金支持。

二　光伏发电设备租赁市场分析研究

光伏发电系统，是一种利用半导体材料对太阳光的伏打效应，将太阳光辐射能直接转换为电能的一种新型发电系统。光伏发电是目前最为环保的能源生产和利用方式。光伏发电系统可以分为集中式的光伏发电站和分布式光伏发电设施。

光伏设备制造行业和光伏能源运营行业是最近 10 年在国内迅速成长起来的战略性新兴产业。2006 年以后，随着国际能源价格上涨和全球减少温室气体排放的压力增大，欧美发达国家纷纷开始对光伏等新能源设备的投资和使用进行补贴。而中国的光伏设备制造企业利用国内制造成本低廉、产业链完善的优越条件，迅速抢占这一市场，光伏产品出口大幅增长，行业迅速扩张并成为市场投资热点，中国一跃成为世界光伏产业第一大国。在行业发展驱动下，国内涌现出江苏尚德、天合，河北英利和江西赛维等一大批光伏行业的世界龙头企业。

但好景不长，受 2008 年金融危机以后欧美发达国家经济不景气影响，政府开始削减新能源补贴，出口收入占比超过 80% 的光伏制造业受到极大冲击。而 2011 年美国和欧盟同时对中国企业出口的光伏产品进行反倾销、反补贴"双反"调查，加之国内光伏产能过快扩张导致行业严重产能过剩，行业发展遇到极大的危机。

（一）国内光伏装机规模增长情况

国家能源主管部门为了解决国内光伏制造行业产能过剩严重和出口依存度高的问题，也为了普及清洁能源和减少污染排放，从 2011 年以后先后出台了一系列政策措施，并制定规划，国内大规模光伏发电设施建设大幕由此拉开。由于光伏制造应用成本不断下降，经济效益不断显现，加之国家对光伏发电上网电价给予相当大的补贴，国内光伏装机规模呈现爆发性增长的态势（见表 2）。

表2　2011~2014 全国光伏发电设施装机总量和增长情况

单位：万千瓦，%

年份	累计装机	新增装机	累计分布式装机	新增装机增速	分布式比例
2011	374	289			
2012	700	326	18.9	12.80	2.70
2013	1716	1016	262	211.66	15.27
2014	2805	1089	467	7.19	16.65

资料来源：国家能源局历年能源统计公报。

2010 年以前，国内光伏发电一般作为推广示范工程，主要为边远地区特殊人群服务，没有成为国内发电的主流模式。但在 2011 年以后，国内迎来了光伏电站建设的高峰，太阳能光伏电站电力装机规模直线上升，截至 2014 年末，装机总量达到了 2805 万千瓦，占同期全国电力装机总规模 136019 万千瓦的比重上升至 2.06%，成为继火电、水电、核电、风电之后国内第五大发电模式，也是装机增速最快的发电模式。在世界范围内比较，2014 年中国光伏发电设备累计装机规模仅次于德国的 3794 万千瓦，排名世界第二，并大有赶超之势。而 2014 年中国新增光伏装机 1089 万千瓦，更是占据当年全球新增装机总量 4700 万千瓦的 23%，增长规模稳居世界第一。按照目前装机增长情况，2015 年底中国将成为光伏发电总装机规模第一大国。

2014 年新增装机规模 1089 万千瓦，仅完成了 2014 年初国家能源局设定的增长规划目标的 76%，其中力推的分布式光伏装机规模仅完成 26%。由此可见，国内目前集中式光伏电站建设规模增长势头明显，但是分布式光伏发电设施装机市场还有待开拓。2015 年以后，国家发改委和能源局等主管部门对规划装机增长目标不断加码，远期规划中的光伏发电行业"十三五"规划，2015 年 9 月后被业界认定会上调目标，2020 年总装机目标从 1 亿千瓦增加到 1.5 亿千瓦，上调幅度高达 50%。

（二）光伏装机增长动力和约束

长期以来，制约国内乃至世界光伏发达技术普及应用的最主要障碍是设备造价和发电成本。国内光伏制造企业不断扩大生产规模、改进制造技术和提高光伏组件能源转化效率，光伏组件和零配件产品的价格不断下降，特别是占光伏产品成本比重最高的光伏用多晶硅原料①，生产成本降低至每公斤 10 美元左右，对比 2008 年的 450 美元每公斤，成本降低了 90% 以上。

但目前国内光伏组件和光伏设施建设成本依然较高，以 2015 年初的主流设备价格为例，光伏组件成本为 7000 元/千瓦，光伏发电全套系统成本为 1.3 万元/千瓦（小型家用分布式），按照 20 年使用周期计算的光伏发电成本大致为 0.8 元/千瓦时。与之相对的是，目前国内火电平均上网电价为 0.45 元/千瓦时，水电和核电上网电价与之接近，如果光伏发电上网电价不依靠补贴，现阶段无法覆盖发电成本。

1. 现阶段光伏发电收益测算分析

对于光伏发电设施的投资者，按照不同设备建设成本和上网电价组合，在 20 年测算期、8% 的折现率和免征增值税的情况下，模拟测算的内部收益率（IRR）分布如表 3 所示。

---

① 按照目前行业企业制造成本数据，光伏发电系统中光伏组件成本比重约为 60%，光伏组件成本中多晶硅原料成本占比约为 60%。

表3 不同光伏组件价格和上网电价下光伏发电收益率

标杆电价	每瓦光伏组件价格(元)									
(元/千瓦时)	6.25	6.50	6.75	7.00	7.25	7.50	7.75	8.00	8.25	8.50
1	40.0%	36.4%	33.0%	29.9%	27.1%	24.5%	22.1%	19.8%	17.8%	16.0%
0.95	35.0%	31.6%	28.4%	25.6%	22.9%	20.5%	18.3%	16.3%	14.5%	12.8%
0.9	30.0%	26.8%	23.9%	21.3%	18.9%	16.7%	14.7%	12.9%	11.3%	9.8%
0.85	25.1%	22.2%	19.6%	17.2%	15.0%	13.1%	11.3%	9.7%	8.3%	7.0%
0.8	20.4%	17.7%	15.4%	13.3%	11.4%	9.7%	8.1%	6.7%	5.5%	4.3%
0.75	15.8%	13.5%	11.4%	9.6%	8.0%	6.5%	5.1%	3.9%	2.8%	1.7%
0.7	11.5%	9.5%	7.8%	6.2%	4.8%	3.5%	2.3%	1.1%	0.1%	-0.9%
0.65	7.5%	5.8%	4.3%	3.0%	1.7%	0.5%	-0.6%	-1.6%	-2.5%	-3.4%
0.6	3.8%	2.4%	1.1%	-0.2%	-1.3%	-2.4%	-3.4%	-4.3%	-5.1%	-5.9%
0.55	0.3%	-1.0%	-2.2%	-3.3%	-4.3%	-5.3%	-6.1%	-7.0%	-7.8%	-8.5%

资料来源:国内知名能源咨询公司行业报告。

表3中阴影部分数据为8%～13%内部收益率区间,也是目前市场行情下投资者对低风险、低增长率、有稳定现金流的投资产品可以接受的中枢收益区间。投资主体实现这一区间的内部收益,是获得融资租赁、资产证券化等银行信贷之外的融资支持的前提。当前光伏组件价格为7000元/千瓦左右,对应上网电价在0.8元/千瓦时左右时,可以维持基本盈利水平。但是如果按照当前电网普遍0.5元/千瓦时以下的上网电价测算,投资光伏发电设施将出现亏损并无法收回投资。

从长期行业发展趋势观察预测,按照国家工信部制定的光伏设备制造行业的发展规划,到2020年,随着国内光伏设备制造企业技术水平的提高和生产自动化、规模化的成本降低效应的显现,光伏组件成本下降到5000元/千瓦,光伏系统成本下降到1万元/千瓦,对应的每千瓦时电力成本将低于0.6元(表3中左侧表外区间),基本可以与0.55元/千瓦时的国家电网总体上网电价持平,光伏发电成为有竞争力的主流电力生产模式。

但现阶段，国内光伏发电设施的建设和应用，主要还是依赖电价补贴和地方政府政策强势推动①。而对光伏发电企业生产的电力给予的上网电价补贴，主要来自地方财政和国家可再生能源基金。国家可再生能源基金的主要收入来源为电网公司向电力用户收取的每千瓦时 0.008 元的可再生能源基金。2014 年可再生能源基金收入为 616.19 亿元，其中绝大部分用于补贴风电、光伏发电和生物质能源发电企业，基金结余寥寥无几。在可以预见的今后几年，随着经济增长放缓和社会用电需求增速下降，可再生能源基金收入不会过快增长，而风电、光伏发电等可再生能源发电设施产能飞速扩张，基金必然会入不敷出。如果维持现有补贴水平，势必会增加国家和地方的财政压力或者增加电力消费者的负担。如何在不大规模增加社会用电成本的基础上，维持光伏发电等可再生能源投资的盈利水平以实现装机规模可持续增长，是困扰光伏发电模式应用的主要难题。

2. 光伏发电设施建设融资缺口

光伏发电设施建设巨大的资金投入也是制约光伏行业长期快速增长的重大瓶颈。按照原有的光伏发电装机"十三五"规划目标，2020 年全国光伏发电装机总量保守估计为 1 亿千瓦，2015 年末，全国光伏发电累计装机预计为 4500 万千瓦，未来 5 年至少要新装机 5500 万千瓦，按照每千瓦光伏发电机组总投资 1 万元估算（集中式电站单位建设成本一般低于 1 万元，分布式一般高于 1 万元），需要总投资 5500 亿元。按照光伏发电设施投资平均资本金比例 30% 计算，需要通过外部机构融资 3850 亿元，而由于光伏发电现阶段高度依赖补贴，盈利前景不明，很多金融机构对此持观望态度。

（三）分布式光伏发电增长潜力巨大

2011 年以后国内光伏发电的建设以地面集中式太阳能光伏电站为主。

① 地方政府的积极性主要来自国家发改委出台的可再生能源配额考核制度，地方政府如果没有完成当期可再生能源装机规模和发电规模任务指标，该地将面临包括停止审批新建其他能源设施的处罚。

虽然国家能源局规划中对分布式光伏装机规模比重设定较高，但2014年分布式光伏装机规模占比不到20%，远远低于世界平均水平。特别是德国、西班牙等光伏新能源应用走在前列的欧盟发达国家，分布式光伏装机比重超过90%，成为光伏发电的主要形式①。

1. 集中式光伏电站建设运营存在问题

集中式光伏电站单体规模普遍在5万千瓦左右，最大的单体电站规模为150万千瓦（相当于中等规模的火电厂）。按照目前每千瓦装机平均电站建设成本1.2万元推算，国内单个光伏电站平均在6亿~10亿元，投资规模门槛在电力行业属于较低水平。集中式光伏电站主要建设地区集中在青海、新疆、宁夏、甘肃和内蒙古西部等光热资源充足、土地成本低廉的地区。投资主体主要包括国电、华能等五大电力集团，神华、中节能和中广核等其他能源央企，汉能、天合、保利协鑫等光伏发电设备制造企业和中民投等特大型民营投资集团。

集中式光伏电站的投资热潮背后存在巨大隐患。电站建设地区主要是广大中西部欠发达地区，这些地区经济不发达，用电量有限，而内蒙古、新疆等地的煤炭、天然气等其他电力能源很充沛，发送电量无法就地解决消化，只有上网外送，增加了国家对电价进行补贴的压力。特别是新疆、内蒙古等传统能源基地，由于火电等传统电能对电网输出负荷已经过大，电网无法消纳光伏发电新增负荷，被迫放掉光伏所产生的电能，造成"弃光"现象，在资源严重浪费的同时，也给光伏发电企业造成经济损失。此外，太阳能电力作为间歇性能源，发电功率存在不稳定性，一地大规模建设光伏电站，容易出现电网负荷不稳定的问题。

2. 分布式光伏发电的有利条件

分布式光伏发电设施单体规模大小不等，建设方式多样灵活。可以建设在建筑屋顶等位置，不会新占用建设用地。分布式光伏非常适用于沿海电力

---

① 当然，这一情况也与欧洲国家的地理状况有关，欧洲缺少沙漠、戈壁等光热充沛、适于建设光伏电站的不可利用的荒漠国土。

需求集中的地区，可以因地制宜地建设在机场、车站、厂房等建筑屋顶、农业大棚棚顶和鱼塘上方，产生的电力直接供应给工商企业、农户等用电主体，剩余电量以国家补贴的分布式光伏上网电价售予电网公司。

目前国内各地工业用电价格普遍在 0.8 元/千瓦时以上，沿海地区工业用电价格更高，同时国内工业企业用电价格实行峰谷价差机制，在用电高峰的白天工作时间段（也是光伏发电主要时间区间），单位电价甚至超过 1元，已经高于现阶段 0.8 元/千瓦时的光伏发电成本，工业企业利用自建分布式光伏发电设施，自发自用可以节省电费。很多地方农户从农村电网购电，地方农网电价总体偏高，特别是在农忙季节用电高峰期，单位电价也会超过 1 元，农户使用分布式光伏发电设施也很划算。

从现实情况出发，分布式光伏发电直接贴近终端用电需求，减少电网输送环节损耗，相比于"全发全售"的集中式光伏电站，"自发自用，剩余上网"的分布式光伏发电设施，给国家财政带来的补贴压力更小。考虑到光伏发电装机与电力需求的地域不平衡性，中东部用电大省更需要加快分布式光伏发电设施建设来实现能源局下达的装机配额指标，中东部省份虽然土地资源紧缺，但适宜建设分布式光伏设施的工业厂房、仓库、居民屋顶、农业大棚和鱼塘等资源充足，发展分布式光伏大有可为。2015 年国家能源局的光伏装机规划中，分布式光伏装机规划 700 万千瓦，比重接近一半；而新增分布式光伏装机主要集中于江苏、山东、河北和广东等工业发达的沿海用电大省。

从两种光伏发电设施建设的融资情况来看，集中式电站的投资主体多为央企等大型企业集团，投资商资本实力较为雄厚，容易获得银行机构的大规模信贷支持，融资租赁由于资金成本相对较高，对于收益较低的光伏电站而言性价比不高。虽然也有国开行旗下的国银租赁 200 亿元的光伏电站融资租赁业务投放量，但大型光伏电站建设融资中，融资租赁模式不是主流，主要应用于建设开发阶段（只有建设并网投运的电站才可以获得银行经营贷款）。

分布式光伏设施的投资使用主体复杂多样，包括专业电站运营商、市政部门、用电企业、商用物业业主、农业生产者乃至普通居民。分布式光伏单体建设投资规模都不大，最小的家用4.5千瓦光伏发电系统，市场售价只有4万元左右。分布式光伏设备融资需求主体多、小、散、杂的特点，使银行等大型金融机构难以或不愿涉足这一领域。分布式光伏发电设备融资，单体融资规模不大，更接近于小微贷款融资或者消费金融服务，可以承受的融资成本为8%~10%，高于一般银行信贷水平。融资租赁和其他租赁企业可以发挥业务模式灵活多样的优势，开拓这一极具增长前景的租赁蓝海市场。

（四）光伏发电设备租赁对接互联网金融的创新模式

光伏发电设施融资，特别是分布式光伏发电设备融资，十分适宜于作为互联网金融的投资标的。首先，光伏发电业务模式简单易懂，相比于为生产经营型企业提供融资，更容易获得普通投资人的理解；其次，分布式光伏发电不同于生产制造企业，通常都是先有需求再进行生产，现金流状况良好，特别是对于很多自发自用的工商企业，投资分布式光伏发电不是创造收入的"开源"，而是减少日常固定支出的"节流"，对于投资者而言市场经营风险较低；再次，分布式光伏发电设施一般固定于房屋建筑上，设备承租人一般是房屋建筑的业主，房屋建筑的价值又远高于光伏设备，光伏发电设备是最接近不动产的动产，光伏发电设备租赁可以实现等同于不动产租赁的"跑得了和尚跑不了庙"的效果，相比于其他动产租赁，租赁物遗失风险最小；最后，分布式光伏发电设施租赁标的一般是光伏发电面板，光伏面板基本上属于标准化同质产品，相比于机械设备等差异性强的租赁物标的，光伏面板更易转让处置。

光伏发电设施是所有电力生产装置中技术门槛最低、规模经济效益最不明显、对自然地理条件依赖程度最低的，最适合于小规模分散配置。在可以预见的时期内，太阳能光伏融资是互联网金融唯一可以介入的能源生产领域。

目前互联网金融领域最典型的光伏发电设施租赁业务模式，是由光伏行业知名企业家、光伏制造龙头企业赛维集团创始人彭小峰利用美国纳斯达克上市公司 SPI 设立的绿能宝网络融资平台。该平台有别于一般互联网金融模式，主要业务模式如下。

投资者在互联网平台选择投资项目标的承租人（分布式光伏运营商或者自建光伏发电设施的用电企业）——从绿能宝关联光伏面板销售网站"阳光动力电商平台"购买指定厂商供应的光伏面板——投资者委托绿能宝网下机构将面板租赁给选定标的承租人——承租人光伏发电运营主体每月按照规定金额支付投资者租金。

与一般互联网金融平台向投资者销售融资产品标准化收益份额不同，绿能宝网销售的是有形的实物租赁资产光伏面板，投资者将拥有所有权的标准化光伏面板（一块 255 瓦标准单位面板标价 2500 元）租赁给承租人，承租人定期支付租金。这种模式可以视作一个销售光伏发电设备的 B2C 电商平台和一个互联网 P2B 融物平台。开展光伏面板经营性租赁业务的出租人主体是广大分散的网上投资人，而绿能宝网只是起到提供租赁活动中介服务、代收租金的作用。

投资者对租赁物具有所有权，光伏面板固定在建筑物上，不可移动分割，相比于现金借贷，安全性有了很大保障。此外，绿能宝公司不参与租赁业务，租赁业务的经营主体是广大投资人，绝大部分投资人的月租金收入不足每月 2 万元的营业税起征点（各地标准不一），租赁收入可以免税。

绿能宝平台目前已经有多家央企、众多国内知名民营企业家和投资人加入，销售额和投资人数量不断增长。这种模式最终成效如何还需要市场的检验。

三　电动汽车行业充电设施及车辆租赁市场分析

电动汽车作为一种交通工具和车辆动力使用模式，存在历史很久，但长期没有大规模普及应用。2006 年后国际石油价格上涨，导致世界范围内电动车产业迅速崛起，成为市场的热门。各大传统汽车制造集团纷纷投资研制电动新能源汽车，并推出电动车或者混合动力车型。而以特斯拉为代表的电动车新兴领先企业，发展势头更为抢眼，特斯拉的股票市值一度超过老牌巨头通用汽车公司。

我国作为一个石油进口依赖度较高的国家，国家高层对发展电动汽车以减少石油进口、改善城市环境寄予很大期望。特别是在电动汽车领域，国内外车企起步差距不大，这是本土自主品牌车企赶超世界先进水平的重要机会。以比亚迪公司为代表的国内新能源车企在电动车研发生产方面取得重大突破，国内新能源电动车市场迎来前所未有的发展机会。

（一）充电设施建设融资总体市场需求分析

由于国家对新能源汽车实行补贴政策，电动汽车企业取得技术研发突破，电动车产品性能和稳定性不断提升，特别是国内大城市对电动汽车实行不限购、不限行的优惠政策，国内电动汽车销售呈现爆发式增长态势。电动汽车产销量从2012年以前的不足1万辆增长到2014年的8.49万辆，增速十分抢眼。2015年上半年，电动汽车销量高达71102辆，增速超过一倍，预计全年销量可以突破20万辆，占全球电动汽车销量比重超过1/3。目前国内电动汽车存量已经超过20万辆，成为仅次于美国的世界第二大电动汽车市场。

在电动汽车销售高速增长的背后，值得注意的是，2014年电动汽车销售构成中，纯电动汽车比重仅占67%，其余为插电混合动力汽车。而在5.7万辆纯电动汽车销售量中，又有超过1/4是电动客车，而代表电动车市场主流的纯电动乘用车销售量仅占电动汽车总销量的一小半。

1. 充电设施建设需求迫切

制约纯电动汽车普及的原因，除了购车价格高、续航里程短、动力性能差和车辆款式少等问题外，最为核心的问题就是充电设施不足。电动汽车行业发展的关键瓶颈就是充电设施数量不足和分布范围不够大。如果充电设施不足，电动汽车车主用车极不便利，就会打消购买电动车的念头；而电动汽车存量不足，又导致充电设施投资者收入难以弥补巨大的投资成本，经营亏损从而不愿投资建设充电站。电动汽车数量增长和充电设施建设之间的"先有鸡还是先有蛋"的困境无法借助市场规律打破，必须通过政府牵头、行业各方力量协同解决。

美国、日本和德国等电动汽车产业发达的大国都将充电设施建设作为发展电动汽车产业的重中之重，仅日本一国就规划 2020 年建成 200 万个充电站。我国政府高度重视充电设施建设，根据工信部的《电动汽车科技发展"十二五"专项规划》，2015 年国内要建成 40 万个分布式充电桩和 2000 个专业充电站，但现实让人大跌眼镜。截至 2014 年底，我国只建成 30614 个充电桩和接近 700 座充电站，按照现有建设进度，完成规划目标的希望十分渺茫（见表 4）。

表 4　主要电动汽车销售市场充电设施数量对比

国别	美国	中国	日本	德国	法国	荷兰	英国	加拿大
电动车数（辆）	287633	113355	104527	45020	43440	24419	21425	10778
充电桩数（个）	27784	30614	40000	12114	8600	6208	2821	2866
桩车比（%）	9.7	27.0	38.3	26.9	19.8	25.4	13.2	26.6

资料来源：美国麦肯锡公司专业咨询报告。

从表 4 对比中可以看出，虽然国内充电桩数量和电动汽车数量的比重（表中"桩车比"）高于美国等一些发达国家，但国内充电桩主要是家庭自用，面向公共需求的专业充电设施严重不足。从动态趋势来看，2012 年我国桩车比高达 74%，由于 2013 年以后电动汽车销量飞速增长，充电设施建设远远滞后于电动汽车普及速度，桩车比大幅下滑。美国充电桩数量虽然略少于中国，但充电设施主要面向公众使用，设施利用率高。同时国内充电设施还存在设备型号各异、充电标准不统一、设施兼容性差的严重缺陷。充电设施建设存在居民社区物业不配合、加油站等现有利益集团阻挠、地方政府保护本地车企等重重障碍。

2. 大规模基础设施建设正在开展

为了突破基础设施的瓶颈，国务院出台《关于加快电动汽车充电基础设施建设的指导意见》，提出充电设施建设要适度超前，力争在 2020 年之前，按照满足 500 万辆新能源电动汽车的需求，建成 450 万个各式充电桩，建成 1.2 万个专业充换电站。各大中城市和电动汽车试点推广地区，开始出台充电设施建设规划，其中 2015 年北京市就规划建成 35700 个充电桩，深圳市则规划建设 220 个商业充电站。按照每个充电桩 2 万元①、每个标准化中等规模充电站 400 万元投资计算，到 2020 年国内充电设施累计市场规模将近 1400 亿元。充电设施一次性投入巨大，投资回收期较长，需要各种融资手段满足巨大的投资缺口。

（二）细分市场需求融资租赁机会比较

为了满足新能源电动汽车快速增长的需求，国内主要城市和电动汽车试点地区需要建立一个体系庞大、主体多样的充电设施网络。其中按照分布地点、设备类型和运营主体的差异，主要分为家庭自用、物业配套、运输企业自用和经营性充电站四大类，各自特点如表 5 所示。

在上述四类充电设施中，A 类和 C 类属于自用，B 类和 D 类属于他用；A 类和 B 类属于小型分布式充电设施，C 类和 D 类以大型集中充电设施为主（C 类租车公司主要是中小型设施）。不同类型充电设施细分行业，对融资的需求存在很大的差异。

第一，家庭自用充电市场。私人购买充电装置一般放置于自家停车位，很多电动汽车生产销售企业在销售电动汽车时经常赠送家用交流充电设备。即使车主单独购置充电桩，价格也在 1 万元以下，相当于一般大件家电。考虑到国内电动汽车特别是纯电动汽车普遍售价较高，电动汽车购买者一般经济条件良好，完全可以一次性承受家用充电桩的购买支出。该领域虽然潜在市场空间巨大，但基本没有成规模的融资需求。即便有融资需求，也是类似于消费信贷或者汽车金融模式，没有开展融资租赁业务的空间。

---

① 此处为各类充电桩的折算平均价格。一般市面上的商业小型直流快充桩价格为 5 万~8 万元不等，家用交流慢充桩价格为 5000 元左右。充电桩制造工艺技术十分成熟，产业化程度高，未来没有成本售价大幅降低的可能性。

表 5　各类充电设施基本情况对比

类别	场地	充电设备类型	电网接入	充电时长	充电时间段	服务车辆	收费营利	购置主体	购置动机	数量上限
A. 家庭自用	住宅小区停车场	家用慢充交流充电桩	现有 220V 民用电网即可	较长,8~10 小时	夜间或休息日	车位业主私家车	自用非营利性	私家车主	满足个人车辆充电需求	数量巨大,理论上每个潜在需者都有购买电动车需求,电动车普及的大城市可以超过 100 万个
B. 物业配套	商业办公建筑的停车场	商用交流、直流快速充电桩或充电柜	现有民用电网,部分需要专门拉线	半小时左右	白天	商场顾客或者办公、办事人员车辆	免费、收费或者选择性收费	物业业主、经营方、合作运营商	吸引顾客光临或满足租户、员工需求	数量较多,大型写字楼、商业综合体都有可能建设,一般特大城市此类建筑有几百座至上千座不等
C. 运输企业自用	公交场站、出租车公司停车场、环卫公司停车场、租车公司网点店面等	大型集中式直流快速充电站	新建或改造专用电网	半小时至一小时	全天	公交车辆、出租车、环卫车等运营车辆	自用非营利性	公交、出租车运营公司	满足企业内部车辆充电需求	公交公司和环卫公司数量较少,视城市规模而定,国内最大城市不会超过 100 个,租车公司数量视网点店面数量而定
D. 经营性充电站	机场火车站等交通枢纽、高速公路出入口、大型公共停车场,与现有加油站分布基本重合	商用直流快速充电桩或者电池更换设备	新建或改造专用电网	直接充电半小时左右,换电池最快 5 分钟	全天	各类来往社会车辆(一般限乘用车)	收费营利性	国家电网、三大石油公司等央企、新能源汽车制造商和各路民间资本	央企响应国家政策,民间车企及投资者获得经营利益	数量较多,国家电网全国规划建设 1000 余个,预计各类主体全国建设总量可以达到 2 万个,总量甚至会与目前加油站数量等同

资料来源：券商报告翻译引用瑞士 ABB 公司报告。

第二，商业综合体、写字楼等物业配套。这部分需求理论上规模很大，但现实中市场需求增长存在很大不确定性。对于商业物业业主和经营主体，充电服务不是主营业务，只是为吸引更多人流、客流（电动汽车用户）向客户提供配套附加服务，因此建设必要性不大。特别是在相当长一段时期内，电动汽车使用者数量较少，这种营销功能更加不显著[①]。因此，即使有物业业主开发商建设充电设施，更多的也是一种追赶潮流行为或者宣传环保公益，而非出于对现实利益的考量。北京、上海、深圳等城市出台政策要求新建公共建筑按照停车位比例配建充电装置，但是对于绝大多数已建成的商业综合体和写字楼，充电设施建设全凭业主意愿。同时，充电设施经营管理存在专业技术门槛，很多物业业主经营者会选择和 D 类专业充电运营商合作。对于自建充电设施的物业业主开发商而言，建设一个标准充电站的投资额在1000 万元左右（具体测算见后文表6），相比于单个商业综合体、办公楼宇动辄 10 多亿元的物业市值微不足道，融资需求特别是融资租赁需求不甚强烈。

第三，运输企业自用充电设施。公交公司、出租车公司和环卫公司充电设施虽然数量总体不多，但是单体规模都较大，一个满足 20 辆公交客车同时充电的公交充电站单体建设投入高达 1200 万元。这些机构中，出租车公司由于常年收取高额份子钱获得暴利，资金充裕，建设充电设施较少依赖外部融资。但对于公交公司和环卫公司，作为社会公益性企业，盈利状况普遍不佳甚至亏损，资金状况紧张。很多公交企业的新能源公交客车通过融资租赁方式获得，而充电设施建设需要大笔前期投入，如果选择融资租赁方式，将极大地减轻公交公司和环卫公司等公共服务企业的资金压力，有利于电动车辆的推广应用。国内部分融资租赁公司积极和地方政府合作，向地方公交公司提供电动车辆及充电设施融资服务。按照 2020 年规划建成 3850 座公交充电站、2450 座环卫车辆充电站计算，这部分投资规模将近 80 亿元，虽然总量不大，但是融资租赁企业可以广泛介入。

---

① 对于写字楼尤为如此，即使电动汽车完全普及，也不大可能会有雇主企业基于员工汽车充电便利性而考虑办公选址。

第四，经营性充电站。这部分市场是国内充电设施建设的主流，也是市场规模最大的部分。但经营性充电站经营投资主体多样，不同主体的融资需求差异十分显著。

对于目前市场份额最大的国家电网公司、南方电网公司、中石油和中石化等特大型央企，自身资本规模都在万亿数量级，相比之下百亿规模的充电设施投资可以说是九牛一毛，这些企业获得信贷极其容易，2014年国家电网集团就获得银行4000亿元授信。这些企业进行电动汽车基础设施建设，融资不存在问题，因而几乎没有融资租赁企业开展业务的空间。

对于电动汽车制造企业，无论是比亚迪等民企，还是北汽、广汽等地方国企，都是各地政府重点扶持企业，建设充电设施不计较一时损益，建设投资来源也不成问题。而宝马、丰田等国际汽车巨头，本身财大气粗，在中国建设充电设施出于战略投资需要，更加不需要融资支持。

只有最后一类——民间充电设施投资主体，对外部融资的需求较大。目前国内民间充电运营商主要是充电设施制造企业，多为电气机械类上市公司，虽然资本市场上电动汽车概念火热，获得融资较为容易，但设备制造运营企业毕竟不是金融机构，其资金利用机会成本很高，特别是面对快速增长的充电设备市场，资金投入捉襟见肘，不会让投入巨大的充电站建设占用更多自有资金，亟须外部融资。现阶段由于电动汽车普及程度较低，绝大部分营业性充电设施入不敷出，亏损严重，很难获得银行机构的信贷支持，设备融资租赁成为合适的选择。对于充电设备制造商而言，通过与融资租赁公司合作，可以促进产品向更多充电设施经营主体销售。

表6 3种类型充电设施模组设备投资对比构成

类别	商用直流充电桩	家用交流充电桩	快速直流充电机
服务车位数(个)	2000	2000	2000
设备型号数量	17台30千瓦直流充电桩	2000台7千瓦交流充电桩	2.5台120千瓦直流充电机
数量测算依据	单机半小时充一辆车,单机日均运营15小时约充30辆,每车年充90次	每车位一座充电桩	单机10分钟充两辆车,单机日均运营16小时约充200辆,每车年充90次

类别	商用直流充电桩	家用交流充电桩	快速直流充电机
单价(万元/台)	15	0.5	80
总投资(万元)	235	1000	200
占地	每台1.5平方米,总计23.5平方米	无	每台12平方米,总计30平方米

资料来源:普天能源科技公司产品解决方案宣传材料。

(三)新能源汽车分时租赁商业模式研究

2008年以后,伴随着国内汽车市场的高速扩张,国内汽车租赁行业迅速成长起来。特别是大城市限号、限行等防止拥堵措施的实行,加快了租车模式的普及速度,市场出现了神州租车等行业龙头企业。国内租车企业网点基本覆盖了国内大中小城市,租车成为国内消费者一种常见的用车方式。虽然目前国内租车企业开始尝试购置新能源汽车进行对外出租,但租车企业提供的主流车型还是以燃油汽车为主。新能源汽车与普通燃油汽车在购置成本和使用成本之间的差异性,决定了新能源汽车与租车行业有着不解之缘。

受电池等动力组件原料成本高企、规模化产能不足和良品率低等问题困扰,电动汽车特别是纯电动汽车的销售价格要明显高出同规格尺寸的燃油汽车。即使扣除国家财政补贴,常见的A级纯电动家用轿车的购置价格也要高出同品牌同规格1.2升排量的燃油车8万元左右。纯电动汽车由于消耗能源为电力,在目前的电价和油价下,纯电动汽车每公里能耗成本平均为同规格燃油汽车的30%~70%不等(家用充电电价较低,充电站价格高低不等,普遍高于家用电价)。因此,行驶里程越长,纯电动汽车相对同规格燃油汽车的增量购置成本摊薄越小,在一定累计行驶里程之上,单位里程摊薄增量购置成本会低于单位里程的能耗节约金额,电动汽车的经济效益此时才可以显现。根据国内知名汽车资讯网站太平洋汽车网的实地评测数据对比,目前几款主流国产纯电动汽车,平均行驶里程要超过18万公里,综合用车成本才会低于同样里程时同规格尺寸的燃油轿车。这一系列数据对比也解释了纯电动汽车为何首先应用于日均行驶里程较长的出租车行业。

　　按照目前国内纯电动汽车最低经济性行驶里程 18 万公里计算，一般家庭轿车年均里程不到 2 万公里，达到经济性的行驶里程需要 9 年以上。而这里的测算没有考虑资金的时间成本，电动汽车的经济性只有通过未来汽油价格大幅上涨才能得到充分体现。电动汽车高购车成本和短期难以实现的经济性，是制约新能源汽车走入家庭的重要原因。

　　目前市面上纯电动汽车的最低租车价格为 180 元每日，同类规格尺寸的燃油轿车日租金为 90 元~120 元。按照 90 元以上的日租金价差，在电动汽车租车不用缴纳燃料费的情况下，对照经济型轿车每百公里油耗 6 升和每升油价 6 元，每日行驶里程 250 公里以上，租赁电动汽车才划算。

　　传统的租车服务一般以一日为最短租车时间段，租车、还车都在同一租车商旗下各个门店完成。但随着基于位置服务（LBS）的移动互联网技术、基于物联网信息平台的车联网技术和与个人身份信用信息绑定的移动在线支付技术的应用推广，2014 年以后国内出现了"随时随地租车还车、按照小时收取租金"的分时租赁创新业务模式。这种租赁模式满足了无车用户临时、短时间、随机性的用车需求，减少了取车、还车的麻烦，十分便利实惠，广受用户欢迎。另外，分时租车、随地同步借还的模式，形成了租车用户之间的接力用车，相比汽车日租极大地提升了车辆使用效率。按照理想状态，一天 16 小时内租车户接连不断交替使用，出租车辆日均使用里程可以高达 600 公里，超过出租车平均 500 公里的日均行驶里程。按照一年 300 个经营日期计算，年均出租运营里程就可以达到 18 万公里的电动汽车经济性里程下限。相比于日均行驶里程不定的日租模式，分时租车车辆利用效率更高，电动汽车的节能经济效益会更早显现。

　　虽然电动汽车分时租赁模式还不成熟，存在充电网点覆盖不足、租户交车不及时等问题，但这种创新模式受到互联网界、电动汽车界业内投资者的大力追捧。行业内涌现出一批基于移动互联网服务应用的创新型租车企业，以北汽为代表的电动汽车制造商也积极投身此行业，发起设立了绿狗（Greengo）租车公司，推广自有品牌电动汽车和分时租赁业务。随着这种商业行为的普及，租赁车辆数量势必会大规模增长，而大部分分时租车公司是基于互联网平台的轻资产技术运用企业，资本较为匮乏，无法承受电动汽车巨大的采购支出，也无法获得银行信贷支持。分时租车领域现有企业主要依靠自有资本以及风险投资资金，开始尝试包括众筹在内的互联网金融模式。针对这一新生市场需求，向分时租车公司提供新能源汽车融资租赁业务，也是一种适宜的融资方式。

四 环保行业租赁市场分析

环保产业是近年来兴起的重要产业部门。长期以来，我国在经济高速发展过程中，对环境问题重视程度不够、投入不足，企业生产和居民生活中产生的环境污染问题十分突出。目前，我国环境恶化状况严重，很多主要河流水质差、湖泊暴发蓝藻、城市周边垃圾堆积如山，特别是 2012 年后主要城市爆发的雾霾问题，更是成为全社会关注的热点。

国家高层对环境保护十分重视，先后出台了各项环保法律法规。2012 年党的十八大报告将生态文明建设提入议程，并将"美丽中国"作为发展目标写入"十三五"规划。2015 年初，被称为"最严格的环保法"出台，新一轮环保风暴即将开启并将长期持续，环保设备及服务行业将迎来黄金发展时期。

（一）环保市场规模和增长情况

受益于国家环保政策的支持和企业、居民环境意识的增强，"十二五"期间我国环保行业市场容量增长迅猛，市场规模①从 2011 年的 2738 亿元增长至 2015 年的 5383 亿元（预测值，下同），环保行业市场规模年均复合增长速度达 18.4%，高于同期国内生产总值增速（见图 3）。

按照环保行业具体构成分类，环保行业主要包括空气治理、水处理和固体废弃物处理（简称固废处理）三大类。各自细分行业构成如下：空气治理涉及脱硫、脱硝、除尘和重金属回收等；水处理涉及水务建设、中水回

---

① 此处市场规模不仅包括设备制造销售，还包括建设、研发、运营和服务等各个产业链环节。

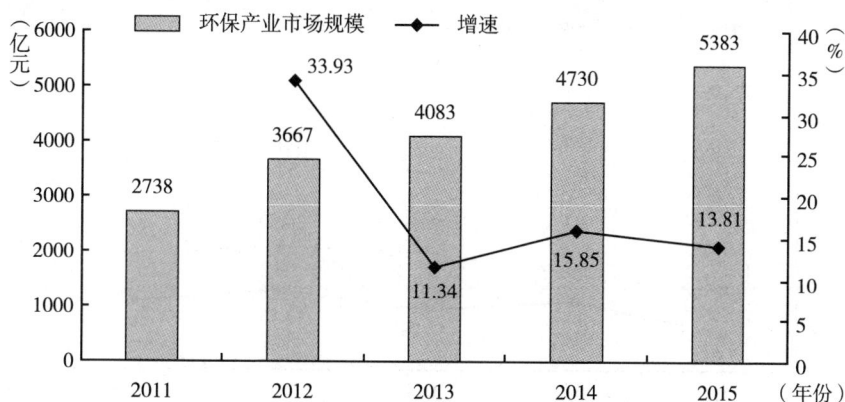

图3 "十二五"期间国内环保行业市场规模增长情况

资料来源：环境保护部环境与经济政策研究中心。

收、污水处理、原水处理、污泥回收和水体修复等；固废处理涉及餐厨垃圾回收处理、垃圾填埋、废旧物资回收、医疗等危险垃圾处理等。

"十二五"期间，三大行业的市场规模和增长情况如表7所示。

表7 "十二五"期间三大环保子行业市场规模增长变化情况

单位：亿元，%

细分行业	2011年市场规模	板块市场规模比重	2012年市场规模	板块市场规模比重	2013年市场规模	板块市场规模比重	2014年市场规模	板块市场规模比重	2015年市场规模预测值	板块市场规模比重
空气治理	251	9.17	591	16.12	571	13.98	878	18.56	873	16.22
固废处理	515	18.81	824	22.47	1121	27.46	1386	29.30	1557	28.92
水处理	1972	72.02	2252	61.41	2391	58.56	2466	52.14	2953	54.86
全部	2738		3667		4083		4730		5383	

资料来源：环境保护部环境与经济政策研究中心。

从各行业总量和比重来看，水处理行业市场规模比重最大，但总体增长速度最慢，5年复合增长率在10%左右，远远低于空气治理和固废处理30%以上的市场规模增速。但空气治理市场规模在2012年爆发性增长以后，2015年增长速度明显回落。而固废处理市场规模一直维持高速平稳的增长态势，占环保市场比重总体提升，只在2015年略有下降（见图4）。

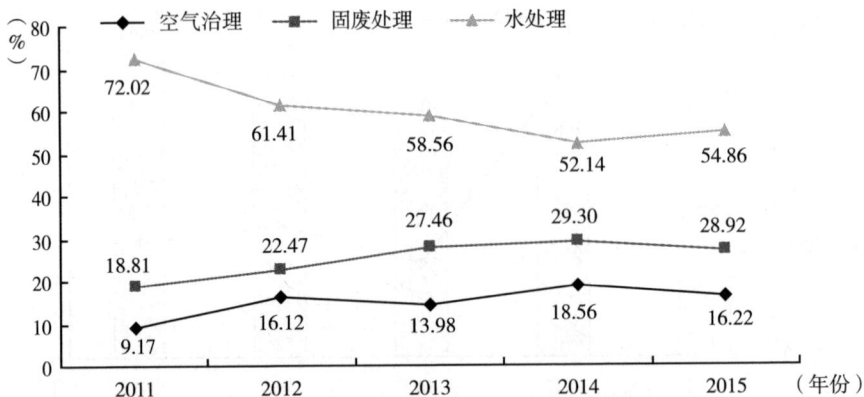

图4　"十二五"期间三大环保行业市场规模比重变化

未来"十三五"期间，随着国家环境治理工程加快推进，一系列环境规划和政策先后出台，环保市场规模仍将维持高增长态势，业内普遍预计"十三五"期间全社会环保方面投入将为7万亿～10万亿元①，巨大的市场空间为行业发展带来极大利好，而巨大的融资缺口也是环保事业发展的主要障碍，融资租赁行业可以从中获得很大的投资机会。

（二）空气治理行业融资租赁市场机会

空气污染治理环保行业起步最晚，目前市场规模在三大行业之中占比最小，但"十二五"期间增长最为迅猛。空气污染不同于水源污染和固废土壤污染，是唯一一种受害范围涉及全体社会成员的污染形态，因此虽然个体伤害最小，却受到公众舆论的广泛关注。特别是2012年国内发生大范围雾霾，环保部门承受了巨大的社会压力，在治理大气污染方面采取严厉有效措施，对空气污染治理加大投入，空气治理初见成效。但截至2015年，国内主要城市空气达标天数依然不理想，治理空气污染任务十分艰巨。2014年末，全国人大常委会对大气污染防治法进行修改，更为严厉的大气环保标准即将出台。

---

① 社会环保总投入不等同于环保行业市场规模，还包括政府公共部门内部支出如行政监管费用等，形成市场需求的部分要小于总体环保支出。

1. 污染来源分布

大气污染治理的思路主要是追根溯源，针对污染物的来源进行逐项治理解决。根据北京市环保部门和科研机构的长期调查统计，最受居民关注的污染物 PM2.5（小于 2.5 微米的颗粒物）主要来源是机动车、燃煤、工业生产、扬尘等，分别占总量的 31.1%、22.4%、18.1% 和 14.3%，餐饮、汽车修理、畜禽养殖、建筑涂装等其他途径排放的 PM2.5 占总量的 14.1%。北京市作为特大城市，机动车数量众多，重工业不发达，从全国主要污染区华北、华中、长三角等重工业区来看，最主要的污染源就是燃煤和工业生产。机动车污染问题需要石油炼化企业进行油品升级加以解决，因此该领域不涉及环保设备企业。国内空气污染治理环保市场主要集中于燃煤和工业废气治理。

空气污染治理有别于水污染和固废污染治理，空气污染物无法通过管道收集到专业治污机构（污水处理厂/垃圾场）进行集中处理，只能通过对每个污染源排放主体单独安置处理装置进行分散治理。因此在三类污染治理投资中，空气污染治理设备投入占比最高。而空气污染环保设备的潜在销售客户也最为分散，数量最多。

2. 火电行业空气治理环保融资市场空间有限

空气污染治理主要细分领域为脱硫、脱硝和除尘，2014 年 3 个主要细分市场规模为 250 亿元、300 亿元和 160 亿元，3 个细分市场中来自火力发电行业的市场比重都很高，特别是脱硝领域，火电行业贡献了超过 90% 的市场份额。但随着我国火电装机规模增长速度的减缓，以及"十二五"期间大规模的投入建设，现有的火电机组 90% 以上完成了脱硫、脱硝和除尘方面的环保改造，火电行业整体排放状况基本达标。按照国内最新出台的火电超低排名标准，烟尘、氮氧化物和二氧化硫等主要污染物排放指标已经接近零排放的水平。因此，除了对已有火电机组进一步进行超低排放标准的改造外，火电行业空气治理环保市场规模很难增长，很大可能会回落。

火电行业空气治理环保投入，主要通过发电企业分享国内电价中的脱硫、脱硝和除尘附加电价获得，三者相加共计 2.7 分每千瓦时，按照全国每年 5.5 万亿千瓦时的用电量计算，三项附加电费累计为 1485 亿元，高于空气治理总体市场规模，更高于火电空气治理年均投资额。火电企业本身多为大型央企，获得低成本银行信贷融资较为容易，对环保设备融资租赁普遍不感兴趣。加之 2013 年后煤价下跌，火电企业盈利状况改善，更加不需要通过高成本融资进行环保设备投入。而市场供应主体——火电行业空气治理设备总承包商（EPC）多为国电、华电和中电投等央企下属企业，也不需要通过融资租赁手段促成设备销售。因此火电领域空气治理环保市场融资租赁业务机会不多。

3. 工业生产领域空气治理环保融资大有可为

随着火电领域空气污染治理不断取得成果，另一大污染源头工业（主要是重化工业）生产领域的污染问题日渐凸显。根据 2012 年国家环保部对烟尘、氮氧化物和二氧化硫三大主要空气污染物来源所进行的分析，除了氮氧化物来源构成中电力行业占比过高之外，其他两项污染源都以非电力行业为主，特别是烟尘污染物，非金属制品行业（水泥业、陶瓷业和玻璃业等）占比高于电力行业，而黑色金属冶炼行业（钢铁业）污染物排放比重也很高（见图 5 至图 7）。

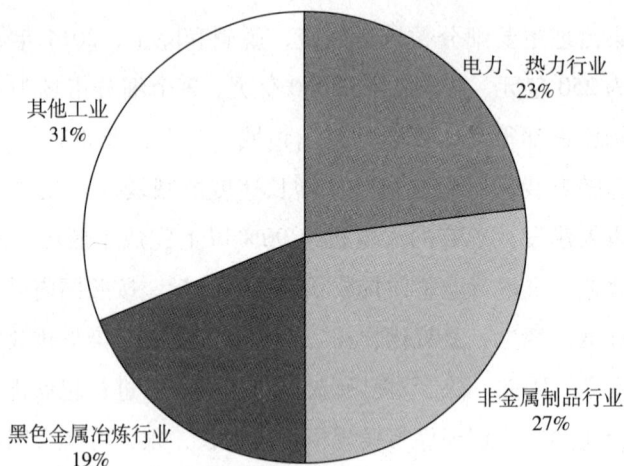

图 5　2012 年国内烟尘污染物来源行业比重

资料来源：《全国环境统计公报（2013 年）》。

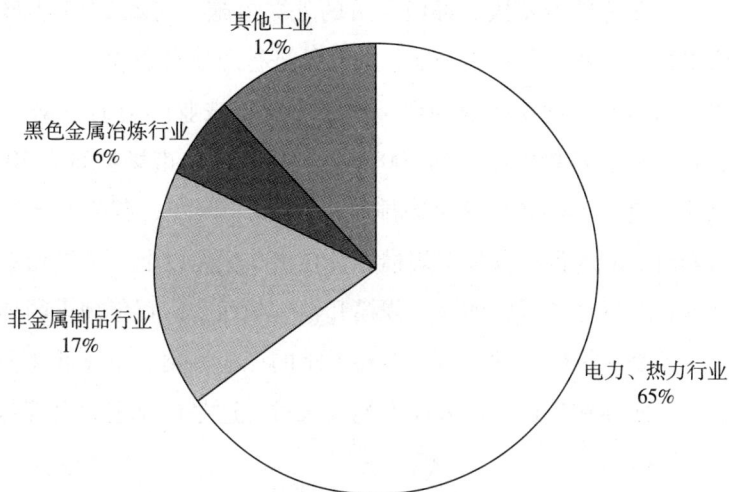

图6 2012年国内氮氧化物污染物来源行业比重

资料来源：《全国环境统计公报（2013年）》。

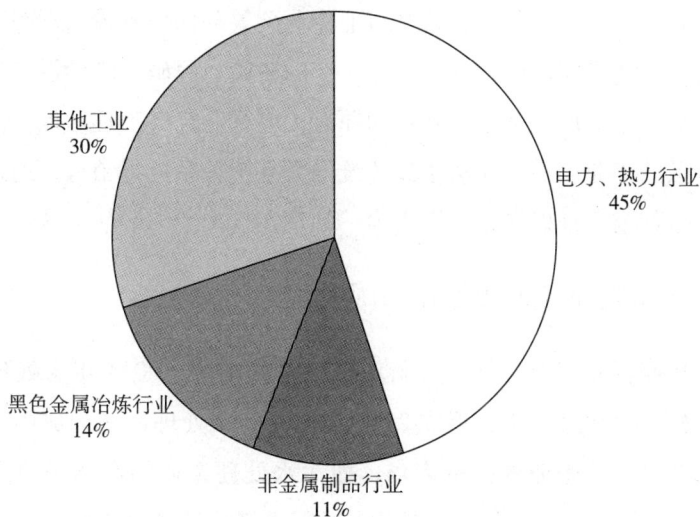

图7 2012年国内二氧化硫污染物来源行业比重

资料来源：《全国环境统计公报（2013年）》。

通过对污染物来源的分析可以看出，今后空气污染治理的重点是钢铁、水泥、玻璃、陶瓷和化工等高污染、高能耗和高排放行业。这些行业市场主体分散，环保改造更需要执法部门严厉的处罚措施，随着 2015 年最为严厉的环保法出台，这些行业污染企业被迫开始进行环保自我改造。

以主要污染行业钢铁行业为例，根据中国钢铁业协会的数据，2015 年全行业脱硫环保设备投资额达到 100 亿元，行业除尘市场空间为 20 亿元左右（钢铁生产基本不涉及氮氧化物排放）。水泥、陶瓷、有色冶金和化工等其他高污染行业的环保设备投资规模总计在 100 亿元以上。虽然相对于钢铁行业和其他行业万亿数量级的资产规模和销售额而言，百亿规模的环保投入微乎其微，但是考虑到钢铁等行业存在严重的产能过剩、市场低迷和亏损严重的困境，一次性在环保设施方面大笔投入对于这些行业企业而言是雪上加霜。

环保投入无法直接使污染企业受益，污染企业主动性不高。在上述污染行业，推广普及空气治理环保设备，除了政府强制措施外，考虑到污染企业的难处，适宜的融资手段不可或缺。银行等主要信贷机构对钢铁企业等产能过剩行业企业逐步收紧信贷，这些行业企业购置环保设备最为理想的选择就是融资租赁。从供应商的角度，工业生产的脱硫、脱硝、除尘设备与火电行业大同小异，主要厂商基本一致。而原有火电行业空气治理环保厂商，面对众多而分散的工业用户，无法依靠传统电力系统关系进行销售，通过与融资租赁企业合作推广环保设备，不失为一种现实选择。

（三）水处理行业融资租赁市场机会

虽然按照目前国内环保三大行业市场份额构成，2014 年水处理行业总体市场规模占比超过一半，但在 2000 多亿元的水处理市场构成中，大部分市场份额来自水务企业的投资需求，而污水处理企业的市场规模只有不到 500 亿元。从严格意义上讲，这部分市场需求属于基础设施投资行业，并不属于环保产业范围。

1. 传统水务建设行业市场融资需求有限

水务产业在过去 10 多年中国城镇化快速发展的浪潮中增长迅猛，根据水利部发布的统计数据，2012 年国内已建成的自来水供应设施总容量已经达到 2.5 亿立方米每日。在自来水普及率方面，主要城市基本普及自来水，县城自来水普及率也超过 90%，只有乡镇以下地区还没有普及自来水。相对于中国现有城市人口规模和城市化率，国内水务供应建设已经基本饱和，未来增量需求只能来自城镇化进程加快所带来的城市人口增长，因此该行业很难维持较高的增长速度。

目前国内水务建设基本饱和，行业龙头企业主要是对现有地方中小水务企业进行并购整合，行业新增投资不多。水务设施建设投资规模巨大，主要是建筑和管网设施投资，水处理设备在总投资中占比不大，一般不超过 1/3。国内水务行业龙头企业一般拥有地方政府、央企和跨国公司强大的背景，易于获得基础设施建设信贷融资。很多龙头企业如首创集团等，还是境内外资本市场上市公司，由于水务资产现金流状况良好，利用资产证券化等融资工具的条件较为成熟。目前国内水务建设领域融资租赁业务渗透并不普遍，参与主体主要是大型金融租赁公司，业务模式主要是水务企业向融资租赁公司出售管网资产并进行售后回租。

2. 污水治理行业市场空间巨大

我国水资源环境领域的突出问题除了人均水资源占有量远低于世界平均水平、水资源匮乏之外，还有水源污染这个环保部门十分关注的严重问题。目前国内主流江河、湖泊水质状况不容乐观，其中污染严重的劣 V 类水体比重高达 20%。而水体污染最为严重地区是华北、山东、长三角、珠三角等工农业生产发达地区，工业污水未经处理排放是国内水源污染的主要根源。根据环保部统计公报，2013 年国内污水排放总量为 210 亿吨，这一数字远远低于同期工业用水 1200 亿吨的用水规模，同时工业污水排放总量逐年下降。根据环保部门内部人员透露，国内每年工业污水排放量应该超过 400 亿吨，也就意味着国内工业污水有超过一半被违规偷排，化工、造纸、纺织等很多高污染行业的污水处理率不足 50%。

鉴于国内工业排污对水资源环境的破坏，2015 年初环保部出台的《水污染防治行动计划》（业内称为"水十条"），第一条内容就是狠抓工业污染排放，坚决关停"小、散、差"的污染企业，并集中治理工业聚集区的工业废水污染。通过包括罚款、停产在内的严格惩罚措施和市场化的排污权交易机制，促使企业加大污水处理环保投入。为了实现 2017 年之前消灭劣 V 类水体的目标，计划投资 2 万亿元。

按照环保部门的规划思路，一方面，各地需要将水污染工业企业集中至专业的产业园区，再由专业化的工业污水处理运营商进行集中处理；另一方面，对于无法集中搬迁的污染企业或者规模较大的企业，由企业自行安置工业污水处理装置。

对于第一类专业污水处理运营商，这类企业作为公用设施运营商，业务模式和一般水务企业基本类似。但工业污水处理专业性强、技术门槛较高，现有的行业龙头企业主要是中等规模的民营企业，一般专注于某个工业行业，如上市公司东江环保（SZ.002672）专注于电子工业废水处理。这类企业除了少数上市公司之外，大部分融资渠道较为匮乏，为了快速扩张，与地方政府设立合资运营平台，以 PPP 模式（公共部门—私营企业合作）运营。在工业污水处理企业的投资主体中，大部分地方政府受制于地方债务，无力承担巨大资金投入。公私两方缺钱，金融机构提供融资成为工业污水治理行动的关键，而融资租赁企业可以在这个领域有所作为。

对于分散污水处理投资，这部分投入主要由污水排放企业承担。按照目前国内每万元工业增加值用水量 60 吨（重化工业会高于平均水平），污水排放量平均为用水量的 1/3，日处理每吨污水设施投资 2000 元计算，一家年产值 3 亿元、增加值 1 亿元的中等规模工业企业，完成污水处理设施建设需要投资 110 万元。相对于企业总资产规模，污水处理投入资金并不大，但考虑到目前国内工业企业严峻的经营状况、紧张的现金流，一次性购置无法直接产生效益的设备，对很多企业主而言很困难。在工业生产企业中普及污水处理设备，除了严格的环保处罚措施外，设备融资租赁也可以成为一种适宜的解决方案，可以降低工业企业环保改造的初始投入，保障工业水污染治理工程顺利推进。

（四）固废处理行业融资租赁市场机会

固体废弃物特别是工矿业垃圾远离公众视线，与民众生活的关系不是那么直接，长期以来不为社会所关注，一直是环保投入的短板。随着居民生活垃圾和工业垃圾产生量不断增长，固废污染问题日益突出。2015年环保部和国土部《土壤环境保护和污染治理行动计划》出台，为行业发展提供政策保障。预计"十三五"期间，固废处理市场规模将超过4万亿元，存在巨大的增长空间和投资机会。

固体废弃物来源广泛、构成类型复杂多样，相应固废处理行业细分行业众多、参与主体多样。固废处理产业构成如表8。

表8　固废处理产业链构成情况

主要来源类型		处理方式	技术门槛	平均投资规模	运营主体
生活垃圾	有机厨余	堆肥	很低	较小	市政部门
	其他垃圾	回收/填埋/焚烧发电	低/中等/较高	较小/中等/较大	个体户/市政部门/专业运营商
工业废弃物	电子垃圾	回收	中等	中等	加工作坊到工厂化企业不等
	其他废旧物资	回收	中低	中小	加工作坊到工厂化企业不等
	尾　矿	回收/堆砌	低/低	中等	矿山开发企业
	危险废物	销毁	很高	较大	专业技术机构

资料来源：中冶赛迪环境咨询公司研究报告。

对各个固废处理子行业进行逐一分析，可以判断各个子行业设备投融资中融资租赁业务开展的机会。

①厨余垃圾堆肥，处理方式简单，基本不需要太多大型设备设施，农户可以完成，基本不具备设备融资需求；②生活和工业垃圾填埋，这种处理方式的主要成本是土地占用和建筑成本，设备投入较少，主要由市政部门运作，没有太多设备融资需求；③生活垃圾、工业废旧物资（含电子垃圾）回收，属于再生资源行业，是典型的人力密集型行业，以手工生产方式为主（特别是小作坊），大型设备购置较少，这些行业企业主要的融资难题不是设备投入，而是流动资金周转；④尾矿回收和处理需要一定数量的设备投入，这类融资需求应归于矿山设备融资租赁市场；⑤危险废弃物处理，主要

包括医疗垃圾、核废料等高危废弃物，这类废物处理技术门槛极高，对于安全性有着极严的要求，基本没有市场化，主要由医疗废物处理中心等专业机构乃至军队部门完成，因此不存在普遍融资需求；⑥垃圾焚烧发电，这一子行业向市场开放，前期资本投入巨大，行业经营主体具有强烈的设备融资需求，适合开展融资租赁业务。

垃圾焚烧发电在我国开展较晚，但这种垃圾处理方式节省土地、供应能源，适合我国国情。随着焚烧污染处理技术提升，最近几年国内垃圾焚烧发电迎来建设高峰。2014年底，国内共有建成和在建的垃圾发电设施220多座，平均单体投资在3亿元左右。垃圾焚烧发电的运营主体大部分是电力能源央企和大型基础设施运营商，资金实力雄厚，对融资租赁兴趣不大。也有很多小型垃圾焚烧发电运营商是民营环保设备企业，资金状况紧张，对通过融资租赁获得融资需求强烈。垃圾发电设施融资租赁适宜的标的物主要包括电站主机、焚烧锅炉、汽轮机、环保处理设施等。

参考文献

[1] 周泳呈：《中国医疗设备融资租赁的发展现状与风险管理》，云南财经大学硕士学位论文，2013。

[2] 王维刚：《中国环球租赁有限公司医疗融资租赁竞争战略研究》，首都经贸大学硕士学位论文，2014。

[3] 李治岐：《新能源汽车产业融资租赁业务模式研究》，北京化工大学硕士论文，2013。

[4] 郑艳珠：《医疗设备融资租赁前景展望》，《中国医学装备》2013年第9期。

[5] 杨晶：《从太阳能租赁业务看光伏产业价值链中的金融创新》，《创新时代》2013年第2期。

[6] 徐晨曦：《新能源汽车分时租赁或将成常态》，《中国战略新兴产业》2016年第2期。

[7] 马靖：《融资租赁助力环保产业快速发展》，《环境保护》2012年第10期。

[8] 包斯文：《环保装备租赁将迎来发展黄金期》，《中国冶金报》2015年3月5日。

机 构 篇

Institution Report

B.8
中国融资租赁业机构发展分析

王光伟 范文波*

摘 要： 融资租赁机构是融资租赁行业的业务主体和发展载体。我国融资租赁机构受法律及监管环境影响，目前形成三大类主体，分别是金融租赁公司、内资试点融资租赁公司及外资融资租赁公司。三类机构在发展历程、业务重点、监管要求等方面各有特色，推动了我国多层次融资租赁市场的形成。本报告首先全面梳理了三类融资租赁机构的发展历程及发展现状，并总结了我国融资租赁机构发展中存在的问题。其次针对三类融资租赁机构分别选取具有代表性的一家公司，研究其发展情况和经营特点供读者借鉴参考。最后根据融资租赁行业的市场环境，对融资租赁机构的未来发展趋势进行前瞻性预测。

* 王光伟，经济学博士，中国博士后特华科研工作站博士后，主要研究领域为融资租赁、产业经济和资本市场；范文波，经济学博士，中国博士后特华科研工作站博士后，主要研究领域为银行经营管理、金融投资、互联网金融。

关键词： 金融租赁公司　内资试点融资租赁公司　外资融资租赁公司

一　融资租赁公司发展概况

（一）我国融资租赁公司发展历程

改革开放初期，我国迫切需要发展经济，但缺乏资金、设备和技术，融资租赁模式因其独有的特点被赋予重任。1981 年 4 月，中国国际信托投资公司与日本东方租赁株式会社成立了中国东方租赁有限公司，这是我国第一家中外合资融资租赁公司，也是我国第一家现代意义上的租赁公司。同年 8月，第一家内资融资租赁公司——中国租赁有限公司宣告成立，我国融资租赁行业就此拉开发展大幕。当时的融资租赁公司除了外商合资的身份背景特殊之外，业务经营出租的标的物大多为进口设备，鉴于当时外贸进出口管制的情形，必须经过外经贸部的监管许可。

出于利用外资推动国内相关产业升级改造、促进经济快速发展的目的，各级政府对融资租赁行业大力扶持甚至直接提供担保，融资租赁公司大量涌现，呈现一幅繁荣的景象。中国人民银行负责管理国内金融体系，境外金融机构进入我国属于利用外资，由外经贸部审批管理，因此后来设立的中外合资融资租赁公司都集中归属外经贸部审批管理。内资的融资租赁公司则由当时的部委或部级公司进行审批管理①。从 1984 年开始，中国人民银行及其各地分行开始批准中央和地方的各家银行机构以及各地先后成立的信托融资机构经营融资租赁这一业务，相应的有些地方国有信托投资公司（如广东省信托公司等）直接设立了专业的融资租赁子公司。

1986 年，我国第一波金融改革浪潮开始，融资租赁公司与信托公司、保险公司、信用社、典当行成为非银行金融机构类别。在此次浪潮中，内资融资租赁公司开始转制为非银行金融机构，中国外贸租赁公司成为我国第一

---

① 比如中国外贸租赁公司由外经贸部审批管理，中国电子租赁公司由电子工业部审批管理等。

家非银行金融机构的融资租赁公司。

1988 年，国内因经济过热开始紧缩银根，融资租赁业开始降温。同时，由于经济体制改革，政府部门逐渐淡出经济行为的主体角色，这对过于依赖政策扶持和政府担保的融资租赁业是一个沉重打击。加上行业前期高速发展掩盖的主体权责不清、风险控制能力低下等问题的暴露，各类违规经营行为频发，行业性拖欠租金现象严重。中国人民银行开始对融资租赁公司进行清理，融资租赁被界定为金融业务，内资融资租赁公司转制为非银行金融机构，由中国人民银行管理，也就是现在金融租赁公司的雏形。截至 1995 年，中国人民银行共审批了 16 家金融租赁公司。

1997 年，由于金融租赁公司整体经营不善，外债压力增大，国家要求银行彻底整顿清理已有的融资租赁业务，同时明确叫停了银行机构为关联融资租赁企业提供资金支持，金融租赁行业整体濒临绝境。在当时的环境下，许多金融租赁公司不开展正常的租赁业务，而是从事高息揽存、股票投资、非法集资等高风险投资活动，整个行业存在极大的金融隐患。为此，央行等高层监管部门在秦皇岛召开紧急会议，探讨是否继续保留金融租赁这一行业。当时，整个金融租赁行业处在生死存亡的十字路口。

中国人民银行 2000 年 6 月颁布《金融租赁公司管理办法》，对金融租赁公司进行第一次大规模重组，重组的基本原则就是中国人民银行只出政策不出钱，由民营资本接管资产不良的金融租赁公司。该办法同时提到，除了银行类机构发起的金融租赁公司外，其他非银行金融机构发起设立或实际控制的租赁企业，只要归属于央行直接监管，就必须在公司名号里注明"金融租赁公司"字样。经过此次重组洗牌，金融租赁公司剩余 12 家。

2003 年，对金融租赁公司的审批管理职能从中国人民银行转到银监会。我国加入 WTO 的协议中允许外资银行在华开展融资租赁业务，对此银监会修订《金融租赁公司管理办法》，允许商业银行控股设立金融租赁公司，银行业从此重新涉足融资租赁业。

在此期间，国内四大行分拆的四大资产管理公司（AMC）开始寻求打造金融控股集团，以托管处置各地破产租赁公司股权的形式获得了金融租赁公司的牌照，如华融资产管理公司以处理"德隆系"不良资产的名义，收编了新疆金融租赁公司，将其打造为自己的租赁业务板块。

银监会在 2014 年修订完善了《金融租赁公司管理办法》，出发点之一是放松管制，降低金融租赁公司的准入门槛，扩大业务范围，引导各种所有制资本进入。不少大型企业股东开始设立金融租赁公司，金融租赁不再是银行系金融租赁的代名词。

由于国家部委"三定"方案的不断变化，商务部同时具备内资试点融资租赁公司和外资融资租赁公司的监管权。2004 年，为了顺应租赁业的发展潮流，发挥租赁业在推动经济发展中的作用，商务部和国家税务总局联合下发《关于从事融资租赁业务有关问题的通知》（商建发〔2004〕560 号），启动内资租赁企业开展融资租赁业务的试点工作。省级商务主管部门根据本地的实际需要，推荐企业参与试点工作，报商务部和国家税务总局认定后，可以被纳入融资租赁试点范围。2006 年，商务部和国家税务总局出台《关于加强内资融资租赁试点监管工作的通知》（商建发〔2006〕160 号），进一步健全内资融资租赁公司的监管机制。截至目前，已开展 13 批内资租赁企业从事融资租赁业务试点。

2009 年，为了加快外商系融资租赁公司的成长，商务部开始行业准入监管制度改革，对重要的审批权限进行了整体下放。各省级监管部门可以批准外商投资融资租赁公司设立，甚至很多国家级产业园区都具备这一权力。此举使大量的外资融资租赁公司申请设立，外资融资租赁公司的数量在短期内迅速增加。2013 年 9 月，商务部出台《融资租赁企业监督管理办法》，在一定程度上统一了内资试点和外资融资租赁公司的监管政策。

（二）融资租赁公司发展现状

1. 金融租赁公司

根据中国银行业协会金融租赁专业委员会的统计，截至 2015 年第二季度，我国共有 36 家已开业金融租赁公司，总实收资本 1194.55 亿元，总资产 14600.3 亿元，较第一季度末增长 1182.56 亿元；2015 年上半年实现营业收入 448.55 亿元，利润总额 114.36 亿元。金融租赁公司整体业务保持平稳增长，不良资产率继续保持低水平。

从企业数量来看，自 2007 年银监会允许银行设立金融租赁公司以来，金融租赁公司数量快速增长，2009 年 12 家，2014 年达到 30 家，年均增幅超过 20%（见图 1）。整体来看，在金融租赁大军中，银行参股的金融租赁公司占比达到 65%。

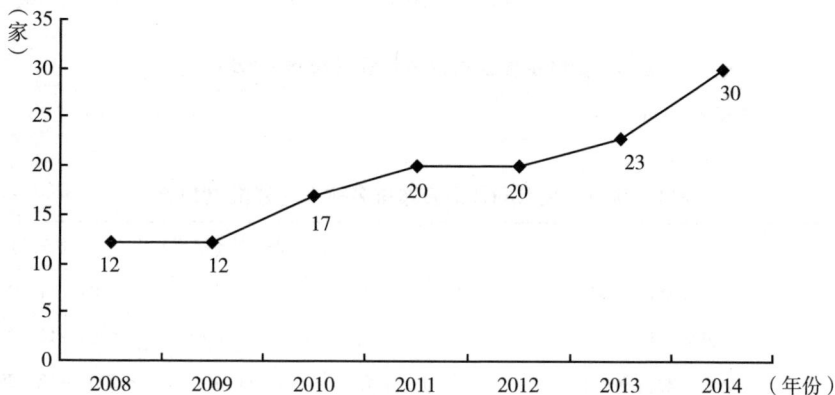

图 1　金融租赁公司数量增长情况（2008～2014 年）

资料来源：Wind 资讯。

从业务规模来看，金融租赁公司合同余额近年来增长迅猛，2014 年达到 1.3 万亿元，同比增幅为 51.16%（见图 2）。

从注册资本来看，截至 2014 年底，注册资本最多的是工银金融租赁公司，达到 110 亿元。招银金融租赁公司在 2014 年增资 20 亿元，注册资本从 40 亿元增加到 60 亿元，挤入前五行列。2014 年 10 月 16 日成立的第 26 家金融租赁公司——太平石化金融租赁有限公司，由中国太平旗下太平人寿保险有限公司与中国石油化工集团公司共同发起成立，也是国内首家由特大型实业集团和大型国有金融保险集团共同发起成立的金融租赁公司，注册资本为 50 亿元（见表 1）。

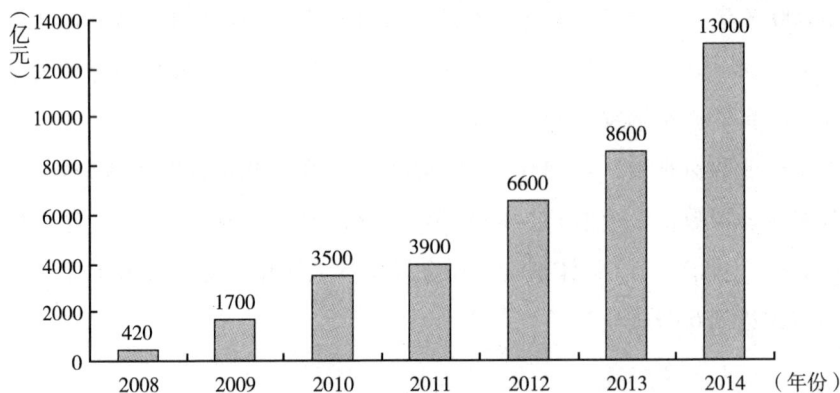

图2 金融租赁公司合同余额（2008～2014年）

资料来源：Wind 资讯。

表1 金融租赁公司注册资本排名前十（截至2014年）

序号	名称	省份	注册资本(亿元)	成立时间
1	工银金融租赁有限公司	天津	110.00	2007－11－26
2	国银金融租赁有限公司	广东	80.00	1984－12－25
3	交银金融租赁有限公司	上海	60.00	2007－12－20
4	昆仑金融租赁有限公司	重庆	60.00	2010－7－21
5	招银金融租赁有限公司	上海	60.00	2008－3－28
6	民生金融租赁股份有限公司	天津	50.95	2008－4－2
7	兴业金融租赁有限公司	天津	50.00	2010－8－30
8	太平石化金融租赁有限公司	上海	50.00	2014－10－14
9	建信金融租赁有限公司	北京	45.00	2007－12－26
10	中国外贸金融租赁有限公司	北京	35.08	1985－3－4

资料来源：零壹财经融资租赁研究中心。

从经营情况来看，金融租赁公司资产规模、营业收入和净利润均呈现快速增长势头。2014年总资产同比增长26.55%，营业收入同比增长21.5%，净利润同比增长15.85%（见表2）。在经营状况不断向好的同时，金融租赁公司加强风险控制，资产质量状况良好。2014年，金融租赁公司平均资本充足率为12.43%，平均不良资产率为0.71%，拨备覆盖率为269.96%。

表2 金融租赁公司经营概况（2010～2014年）

单位：亿元

年份	总资产	总负债	注册资本	营业收入	净利润
2010	3156.99	2635.66	459.49	159.07	35.78
2011	5267.78	4641.19	504.89	330.47	63.84
2012	7986.29	7136.40	631.23	535.90	102.25
2013	10125.23	9039.57	739.48	691.46	141.74
2014	12813.33	11328.99	1194.55	840.10	164.20

资料来源：根据公开资料整理。

从地区分布来看，金融租赁公司主要集中在上海、天津两地，北京、江苏各有3家，广东、重庆、湖北、浙江和安徽均有2家，其他9家金融租赁公司分布在山西、广西等9个地区（见图3）。

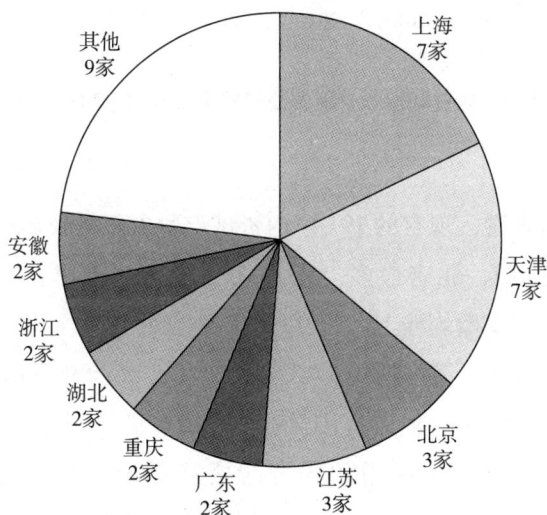

图3 金融租赁公司地区分布

资料来源：零壹财经融资租赁研究中心。

2. 内资试点融资租赁公司

2004 年商务部和国家税务总局共同开展内资租赁企业从事融资租赁业务的试点，自那以后，内资试点融资租赁公司在企业数量、注册资本和资产规模方面都取得了长足发展。

从企业数量来看，自 2010 年以来，内资试点融资租赁公司成立速度明显加快。商务部和国家税务总局在 2015 年 3 月开展了第 13 批内资融资租赁企业试点，内资融资租赁公司增至 191 家（见图 4）。

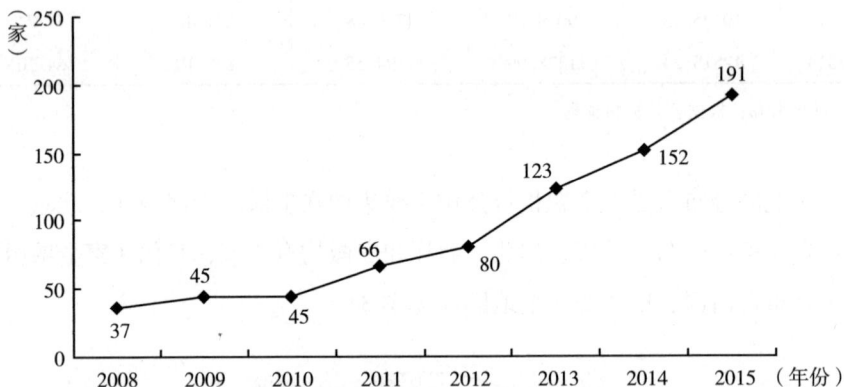

图 4　内资试点融资租赁公司数量（2008～2015 年）

资料来源：Wind 资讯。

从地区分布来看，现有的 191 家内资试点融资租赁公司广泛分布于全国 26 个省级行政区域，北京最多，有 29 家，上海、天津、山东、浙江、江苏、辽宁、福建、安徽均在 10 家及以上（见图 5）。

从注册资本来看，截至 2015 年 6 月，内资试点融资租赁公司注册资本为 986.29 亿元。浦航租赁有限公司以 76.6 亿元居于首位（见表 3），注册资本超过 10 亿元人民币的内资融资租赁公司有 24 家，占总数的 12.57%。按年份比较，也可以看出内资融资租赁公司注册资本加速增长（见图 6）。

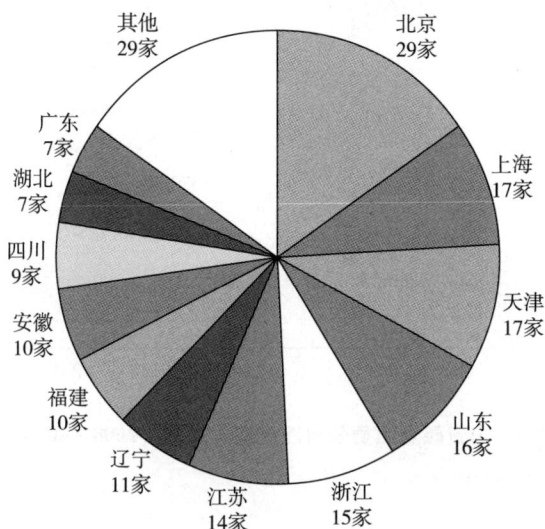

图5 内资试点融资租赁公司地区分布

资料来源：零壹财经融资租赁研究中心。

表3 内资融资租赁公司注册资本排名前十

序号	名称	省份	注册资本（亿元）	成立时间
1	浦航租赁有限公司	上海	76.60	2009 - 10 - 26
2	天津渤海租赁有限公司	天津	62.61	2007 - 12 - 4
3	长江租赁有限公司	天津	58.00	2000 - 6 - 9
4	中航国际租赁有限公司	上海	37.90	1993 - 11 - 5
5	国泰租赁有限公司	山东	30.00	2007 - 2 - 12
6	上海电气租赁有限公司	上海	30.00	2005 - 8 - 18
7	庞大乐业租赁有限公司	河北	25.00	2009 - 4 - 30
8	南车投资租赁有限公司	北京	23.00	1999 - 4 - 26
9	汇通信诚租赁有限公司	新疆	21.60	2011 - 12 - 1
10	丰汇租赁有限公司	北京	20.00	1999 - 9 - 15

资料来源：零壹财经融资租赁研究中心。

从业务规模来看，内资融资租赁公司合同余额稳步增长，2014年底达到1万亿元，同比增长45%（见图7）。

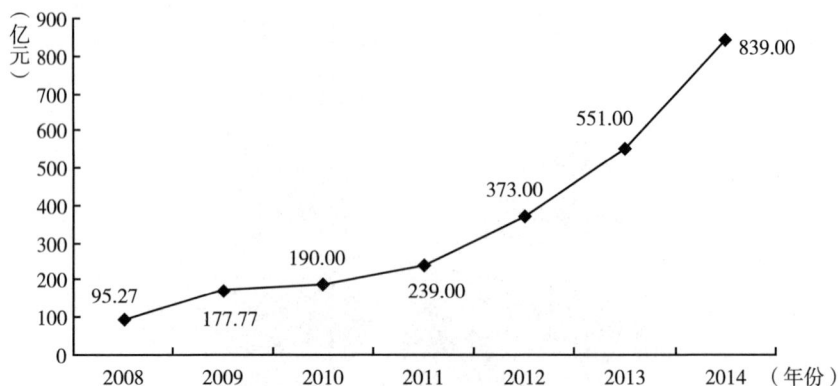

图6　内资融资租赁公司注册资本规模（2008～2014年）

资料来源：Wind资讯。

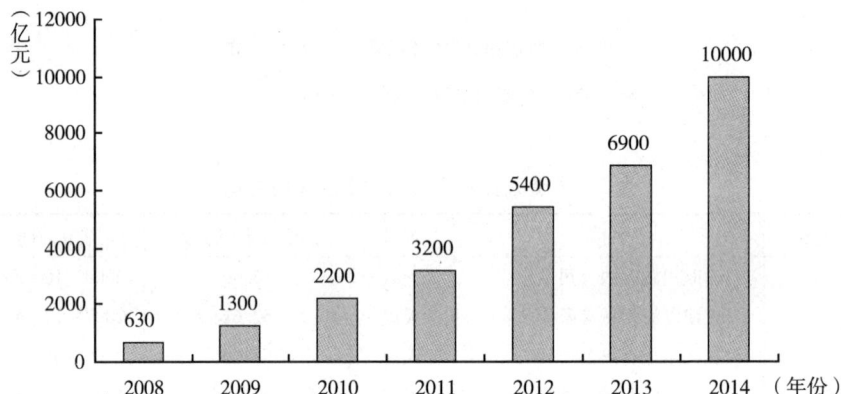

图7　内资融资租赁公司合同余额（2008～2014年）

资料来源：Wind资讯。

从经营状况来看，2014年内资融资租赁公司资产总额为3166.2亿元，比上年同期增长21.2%。营业总收入为468.2亿元，租赁业务收入占总收入的比重为61.9%。新增融资额1178亿元，其中直接租赁融资额占38.2%，售后回租融资额占60.2%，其他租赁方式融资额占1.6%。

从风险控制情况来看，2014年内资融资租赁公司资产负债率为70.6%，比上年下降3.7个百分点，逾期租金55.9亿元，占资产总额的1.8%。整体来说，资产负债率保持适中水平，资产质量良好。

3. 外资融资租赁公司

从企业数量来看，自 2011 年以来外资融资租赁公司设立数量增长迅猛，2014 年比 2013 年增加 930 家，增幅达到 96.6%（见图 8）。截至 2015 年 6 月底，外资融资租赁公司达到 2721 家，占整个融资租赁行业的 92% 以上，仅 2015 年上半年就增加了 828 家，外资融资租赁公司已经成为我国融资租赁行业的主要市场参与主体。

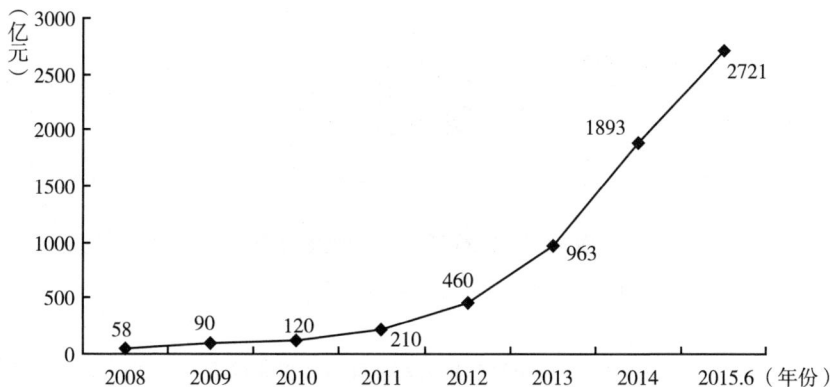

图 8　外资融资租赁公司数量（2008 年至 2015 年 6 月）

资料来源：Wind 资讯。

从地区分布来看，上海、广东和天津处于领先地位，其外资融资租赁公司数量占总数的 69.9%。上海、广东、天津、北京、江苏、浙江六省市的外资融资租赁公司均超过 100 家，上海达到 963 家，山东和福建两省也接近 100 家（见图 9）。

从注册资本来看，截至 2015 年 6 月，外资融资租赁公司注册资本为 7348.55 亿元，比 2014 年底的 4728.4 亿元增长 55.41%（见图 10）。在所有开业的外资融资租赁公司中，平安国际融资租赁有限公司以注册资本 93 亿元位居第一（见表 4）。在全部 2721 家外资融资租赁公司中，注册资本超过 10 亿元人民币的公司有 104 家，占外资融资租赁公司总数的 3.82%。逐年比较，可以看出外资融资租赁公司的注册资本快速增长。

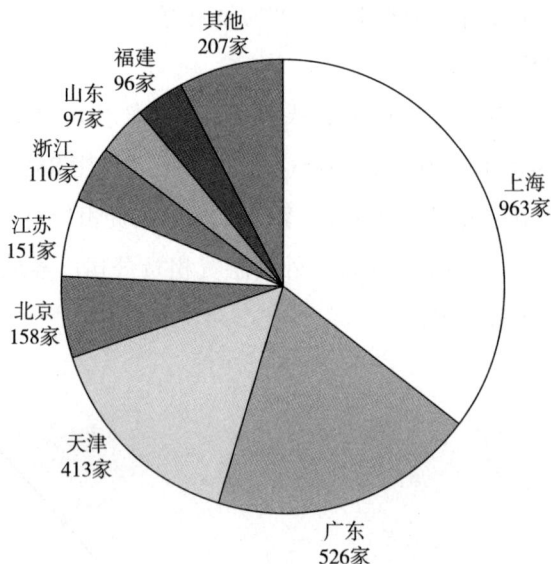

图9 外资融资租赁公司地区分布

资料来源：零壹财经融资租赁研究中心。

表4 外资融资租赁公司注册资本排名前十

序号	名称	省份	注册资本（亿元）	成立时间
1	平安国际融资租赁有限公司	上海	93.00	2012-9-27
2	远东国际租赁有限公司	上海	82.11	1991-9-13
3	山东晨鸣融资租赁有限公司	山东	58.72	2014-2-21
4	安徽钰诚融资租赁有限公司	安徽	36.57	2012-3-16
5	中交建融资租赁有限公司	上海	36.00	2014-5-8
6	海通恒信国际租赁有限公司	上海	31.98	2004-7-9
7	檀实融资租赁(上海)有限公司	上海	30.57	2014-7-18
8	宏泰国际融资租赁(天津)有限公司	天津	30.00	2013-11-8
9	中民国际融资租赁股份有限公司	天津	30.00	2015-4
10	华能天成融资租赁有限公司	天津	27.00	2014-4-25

资料来源：零壹财经融资租赁研究中心。

从业务规模来看，外资融资租赁公司合同余额快速增长，2014年底达到9000亿元，同比增长63.64%（见图11）。

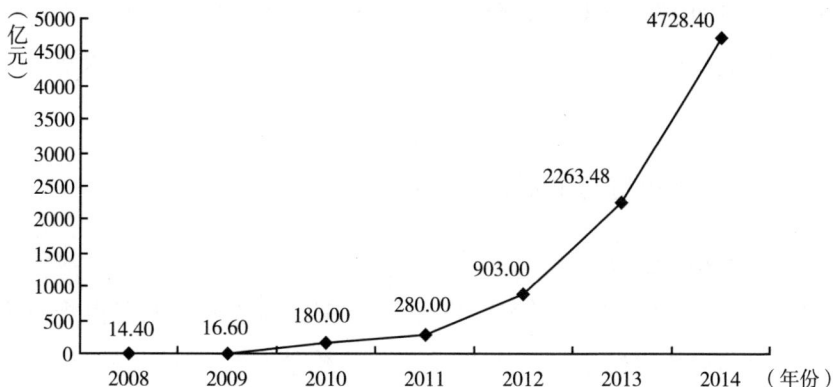

图 10　外资融资租赁公司注册资本规模（2008～2014 年）

资料来源：Wind 资讯。

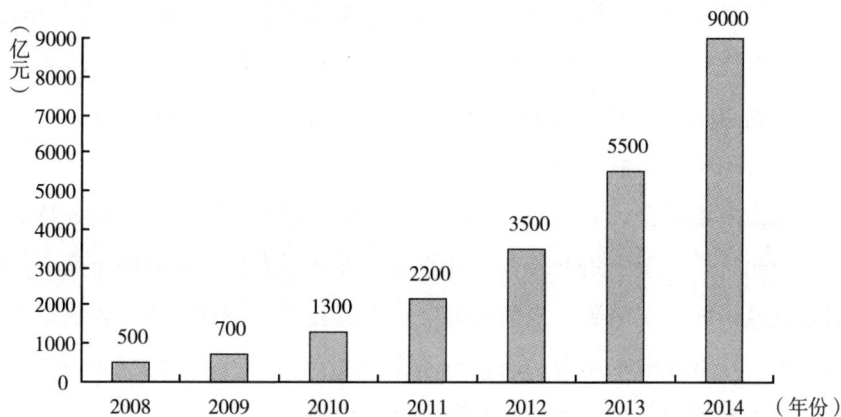

图 11　外资融资租赁公司合同余额（2008～2014 年）

资料来源：Wind 资讯。

从经营状况来看，2014 年外资融资租赁公司资产总额为 7843.7 亿元，比上年同期增长 28.3%。营业总收入为 502.2 亿元，租赁业务收入占总收入的比重为 88.9%。新增融资额 4196.1 亿元，其中直接租赁融资额占 18%，售后回租融资额占 62.1%，其他租赁方式融资额占 19.9%。

从风险控制情况来看，2014 年外资融资租赁公司的资产负债率为

75.8%，比上年提高 5.6 个百分点，逾期租金 135.5 亿元，占资产总额的 1.7%。整体来说，资产负债率虽然有所提高，但仍维持在适中水平，资产质量可控。

（三）融资租赁公司发展中的问题

1. 市场结构不合理

截至 2015 年 6 月，金融租赁公司有 36 家，内资试点融资租赁公司有 191 家，外资融资租赁公司达到 2721 家。从数量上看，外资融资租赁公司具有绝对优势，占全部融资租赁公司的 92.3%。但从业务规模来看，金融租赁公司的合同余额为 1.47 万亿元，内资试点融资租赁公司的合同余额为 1.15 万亿元，外资融资租赁公司的合同余额为 1.04 万亿元，外资融资租赁公司业务规模占行业规模的比重为 28.4%，与其数量上的绝对占优不相称；与之形成对比的是，金融租赁公司数量只占全行业数量的 1.2%，但业务规模占比达到 40.2%。市场结构呈现企业数量和规模不相对应的特点，尤其是外资融资租赁公司数量畸高。

我国金融租赁公司业务规模占优，这与整个融资租赁行业的业务特点有关。融资租赁是资金密集型行业，其业务发展在很大程度上取决于是否具有长期和低成本的资金来源。当前我国融资租赁公司的融资渠道比较狭窄，主要依赖银行贷款和股东实力。而银行系金融租赁公司在银行股东的支持下，比其他两类融资租赁公司更具有融资和项目优势。

至于外资融资租赁公司近年来数量急剧膨胀的现象，与当前的监管格局有一定的关系。因为历史因素，我国目前执行的是经营主体监管方式，从事同质业务的融资租赁公司由于监管分割被划分为不同类别，适用不同的监管和交易规则。首先，三类融资租赁公司的准入门槛不一。金融租赁公司的最低注册资本是 1 亿元人民币或等值的自由兑换货币，要求为一次性实缴货币资本；外资融资租赁公司的注册资本不低于 1000 万美元，没有一次性实缴的规定；内资试点融资租赁公司的最低注册资本金为 1.7 亿元，要求为一次性实缴货币资本，内资试点融资租赁公司的注册资本要求远远高于另外两类公司。金融租赁公司属于金融机构，对发起人有明确和规范的要求，发起人准入制度要严格得多；内资试点融资租赁公司需要省级商务主管部门向商务部和国家税务总局推荐，确认后纳入试点范围，审批严格；而外资融资租赁公司的审批设立条件较为宽松。其次，融资渠道优势不一。金融租赁公司是非银行金融机构，可以开展同业拆借、吸收非银行股东 3 个月以上的定期存款、发行金融债券等；外资融资租赁公司具有外资背景，在境外借款方面比内资试点融资租赁公司和金融租赁公司更加便利。相比而言，内资试点融资租赁公司的融资环境较为不利，既不能像金融租赁公司那样在境内享有融资方面的政策便利，也缺乏外资融资租赁公司在境外融资的渠道和优势。最后，受监管程度不同。对金融租赁公司的监管是参照金融机构的标准执行，有明确的风险监管指标，包括资本充足率、单一客户融资集中度、单一客户关联度等，各项指标都有具体的比例要求。至于外资和内资试点融资租赁公司，除了要求风险资产不能超过净资产的 10 倍以外，虽然提及一些风险监管指标，但并没有明确的规定。

因此，由于市场准入条件的不一致，外资融资租赁公司门槛较低，在境外融资方面也具有一定的优势，尤其是在近年来国内普遍融资难、融资贵的背景下，境外利率相对低于境内利率，许多投资者将外资融资租赁公司作为融入境外资金的通道。还有部分民营企业认为投资融资租赁公司可以在未来拿到金融牌照，牌照本身既可以增值，也可以利用外资融资租赁公司的 10 倍业务杠杆，解决自身的一些融资问题。加上各地政府积极推动融资租赁发展，2009 年对其的审批权限下放至省级商务主管部门和国家级经济技术开发区，在各种因素的综合作用下，外资融资租赁公司的数量急剧膨胀，远远高于金融租赁公司和内资试点融资租赁公司。在实践中，不少投资者为了设立外资融资租赁公司，搞"假外资"，先在境外设立"壳公司"，再通过"壳公司"到境内投资成立外资融资租赁公司。

2. 区域化特征明显

如图 12 所示，根据商务部的统计，截至 2014 年，内资试点和外资融资租赁公司在东部地区注册成立的占 90.5%，其次是西部和中部地区，分别是 4.4% 和 3.5%，东北地区为 1.6%①。

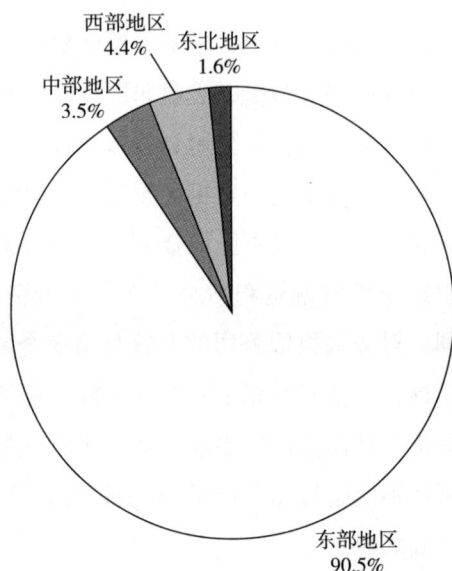

图 12 商务部管理融资租赁企业区域分布

资料来源：商务部。

从内资试点和外资融资租赁公司的资产总额可以看出，截至 2014 年，东部地区融资租赁公司资产总额占全国的比重为 90.7%，其次是西部地区，为 4.3%，中部地区和东北地区分别占 3.8% 和 1.2%（见图 13）。

在注册资本排名前十的金融租赁公司中，除了昆仑金融租赁公司在西部的重庆以外，其他 9 家均分布在东部地区，区域性特征更加明显。

北京、天津、上海和广东是目前我国融资租赁发展最好、最快的地区，四地充分利用区位优势和政策支持，成为融资租赁的产业集聚地。

---

① 根据商务部的分类口径，东部地区指北京、天津、河北、上海、江苏、浙江、福建、山东、广东和海南 10 个省份；中部地区指山西、安徽、江西、河南、湖北和湖南 6 个省份；西部地区是指内蒙古、广西、重庆、四川、贵州、云南、西藏、陕西、甘肃、青海、宁夏和新疆 12 个省份；东北地区是指辽宁、吉林和黑龙江 3 个省份。

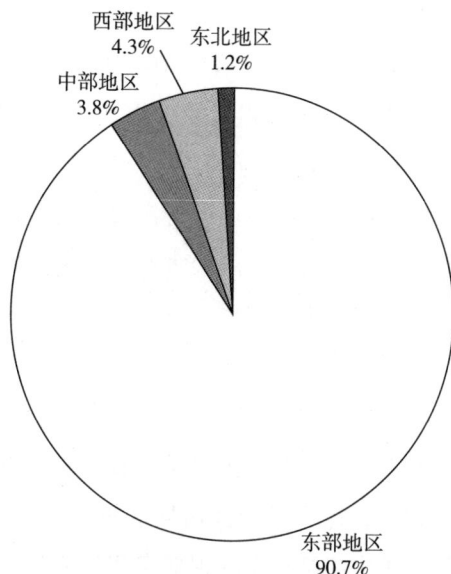

图13　商务部管理融资租赁企业资产总额区域结构

资料来源：商务部。

北京市顺义天竺保税区，是国内唯一包含机场口岸操作区、实现区港无缝对接的空港型综合保税区，为飞机租赁业务的开展创造良好环境。此外，北京还结合中关村国家自主创新示范区的战略规划，鼓励中关村科技企业利用融资租赁实现发展，并不断创新融资租赁模式。天津利用国务院对东疆核心区发展融资租赁业务的优惠政策，发挥临近天津港口、临近空港的优势，以飞机租赁和船舶租赁为经营重点，致力于建设中国融资租赁研发基地和国际航空租赁中心。上海从自贸区成立以来，不断出台优惠政策，吸引各类融资租赁公司进驻，形成了融资租赁产业集聚。广东则在自贸区获批后，更加积极地扶持融资租赁业，致力于打造华南地区融资租赁中心。

尽管我国中、西部和东北地区也在加大扶持融资租赁业的力度，但受自身经济发展条件和区位条件等限制，暂时还不能改变东部地区占优的局面。

3. 业务简单初级

我国融资租赁业处于初级发展阶段的特征比较明显。2014 年，融资租赁公司（不含金融租赁公司）直接租赁业务占比为 22.4%，售后回租业务占比为 61.7%，其他租赁方式占比为 15.9%。反映出我国融资租赁公司业务结构单一的特点，尤其是售后回租业务占比过大，本应唱主角的直接租赁变成辅助业务，偏离了融资租赁行业的根本使命和远期发展方向。而且，国外融资租赁成熟市场存在多样化的租赁业务模式，但国内融资租赁企业的业务模式非常有限。

而且，我国不少融资租赁公司没有实质性开展业务，主要从事所谓的"通道"业务，项目对接银行，不承担风险，仅赚取少量手续费和通道费。有研究指出，有 60% 以上的融资租赁公司从事的是"通道"业务。近年来，许多外资融资租赁公司淡化甚至完全忽视融资租赁交易的融物性质，完全围绕融资功能开展业务，利用境外利率低于境内利率的条件，大量开展售后回租业务，成为境内其他公司融入境外资金的通道，破坏了行业正常的经营秩序。

不少融资租赁公司的业务能力不高，为了控制风险，客户对象主要集中在大型企业，"租长、租大、租集中"的现象比较突出，致使融资租赁公司经常扎堆于某个行业，业务同质化严重，同业竞争加剧，影响整个行业的健康发展。许多融资租赁公司没有精通的行业、熟悉的地区和客户，基本什么行业都涉及。租赁资产多为专用设备，融资租赁公司缺乏完善的资产管理能力，在实务中往往附加厂房、土地抵押和第三方担保等增信措施，做成类银行信贷产品，结果就是与银行直接展开竞争，融资租赁业务的优势没有发挥出来，也偏离了业务自身的本质，使融资租赁公司陷入同质化的价格战中。在我国的环境下，企业如果能从银行获得贷款，一般不会通过融资租赁方式融资，因此，融资租赁公司的客户往往是那些资信状况不能满足银行要求的客户，而且，在融资租赁登记制度没有完全建立的情况下，设备所有权难以充当有效的风险控制手段，加大了融资租赁公司的经营风险。

总之，目前融资租赁业经营混乱的局面，既有法律法规不完善的外部因素，也有融资租赁公司本身的原因。整体而言，我国的融资租赁公司还没有充分发挥其融资、融物的特色，也没有很好地支持中小企业发展，这就要求融资租赁公司不断转型，实现专业化发展。

4. 融资渠道狭窄

我国融资租赁公司面临严重的资本约束，融资渠道过于狭窄。根据商务部 2013 年的统计数据，在整个行业的融资渠道中，银行融资占 70.95%，增加资本金占 5.04%，信托融资占 2.57%，基金融资、资产证券化、发债、上市再融资等渠道的占比均不超过 1%。除了一些大型企业集团或商业银行，股东能实际用于开展业务的资金非常有限，融资租赁公司的资金来源渠道基本依赖银行。而银行贷款非常看重融资租赁公司的资质，尤其是股东的实力和担保。即使融资租赁公司获得贷款，也多为短期贷款，但是融资租赁项目多为中长期，银行短期贷款与租赁业务期限不匹配，形成流动性风险。尽管我国融资租赁公司在融资渠道方面广开门路，比如资产证券化、引入保险资金、通过自贸区融入境外资金等，甚至利用互联网金融，在 P2P 平台出售租赁收益权，但受融资成本、市场接受程度等因素的影响，在短期仍难以改变依赖银行信贷资金的现实。可以说，融资渠道单一已经成为严重影响我国融资租赁业发展的因素。

5. 运营管理能力弱

我国融资租赁公司的运营管理能力普遍较弱。理论上，作为从事金融业务的融资租赁公司，应建立一套系统、科学、完善的内控体系，吸引大量具备专业经验和能力的人才来进行运作和管理。但现实情况并不乐观，随着融资租赁公司的不断设立，专业人才极度匮乏，不少投资者尤其是外资融资租赁公司的股东，对融资租赁公司及其从事的业务缺乏必要的正确理解，更多的只是看重其未来可能获得的金融牌照。这些主体基本没有按照正常的市场规律开展业务，只是作为一个融资需要专门设立的平台公司甚至是"提款机"，或者纯粹就是投机，忽略了基本的流程建设，风险把控能力极弱。

新常态下我国经济从高速增长转向中高速增长，经济增长方式也在不断追求质量集约型增长，目前处于增长速度换挡期、结构调整阵痛期和前期刺激政策消化期"三期叠加"的阶段，受部分行业产能过剩、外需下滑等因素的影响，融资租赁行业面临的信用风险越来越大。在这样的环境下，融资租赁公司以往靠做大规模赚取利差的经营模式已经不可持续，必须往专业化方向发展，提升自身的资产专业化管理能力、多元化的综合服务能力以及全面风险管控能力。

二 融资租赁公司典型案例

根据金融租赁公司、内资试点融资租赁公司和外资融资租赁公司的分类，在每个类别中选取具有代表性的一家公司，研究其发展情况和经营特点以作为借鉴参考。

（一）工银租赁

1. 基本情况

工银租赁是工商银行的全资子公司，注册资本 110 亿元。该公司成立于 2007 年 11 月 26 日，是国务院确定试点并由银监会批准开业的首家银行系金融租赁公司。

工银租赁依托工商银行的客户、品牌、网络及技术优势，以"专业化、市场化、国际化"为发展战略，以大型、专业化的高端租赁为主（飞机、船舶和设备租赁）。经过 8 年多的发展，目前工银租赁已形成了航空、航运、大型设备三大租赁业务板块，建立了较为全面和完善的产品体系和服务体系，成为国内资产规模最大、最具盈利能力的租赁企业，资产规模、市场份额、业务收入、利润总额及资本回报等主要指标均在行业内处于前列。截至 2015 年底，工银租赁经营和管理的总资产为 2987 亿元，同比增长 26.8%，净资产为 225 亿元，当年净利润为 33.04 亿元，净利润增长 17.4%，各项指标保持了在行业内的领先地位。工银租赁 2011～2013 年经营情况见表 5。

表5　工银租赁经营情况（2011～2013年）

单位：千元，%

年份 项目	2013	2012	2011
营业收入	4194241	2282659	1907799
营业利润	2291236	1397993	1156337
净利润	2007378	1167136	872119
总资产	149210902	119060233	83992106
股东权益合计	13017787	11013193	6846326
总资产报酬率	1.35	0.98	1.04
净资产报酬率	15.42	10.6	12.74

资料来源：工银租赁年报。

工银租赁充分发挥了工商银行金融综合化经营的优势，成为我国租赁行业领跑者和国际租赁市场的新兴代表。2013年10月，工银租赁获得标普A－的长期信用评级和A－1的短期信用评级，以及穆迪的A3长期信用评级和P2短期评级。以上国际评级结果高于一般股份制银行，在金融机构中处于较高水平。工银租赁2011～2013年监管指标情况见表6。

表6　工银租赁监管指标

单位：%

项目	监管标准	2013年	2012年	2011年
资本充足率	≥8	10.57	10.32	9
核心资本充足率	≥4	9.27	9.35	8.07
不良资产率	≤5	0.83	0.56	0.8
不良应收融资租赁款拨备覆盖率	≥60	196.08	207.77	158.35

资料来源：工银租赁年报。

2. 业务发展

（1）主要业务

目前，工银租赁已进入飞机船舶、交通运输、能源电力、信息通信、工程机械、医疗设备等国家重点行业和支柱产业，拥有优质的客户，业务跨越五大洲，遍及 23 个国家和地区，飞机租赁业务跻身世界领先行列。客户覆盖各个领域，从国有大中型企业及行业龙头企业逐步扩大到上市公司、民营企业以及经营良好的中小企业。

航空业务是工银租赁成立初期就确定的发展战略领域之一。工银租赁的航空客户遍及海内外，包括国航、东航、南航在内的 10 多家国内大中型航空公司，以及包括英国航空、新加坡航空、塔姆航空、俄罗斯航空在内的国际一流航空运输企业。截至 2014 年末，工银租赁经营和管理的各类飞机已超过 420 架，其中已交付商用飞机 214 架，位列全球飞机租赁企业 10 强，是国际航空租赁市场的一支重要力量。

航运业务是工银租赁的另一核心特色业务。工银租赁发挥租赁的独特优势，在航运和海工租赁产品方面不断创新，推出带有融资和经营两方面特点的结构性租赁产品，满足客户多方面的诉求。截至 2014 年末，工银租赁拥有和管理的船舶和海工资产逾 280 艘/台，船型除干散货船、油轮、集装箱船三大主流船型外，还包括滚装船、邮轮和特种船等。在海洋工程装备领域，资产涉及高端海工辅助船等。

工银租赁是我国大型设备租赁领域的一支中坚力量，专注于打造具有核心竞争力的产品线，已形成制造金融、物流金融、销售金融及项目金融等一系列产品体系，构建了具有自身特色的专业板块。工银租赁积极拓展能源电力、轨道交通、装备制造、基础设施、广电、旅游、医疗、教育等专业领域，截至 2014 年末，拥有轨道机车、电力机组、工程机械等各类大型设备近 3 万台/套。

（2）发展创新

工银租赁确立了从"资本消耗型"转向"资本节约型"、从"债务融资型"转向"资产投资型"、从"公司自身经营"转向"集团联动发展"的多维度转型发展思路，近年来从业务模式、资产管理、风险管理等方面着手全面开展创新转型工作，在形成全面的金融租赁产品及服务体系的同时，还建立了完善的运营管理体系及风险管控体系。

产品开发创新。工银租赁较为重视产品创新，在行业内探索创造了多项第一。例如，推出了保税租赁、"租易通"及人民币跨境租赁等一系列具有代表性的创新产品。

运营管理创新。工银租赁通过创新充分发挥信息科技对提高资产管理运营效率的支持作用。例如，2013年11月上线运行工银租赁船舶资产管理二期系统，通过该系统资产评级体系可以考察船舶技术指标、市场指标、运营表现和经营业绩等，在基此础上定期形成船舶内部评级和市场估值。在日常业务管理中，可根据评级提供有针对性的租期管理规划，实现了资产管理信息化、精细化、专业化。同时，开发了国内首个具有自主知识产权的飞机资产管理系统，并于2013年12月正式上线。该系统可对飞机租赁资产的合同、权属、价值、保险及技术等进行全方位动态管理，实现了对飞机租赁业务的全流程管理，提升了运营效率及管理质量。

风险管理创新。结合我国租赁业的特点，工银租赁开发了"一个核心、三个维度、六大系统"的租赁资产风险管理体系，即以价值管理为核心，以承租人、租赁物及交易结构三个维度的合理匹配为手段，以六大重点控制系统为支撑，风险管控范围覆盖信用、市场、操作等各类别风险，实现"定性＋定量"并适应业务需要的风险管理识别、评价及控制方法，该体系成为我国租赁行业风险管控体系建设的基本模式。

3. 经营特点

（1）依托母行形成强大协同效应

工银租赁作为工商银行综合化战略的重要组成部分，围绕母行核心战略开展协同联动，成立后在较短时间内就成长为行业龙头，充分显现了融资租赁业务与商业银行业务在综合协同方面的潜在优势和发展空间。目前，工银租赁已发展成为工商银行集团内金融产品和服务体系中的一条成熟产品线，在产生较好回报并对母行做出财务贡献外，还对母行起到了丰富服务手段、增加服务领域的积极作用，与母行集团各个业务板块交叉结合，构筑特色业务体系架构。特别值得注意的是，工银租赁通过与母行联动，探索开创了金融租赁公司助推商业银行多元化综合经营的新模式。例如，在飞机、船舶及大型设备的购买、对外租赁、运营管理与资产处置的一系列业务流程中，与生产制造商、业务运营商、保险机构等进行长期合作，能带来大量客户资源并创造商业银行和投资银行的业务机会。

（2）注重精细化管理能力

一是形成领先的资产负债管理体系。建立主动负债管理、内部竞价等管理机制，保持资产负债期限合理错配以及人民币融资成本较低的优势；通过央行货币互存、资产证券化、外汇储备资金运用、跨境结构化融资等产品创新，拓展美元融资渠道；利用统筹信用及项目融资方式，推动内部资金转移定价，积极向主动资产负债管理转变。

二是构建全面风险管理体系。在风险管理方面，工银租赁形成了全方位管控策略，具体包括：①将自身风险管理纳入母行整体风险管理体系，建立集团、公司、具体业务板块紧密有机联系的三道风险管理防线；②借助母行领先的风险管理系统和工具，搭建总体风险偏好决策、类别风险控制、日常风险监督的三级风险管理架构，形成了较为良好的风险治理机制；③针对资产、信用和交易结构三大维度，搭建了较为有效的风险管理及业务评价体系；④前置业务风险，建立与资本市场对接的投资退出交易模式。

三是打造租赁资产价值管理体系，形成租赁公司的核心竞争能力。对租赁资产的投资和管理能力是租赁公司的核心竞争力，工银租赁不断探索增强对自身主要资产的运营管理能力。例如，在船舶资产方面，搭建了较为完善的网络电子化船舶资产管理系统，能实时远程监控旗下所有租赁船舶的运营情况，并可定期对每艘船舶进行价值评估，形成了完备的租赁资产管理系统。

（二）渤海租赁

1. 基本情况

渤海租赁原名新疆汇通（集团）股份有限公司，主营建筑工程施工建设、水务及水利建设投资等。2011年10月，新疆汇通通过发行股份和资产置换方式购买天津渤海租赁有限公司100%的股权，主营业务变更为租赁业务，并更名为渤海租赁股份有限公司，A股上市股票简称"渤海租赁"。重组完成后，海航资本直接持有渤海租赁44.90%的股份，并通过全资子公司天津天信嘉盛投资有限公司间接持有4.26%的股份，成为渤海租赁第一大股东。海航集团为渤海租赁实际控制人，除通过海航资本间接持有公司49.16%的股份外，还通过持股28.25%的天津燕山股权投资基金有限公司间接持有公司12.2%的股份。

渤海租赁的核心资产主要隶属于全资子公司天津渤海租赁有限公司（"天津渤海"），该公司成立于2007年12月4日，是商务部批准的第5批内资融资租赁试点企业之一。经过多次增资扩股，天津渤海注册资本增加至62.61亿元，居国内融资租赁公司前列。渤海租赁组织架构见图14。

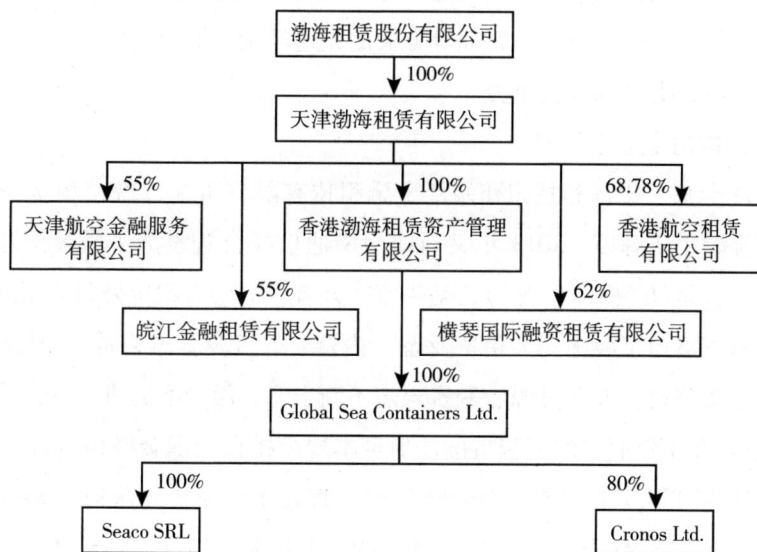

图14　渤海租赁组织架构

上市后，渤海租赁经过4年的运作，收入、利润实现了大幅增长。2014年，实现营业收入68.52亿元，净利润9.13亿元（见表7）。

表7　渤海租赁经营情况

项目 \ 年份	2015	2014	2013
营业收入(人民币,百万元)	9993.29	6851.96	6376.49
同比增长(%)	45.85	7.46	155.90
归属母公司净利润(人民币,百万元)	1407.21	913.20	1052.52
同比增长(%)	54.10	-13.24	113.95
净资产收益率(%)	13.05	9.33	18.60
每股净资产(元)	6.08	5.52	3.19

资料来源:渤海租赁年报。

2. 业务发展

借壳上市以来,渤海租赁在国内外的几次业务布局都以天津渤海为平台进行,发展战略逐渐清晰。国内方面,业务及融资渠道全面拓展,分享租赁行业的快速成长;国外方面,通过兼并、收购获得外延式成长,同时发挥国外租赁公司在人才、技术、管理等方面的先进经验,形成国内外业务和团队的协同效应,提升综合竞争力。

（1）国内全业态发展

2011年底,渤海租赁组建皖江金融租赁有限公司（"皖江租赁"）,获得一张金融租赁牌照。2013年又与澳门南通信托合资设立了横琴国际融资租赁有限公司（"横琴租赁"）,是一家中外合资的融资租赁公司。至此,渤海租赁旗下覆盖了我国三大租赁业态（内资、外资及金融租赁）,成为全牌照租赁龙头公司,业务资源、融资渠道不断丰富,综合实力进一步提升。

截至2014年底,皖江租赁的注册资本规模排在全国金融租赁公司第12位。2012年正式运营以来,总资产规模一直处于快速扩张阶段,2014年底总资产达到178.91亿元,净资产达到35.51亿元,净利润达到3.47亿元,权益净利润约1.9亿元,对渤海租赁的净利润贡献在15%以上。

横琴租赁成立于2013年10月,是天津渤海与澳门南通信托投资有限公司、珠海大横琴投资有限公司共同出资1000万美元在珠海市横琴新区投资组建的外资租赁公司。发展主要具备两方面优势:一是依托横琴新区金融创新及地缘优势，在区域基础设施建设、飞机、船舶、海洋工程结构物等方面的业务空间较大，特别是基础设施建设，是横琴开发的启动工程和基础工程，投资规模较大，需要融资支持，租赁公司在相关业务上大有可为；二是有澳门股东背景，打通了境外低成本融资渠道，通过境外融资使公司利差水平扩大到两个点以上，直接扩大利润空间。有鉴于此，渤海租赁对横琴租赁的发展给予了重点支持，2014 年 12 月再度对横琴租赁增资 2000 万美元，增资后注册资本升至 3000 万美元，天津渤海的持股比例上升至 63%。

（2）在国际通过兼并、收购进军飞机及集装箱租赁业务

2012 年，以收购海航集团（香港）有限公司（现更名为香港航空租赁有限公司）为标志，渤海租赁业务开始向海外延伸，并开始从事国际飞机租赁业务。此后，又先后收购了新加坡 Seaco SRL100% 的股权和 Cronos 集装箱租赁公司 80% 的股权，进军国际集装箱租赁业务。通过一系列业务布局，渤海租赁的海外租赁资产实力大幅提升，在飞机和集装箱租赁领域，竞争力排在全球前列。海外布局可从两方面受益。一是海外公司低成本融资。海外公司信用评级较高，发债成本较低。二是国内外业务协同。并购的海外租赁公司都是实力雄厚的成熟公司，其团队管理经验、技术实力、客户市场都可以与国内业务团队充分共享，发挥国内外协同效应，提升国内业务团队的竞争力。

2012 年 8 月，渤海租赁通过全资子公司天津渤海以 164725.4 万元现金和承接海航集团及海航国际总部对海航香港的 78274.6 万元债务的方式购买了海航香港 100% 的股权，成为国内第一家从事国际飞机租赁业务的上市公司。收购改组后更名为香港航空租赁有限公司（HKAC）。HKAC 充分发挥总部所在地香港的区位优势，与全球承租人保持着良好的合作关系。同时，与渤海租赁旗下成员公司一道，开拓大陆境内飞机经营性租赁市场。收购改组后，HKAC 实现了规模快速增长，截至 2014 年末，HKAC 总资产规模已经达到 140 亿元，较 2011 年末公司收购前总资产增长 62.32%；净资产规模达 36.08 亿元，较 2011 年末增长 97.48%。2014 年实现营业收入 13.08 亿元，净利润 2.49 亿元。

Seaco SRL 是世界第六大集装箱租赁公司，资产总额超过 29 亿美元，业务网络覆盖全球，为全球 80 多个国家和地区提供集装箱租赁服务，主要客户囊括全球十大集装箱航运公司。渤海租赁于 2013 年末通过增发融资收购了 Seaco SRL100% 的股权（以天津渤海为收购主体），进入国际集装箱租赁市场。截至 2014 年末，Seaco SRL 总资产规模为 189.27 亿元，净资产为 52.08 亿元，营业收入为 31.69 亿元，净利润为 6.54 亿元，净利润贡献率达 70%。集装箱租赁市场是垄断市场，集中度很高，新进入该领域较难，这也是 Seaco SRL 历年盈利保持稳中有升的重要原因，同时将为渤海租赁带来稳定的业绩贡献。此外，Seaco SRL 债券评级较高，融资成本较低。

Cronos 是集装箱租赁公司，在行业内全球排名第 8。2014 年 11 月，天津渤海出资 38 亿元人民币现金购买 Cronos 集装箱租赁公司 80% 的股权，使得集装箱租赁业务优势得到巩固，与 Seaco 合计市场份额达到 15%，排在全球第一位。

3. 经营特点

（1）全牌照资源优势逐步显现

渤海租赁是国内唯一一家同时拥有金融租赁、融资租赁全牌照的租赁集团，同时是目前境内租赁业的唯一一家境内上市公司。近年来，渤海租赁在国际集装箱和飞机租赁两大领域大力拓展，在国际市场上亦占据一定的竞争优势，未来有望发展成为租赁业内航母级公司。

（2）业务结构优化，持续推进向经营租赁转型

融资租赁同质化程度高，竞争激烈。渤海租赁依托公司专业化租赁团队及资产处置能力推进运营模式转型，抢占先机。2015 年上半年实现收入 26.37 亿元，同比增长 46%，毛利率为 58%，收入占比为 58%。融资租赁相关业务收入 14.33 亿元，同比增长 25%，毛利率为 45%，收入占比为 32%。

（3）集装箱、飞机租赁双轮驱动，内外协同强化

渤海租赁集装箱租赁业务居世界首位，2015 年上半年实现收入 24.29 亿元，净利润贡献率为 34%，同比增长 60%，收入占比为 54%。飞机租赁

业务全球领先，实现收入 7.58 亿元。境外收入占比达到 62%，境外专业化经营的先进经验逐步反哺境内业务，有望产生境内外经营协同效应。

（三）远东租赁

1. 基本情况

远东国际租赁有限公司（简称"远东租赁"）成立于 1991 年。2009 年9 月，KKR、GIC、SI 等外资参与战略注资远东租赁，远东宏信有限公司正式成立，远东国际租赁作为远东宏信的子公司和业务运营平台继续存在。2011 年 3 月，远东宏信在香港联交所主板上市。远东租赁组织架构见图 15。

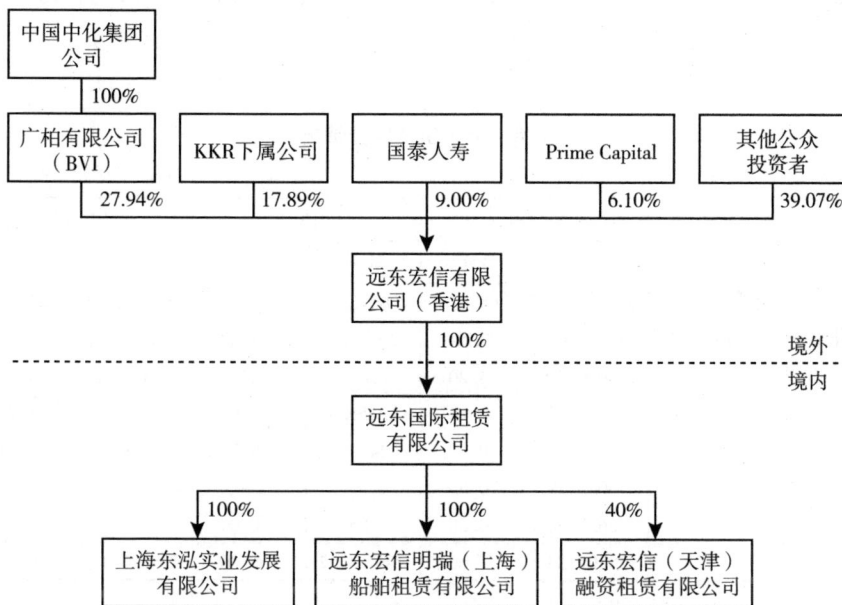

图 15　远东租赁组织架构

远东租赁目前注册资本为 18.17 亿美元，位居国内租赁行业第一。远东租赁从 20 多年前就开始对融资租赁领域进行探索，是中国融资租赁行业的先行者和领先者，在医疗、印刷、航运、建设、工业装备、教育等多个行业有较为突出的优势。截至 2015 年 6 月，远东租赁总资产 1193 亿元，资产规模 7 年增长 15 倍，年复合增长率为 46%。2014 年营业收入 100.8 亿元，净利润 23.4 亿元，净资产回报率为 14.2%。2015 年上半年收入 57.6 亿元，净利润 12.97 亿元。在资产总量持续扩张的同时，远东租赁资产质量稳定，不良贷款率为 0.91%，拨备覆盖率保持 219% 的较高水平。

2. 业务发展

远东租赁最早为中日韩三方共同出资的合资企业，1998 年亚洲金融危机后被中化集团控制，2000 年股权重组完毕并于次年将总部迁至上海后，业务开始进入了快速发展扩张阶段。作为国内最大的第三方融资租赁公司之一，远东租赁内靠央企中化集团，外依境外实力股东，逐步迈入了"全球资源化的战略阶段"，初步建立了"境内外双平台，横跨多个市场，筹资方式多样"的复合融资体系。

表 8　远东租赁经营情况

单位：万元，%

项目	2014 年		2013 年		2012 年	
	收入	占比	收入	占比	收入	占比
租赁及保理利息	611722.29	65.82	496872.13	66.23	297756.22	69.83
咨询及服务费	255717.04	27.51	220361.65	29.37	106613.80	25.00
经营租赁	39009.01	4.20	17685.44	2.36	421.12	0.10
销售商品（贸易）	7883.50	0.85	12159.30	1.62	15057.01	3.53
建造合同	6397.10	0.69	2449.50	0.33	6548.23	1.54
医院运营收入	6045.79	0.65	—		—	
其他收入	2629.50	0.28	685.5	0.09	—	
合　计	929404.23	100.00	750213.52	100.00	426396.38	100

资料来源：远东租赁年报。

融资租赁是远东租赁的核心业务，2012～2014 年融资租赁及保理业务收入占其营业收入的 60%～70%（见表 8）。与此同时，围绕已开展融资租赁的主要客户，通过顾问咨询、贸易、工程等多元化的业务模式与客户展开更深层次的协同合作。目前，远东租赁主业突出，已成功向多个行业发展，形成了以医疗、包装、交通、建设、教育、工业设备、纺织、电子、城市公用事业为代表的九大业务板块，各板块资产分布逐渐均衡，并在医疗、教育、工业设备等领域占有市场垄断地位。远东租赁业务收入结构见表9。

表9　远东租赁业务收入结构

单位：万元，%

项目	2014 年		2013 年		2012 年	
	收入	占比	收入	占比	收入	占比
医疗	144652.81	23.65	110374.75	22.21	69939.41	23.49
包装	83161.11	13.59	75917.37	15.28	45328.51	15.22
交通	52017.41	8.50	35984.35	7.24	14440.97	4.85
建设	97199.54	15.89	76745.96	15.45	51045.24	17.14
工业设备	55846.99	9.13	42368.93	8.53	33039.96	11.10
教育	93679.61	15.31	82086.81	16.52	48348.51	16.24
纺织	16065.42	2.63	12127.52	2.44	—	—
电子	36789.92	6.01	30952.62	6.23	—	—
城市公用事业	32309.52	5.28	30313.82	6.10	35613.61	11.96
合　计	611722.33	100	496872.13	100.00	297756.21	100.00

资料来源：远东租赁年报。

目前除融资租赁业务外，基于远东租赁的综合服务经营战略，远东租赁也从事咨询、经营租赁和贸易等专业服务。目前各项非融资租赁业务的开展还在探索阶段，未来业务规模预期呈较快增长态势。一是咨询服务方面，凭借多年积累的行业经验、财务分析和风险管理能力，为客户提供个性化的咨询服务，主要包括行业分析、设备运营分析、管理咨询和财务咨询等专业服务，是仅次于融资租赁业务的第二大业务板块，近两年对公司营业收入的贡献率基本保持在20%～40%的范围。咨询服务的开展，可以更好地发挥专业性，通过多产品、多业务的合作增强客户黏性，有利于充分发掘客户的潜在需求。二是经营租赁业务方面，目前主要集中在建设行业，主要涉及的设备有路面设备、工业设备、周转材料及电力设备等。2012～2014年，远东租赁经营租赁板块实现收入分别为5788.74万元、17685.44万元和39009.01万元，占营业收入的比重分别为0.98%、2.36%、4.2%，比重逐年提升。三是伴随着租赁业务，远东租赁逐渐根据客户需求发展贸易服务。截至 2015 年第 1 季度末，远东租赁直接或间接成立了 21 家租赁子公司或贸易公司，涵盖了其业务范围的医疗设备租赁、船舶融资租赁和工程设备租赁。

3. 经营特点

（1）"产业＋金融"的战略理念具有独特优势

相比其他金融行业而言，租赁行业具有独特的市场先行效应，即通过长期在特定细分领域的业务积累和经验沉淀，租赁公司逐渐获取了产业上下游的客户资源和供求信息，并利用自身的业务优势，通过采购咨询、管理咨询、贸易咨询等增值服务，增强客户黏性，从而使后来厂商很难进入业务市场。远东租赁坚持走"产业＋金融"道路，依据产业类型设置内部事业部，通过金融资源的组织运用和产业资源的发掘培育，为企业提供金融服务、产业投资与运营、经营性租赁、贸易经纪、管理咨询、工程服务等综合服务。"产业＋金融"模式决定了远东租赁的业务是沿行业纵深开展的，有助于外部客户资源平台的充分利用，实现客户价值的有效释放，并可以在资产规模不断扩大的同时提升运营效率。

（2）经营结构不断优化

远东租赁的融资租赁业务取得快速发展，这在很大程度上得益于不断的市场细分、结构优化和产品创新。近年来，远东租赁围绕所服务行业的特点，选择性地进行经营调整，重点发展教育、医疗、基建等弱周期行业，对航运、工业设备、纺织、印刷等强周期行业，较为保守地结构化推进业务。同时，在继承原有产业运营管理经验的基础上，于 2012 年底正式成立电子信息事业部，聚焦于开展针对国内信息产业客户的融资租赁及其他增值服务，为未来持续稳健增长增添了新的引擎。远东租赁坚持植根于产业战略理念，采取"营销式作业、专业化经营、复合型手法、系统化运作、集团式推进"的发展模式，通过业务创新和管理创新，稳步提升企业价值。

（3）开展经营租赁有助于推进复合化产业运营战略

远东租赁进入经营租赁领域的尝试具有战略性意义，着眼于传统租赁业务板块形成的资源，进行纵向产业类别延伸，从而构建"全产业链"的产业附着能力，形成复合联动经营能力，最终形成多元的综合经营局面。面对当前我国经营租赁行业内多数企业规模小、管理弱、基础差的现状，远东租赁希望通过探索产业化运营，促使经营租赁和融资租赁业务形成良性互动和有机结合，并以产品多样化、模式差异化和客户服务定制化为特色优势，从而在融资租赁业内形成独特优势并打造自身品牌。

三　融资租赁公司发展趋势

虽然我国经济已步入新常态，增长速度开始放缓，从高速增长转为中高速增长，但并不意味着融资租赁业的发展也会降速。目前来看，我国融资租赁行业快速发展的内在驱动力依旧强劲，而且，融资租赁业在我国的发展时间并不长，仍然处于发展的初级阶段，这也意味着未来的发展空间非常广阔。作为制造大国，我国许多行业出现产能过剩，融资租赁兼具的产品促销和投融资功能契合了制造业转型的需要。同时，由于政府和企业负债率高，融资租赁相比银行贷款，更能避免一次性大额投资带来的资金压力。不仅如此，我国经济改革的纵深化推进，也将给融资租赁业的发展带来改革红利。比如，随着城镇化、工业化、信息化和农业现代化进程的加快，相关领域的设备投资将给融资租赁提供业务空间；"一带一路"国家战略的实施，将通过融资租赁带动设备出口的需求不断增加；财税领域改革的不断推进，使融资租赁的节税效应逐渐显现，这些都将推动融资租赁的继续发展。随着行业的发展，融资租赁公司在整体向好的大趋势下，将不断调整自身的经营方向、组织定位等，呈现不同以往的发展态势和发展特点。

（一）定位开始分化

当前我国融资租赁公司的业务模式单一，客户对象集中，业务同质化的现象比较严重，没有体现各类融资租赁公司的经营差异。随着整个行业的不断发展，同质化现象会逐渐缓解，融资租赁公司将结合自身的资源禀赋，找准自身的发展定位。

对于具有资金优势的金融租赁公司而言，中小型项目并不适合其经营模式。将来金融租赁公司将基于自身的资金优势和抗风险能力强的优势，改变四处出击的现状，回归大型项目。

内资试点融资租赁公司或厂商租赁公司，未来可能会收缩融资租赁业务。融资租赁本质上是金融业务，有金融行业所独特的风险内控要求。厂商自身开展融资租赁难以回避的问题，就是如何平衡销售增长需求和风险控制。在 20 世纪 90 年代中期，曾经出现美国大量的厂商将所经营的融资租赁公司转让给独立或者第三方出租人的现象。因此，厂商可能会将租赁公司回归为内部职能部门或者将相关职能外包。

独立出租人，目前以外资融资租赁公司为主，将往综合性和专业性两个方向分化。没有实质业务的通道类公司，随着金融改革的推进和政策环境的规范将会逐渐消失。资产规模不大的小型融资租赁公司，应该专注于某个特定的行业或市场，将其做深、做透；而那些资本和人才实力雄厚的大型租赁公司，可以往综合化方向发展。

（二）业务领域扩展

2014 年内资融资租赁公司和外资融资租赁公司资产总额排在前 5 位的行业分别是交通运输设备、通用机械设备、工业装备、建筑工程设备和基础设施及不动产，这 5 个行业的资产总额占融资租赁业资产总额的 50%。

最近几年在我国产业结构调整升级的过程中，融资租赁逐步介入过去很少经营的领域。在 2006 年开始涉足航空领域，融资租赁公司在各地方的保税区或保税港区设立项目融资模式公司（SPV）开展业务，创新飞机租赁业务模式；许多大型制造企业布局融资租赁，从传统制造商向现代服务商转型，从单纯制造拓展到全流程服务；与机器人产业结合，推动工业机器人行业发展；介入海工领域，盘活船舶制造企业资产，助力开拓国际市场。另外，还在农业和医疗卫生领域取得突破。

未来我国融资租赁除了继续保持飞机、轮船、机械设备等大型固定资产业务以外，将在农机、科技、创投、文化、卫生和基础设施方面拓展业务，改变公共领域单纯依靠政府投入的局面，还将结合国家战略，在国家政策的引导下，布局电子信息、生命科技、节能环保和新能源等高精尖产业，进一步扩展业务范围，加快产业对接。

（三）融资渠道拓宽

成熟市场经济国家的融资租赁公司，其融资渠道包括银行贷款、债券、资产证券化、同业拆借等，在我国当前以间接融资为主的金融体系下，融资租赁公司的外部资金来源过于依赖银行贷款，阻碍了行业的健康发展。

近年来，我国融资租赁公司在拓宽融资渠道方面做了大量的尝试。在债券融资方面，招银、华融等金融租赁公司发行金融债，远东国际在银行间市场发售中期票据，渤海租赁发行公司债券，宜信惠琮国际融资租赁公司发行了融资租赁业的第一只私募债，并在天津股权交易所挂牌交易，交银金融租赁还在境外市场发行债券融资。在资产证券化方面，新疆广汇租赁发行以应收租赁款为基础资产的专项资产管理计划，远东国际发行资产证券化产品并在上海证交所挂牌上市。在信托和保理融资方面，平安国际融资租赁通过信托渠道引入保险资金，打开"险资入租"通道。除了与商业银行积极开展保理业务，融资租赁公司还尝试和专门的商业保理公司合作，比如华胜天成融资租赁与美国合作方成立租赁商业保理公司。一些地方开始组建融资租赁资产交易市场，适应融资租赁公司转让应收租金债权的需求。另外，不少地方政府纷纷出台了各种措施，在跨境融资等方面给予特殊政策。

因此，随着未来我国金融改革的加速和金融市场的不断完善，融资租赁公司将更多地利用资本市场多渠道筹集资金，为业务的发展获取长期稳定的资金来源。

（四）布局趋向平衡

目前我国融资租赁业区域化特征比较明显，基本集中在东部沿海地区，尤其是北京、天津、上海和广东四地，利用区位优势和政策支持，形成了融资租赁业的集聚地。

我国政府已经明确提出要拓展区域发展新空间，以西部大开发、东北振兴、中部崛起和东部率先发展为"四大板块"，以"一带一路"、长江经济带和京津冀协同发展为"三大支撑带"，"四大板块"和"三大支撑带"统筹协调发展。随着国家战略的贯彻落实，各区域将迎来自身的发展机遇，融资租赁企业也将逐步从东部沿海地区向中部、西部和东北地区扩张，行业整体在集聚发展的基础上，逐步实现区域平衡。

（五）资产管理能力提升

融资租赁具有融资和融物的双重属性，两方面都很重要，不可偏废。融资租赁公司既要发挥金融属性，以资融物、以资收租，也要加强对实物资产的管理，以物避险、以物增值。当前我国融资租赁公司过于偏重融资功能，在一定程度上忽视了对实物资产的管理。

融资租赁公司的盈利主要有 3 种来源，第一是利差收益，赚取租金收入和资金成本之间的价差，这是我国融资租赁公司目前的主要收入来源。随着金融市场的完善、利率市场化改革以及竞争的加剧，利差空间将不断收窄。第二是余值收益，指的是租赁资产到期后，对其处置所获得的收入。这部分收入在我国融资租赁公司的收入中占比很小，主要原因是国内缺乏系统全面的各类固定资产交易流通场所，租赁企业没有这方面的稳定收入渠道，到期租赁资产的处置业务还未广泛开展起来。第三是服务收益，指的是融资租赁公司围绕融资租赁主业，将其作为切入点，为客户提供围绕融资租赁的一系列财务顾问服务，此类业务我国融资租赁公司也未有效开展。可见，单纯依靠利差收益是不可持续的，必须围绕实物资产管理丰富融资租赁公司的盈利渠道。

融资租赁是以现实资产融通流转为基础内容的金融服务。融资租赁公司要保持持久竞争力，必须具备专业的资产管理能力，重视实物资产对风险敞口的缓释能力，这正是我国融资租赁公司当前所欠缺的。融资租赁公司要制定一套完整、成熟的发展策略和操作模式，涵盖融资租赁业务的全流程，包括业务创建、服务提供、资产管理和价值实现。随着业务的发展，融资租赁公司将开始分化，机构之间专业化、特色化和差异化逐渐显现，具备先进资产管理能力的优秀融资租赁公司将脱颖而出，取得长远发展的比较优势。

参考文献

［1］蔡鄂生：《我国金融租赁业的现状与发展模式》，《中国金融》2011 年第 4 期。

［2］李霞、何谐：《打造金融租赁之"工银模式"》，《当代金融家》2012 年第 11 期。

［3］李伏安：《新常态下金融租赁业的发展》，《中国金融》2015 年第 5 期。

［4］李思明：《从融资租赁本质看中国融资租赁业的未来》，《第一财经日报》第 4 版，2014 年 12 月 17 日。

［5］商务部流通发展司：《中国融资租赁业发展报告（2015）》，商务部网站，2015 年 8 月。

［6］田辉：《中国融资租赁业发展现状以及未来发展方向》，http：//www. drc. gov. cn/xscg/20151130/182－473－2889446. htm，2015 年 11 月 30 日。

［7］魏涛、郭晓露：《渤海租赁：内外兼修，国际化视野铸造辉煌》，中银国际研究报告，2015 年 5 月 25 日。

［8］远东租赁：《远东宏信公司 2015 年中期业绩报告》，远东租赁官方网站。

专　题　篇

Thematic Reports

B.9

中国融资租赁资产证券化发展分析

黄育华　王　洋*

摘　要：　融资租赁债权具有权属明晰且现金流稳定可预期的特点，是
　　　　　资产证券化重要的基础资产类型之一。在管理层积极政策的
　　　　　支持下，融资租赁资产证券化产品发行规模逐步扩大、发行
　　　　　成本日趋合理、创新设计层出不穷。对于融资租赁公司而言，
　　　　　资产证券化不仅是拓宽融资渠道的重要方式，更是盘活存量
　　　　　资产、摆脱资本约束以至形成新的商业模式的重要工具之一。
　　　　　作为一种创新融资方式，融资租赁资产证券化涉及承租人、
　　　　　原始权益人、计划管理人或信托机构、托管银行、资产服务
　　　　　机构、投资者等参与方，是集法律、会计、税收等领域为一

---

* 黄育华，经济学博士，中国社会科学院城市发展与环境研究所副研究员，主要研究领域为金
融理论、城市经济、风险管理；王洋，中国社会科学院研究生院金融学硕士，有国内券商投
行业务从业经历。

体的系统工程。当前，融资租赁资产证券化仍面临许多制约
因素，需要监管层及相关市场参与方在法律制度、财税政策、
会计准则等诸多领域进行不断探索和突破。

关键词： 融资租赁债权　特殊目的实体　基础资产

一　融资租赁资产证券化发展概况

在现阶段的监管格局下，租赁公司因主管部门不同而划分为金融租赁公司、融资租赁公司，而融资租赁公司又细分为内资试点融资租赁公司、外商投资融资租赁公司。金融租赁公司属于金融机构，由中国银行业监督管理委员会（以下简称"银监会"）主管，而内资试点融资租赁公司和外商投资融资租赁公司则被视为一般工商企业，其中内资试点融资租赁公司主要由商务部流通发展司主管，外商投资融资租赁公司由商务部流通发展司及外资司负责监管和审批。在目前的监管架构下，融资租赁资产证券化相对应地可分为金融租赁资产证券化、融资租赁资产证券化两大类，不同类型的资产证券化遵循着不同的市场规则。融资租赁企业基本监管格局见表1。

表1　融资租赁企业基本监管格局

	分类	监管机构	类型
金融租赁公司	金融租赁公司	中国银行业监督管理委员会	信贷资产证券化
融资租赁公司	内资融资租赁公司	商务部流通发展司	企业资产证券化
	外商投资融资租赁公司	商务部流通发展司及外资司	企业资产证券化

资料来源：根据网络资源统计整理。

（一）金融租赁资产证券化

1. 政策导向

2015年9月，国务院办公厅出台了《关于加快融资租赁业发展的指导

意见》（国办发〔2015〕68号）、《关于促进金融租赁行业健康发展的指导意见》（国办发〔2015〕69号），文件提出"积极鼓励融资租赁公司通过债券市场募集资金，支持符合条件的融资租赁公司通过发行股票和资产证券化，等方式筹措资金"，"允许符合条件的金融租赁公司通过发行债券和资产证券化等方式多渠道筹措资金"。由于融资租赁行业在服务实体经济中能发挥积极作用，国务院层面高度重视并支持行业内企业丰富融资渠道，相关政策措施的落实将进一步加快融资租赁行业的健康发展。

现阶段，金融租赁资产证券化以《中华人民共和国中国人民银行法》《中华人民共和国银行业监督管理法》《中华人民共和国商业银行法》《中华人民共和国信托法》为上位法，具体业务主要由《信贷资产证券化试点管理办法》和《金融机构信贷资产证券化业务试点监督管理办法》予以规范，后经《关于进一步扩大信贷资产证券化试点有关事项的通知》《关于规范信贷资产证券化发起机构风险自留比例的文件》《金融租赁公司管理办法》《关于信贷资产证券化备案登记工作流程的通知》等文件进一步丰富完善。

2005年4月，中国人民银行、银监会制定《信贷资产证券化试点管理办法》以规范信贷资产证券化试点工作，确定了在我国开展信贷资产证券化试点的基本法律框架；2005年11月，银监会颁布《金融机构信贷资产证券化业务试点监督管理办法》，对信贷资产证券化业务从市场准入、业务规则、风险管理和资本要求等方面予以全面规范，标志着信贷资产证券化业务试点进入实施阶段。

2012年5月，中国人民银行、银监会、财政部下发《关于进一步扩大信贷资产证券化试点有关事项的通知》（银发〔2012〕127号），从基础资产、机构准入、风险自留、信用评级、资本计提、会计处理、信息披露、投资者要求、中介服务9个方面进一步完善资产证券化制度以防范风险。

2014年3月，中国银监会修订《金融租赁公司管理办法》（中国银监会令2014年第3号），首次提出经银监会批准后金融租赁公司可开展资产证券化业务，并提出"金融租赁公司开办资产证券化业务，可以参照信贷资产证券化相关规定"。2014年11月，中国银监会发布《关于信贷资产证券化备案登记工作流程的通知》，银监会对已经取得资质的银行取消资格审批，信贷资产证券化转为备案制；业务资格由银监会机构监管部审批，产品在发行前向银监会创新部进行备案登记。金融租赁资产证券化政策概览见表2。

表2　金融租赁资产证券化政策概览

时间	颁布部门	文件名称	要点
2005 年 4 月	中国人民银行、中国银行业监督管理委员会	《信贷资产证券化试点管理办法》	确定了在我国开展信贷资产证券化试点的基本法律框架
2005 年 12 月	中国银行业监督管理委员会	《金融机构信贷资产证券化业务试点监督管理办法》	从市场准入、业务规则和风险管理、资本要求等方面对信贷资产证券化业务活动予以规范，标志着信贷资产证券化业务试点进入实施阶段
2012 年 5 月	中国人民银行、中国银行业监督管理委员会、财政部	《关于进一步扩大信贷资产证券化试点有关事项的通知》	从基础资产、机构准入、风险自留、信用评级、资本计提、会计处理、信息披露、投资者要求、中介服务 9 个方面进一步完善资产证券化制度以防范风险
2013 年 12 月	中国人民银行、中国银行业监督管理委员会	《关于规范信贷资产证券化发起机构风险自留比例的文件》	规范信贷资产证券化发起机构的风险自留行为
2014 年 3 月	中国银行业监督管理委员会	《金融租赁公司管理办法》	金融租赁公司开办资产证券化业务，可以参照信贷资产证券化相关规定
2014 年 11 月	中国银行业监督管理委员会	《关于信贷资产证券化备案登记工作流程的通知》	业务资格由银监会机构监管部审批，产品在发行前向银监会创新部进行备案登记
2015 年 9 月	国务院办公厅	《关于加快融资租赁业发展的指导意见》	积极鼓励融资租赁公司通过债券市场募集资金，支持符合条件的融资租赁公司通过发行股票和资产证券化等方式筹措资金
2015 年 9 月	国务院办公厅	《关于促进金融租赁行业健康发展的指导意见》	允许符合条件的金融租赁公司通过发行债券和资产证券化等方式多渠道筹措资金，研究保险资金投资金融租赁资产

资料来源：根据网络资源统计整理。

2. 发行市场情况

2015 年，在信贷资产证券化推行备案制等利好政策的推动下，我国融资租赁资产证券化市场发展提速，产品发行日渐常态化，发行规模持续扩大。但从统计数据来看，金融租赁资产证券化在信贷资产证券化产品中仍属于"小众"产品，巨大的发展空间尚待市场机构进一步开拓。

截至 2015 年 12 月 31 日，金融租赁资产证券化累计发行规模为 78 亿元，约占当期金融租赁 1.47 万亿总资产的 0.5%。根据中央国债登记结算有限责任公司发布的《2015 年资产证券化发展报告》，2015 年我国租赁资产证券化发行规模为 61.91 亿元，占全年发行的信贷资产证券化产品规模的 2%。金融租赁公司具有银行股东背景，同时具备融入低成本资金的渠道，因此资产证券化对金融租赁公司的吸引力相对有限。但随着资产证券化产品市场份额的逐步扩大、投资者参与认购资产证券化产品的意愿逐渐加强，资产证券化产品的发行成本将越来越趋于合理水平。除了融资目的之外，金融租赁公司更多地将资产证券化产品作为一种创新商业模式的工具。

2014 年 9 月，交融 2014 年第一期租赁资产证券化信托正式发行，发行规模为 10.12 亿元，成为金融租赁行业的首单银行间市场租赁资产证券化产品，填补了银监会系统中 24 家金融租赁公司参与资产证券化业务的空白，为扩大资产证券化试点提供了独特的实践案例。2015 年 1 月，由工银金融租赁公司发起的"工银海天 2015 年第一期租赁资产支持证券"产品在银行间市场发行，总规模为 10.32 亿元，成为第一家出表型租赁资产证券化发行的金融租赁公司。2015 年 7 月，由招银金融租赁发起的"招金 2015 年第一期租赁资产支持证券"在银行间市场发行，这是自 2014 年 11 月信贷资产证券化业务实施备案制以来的首单金融租赁资产证券化产品。金融租赁资产证券化发行情况见表 3。

表 3 金融租赁资产证券化发行情况

发起机构	项目名称	发行总额（万元）	发行人	发行场所
交银金融租赁	交融 2014 年第一期租赁资产支持证券	101233.59	交银国际信托	银行间债券市场
华融租赁	华租稳健租赁资产支持证券	64355.03	上海国际信托	银行间债券市场
工银租赁	工银海天 2015 年第一期租赁资产支持证券	103234.98	中信信托	银行间债券市场

发起机构	项目名称	发行总额(万元)	发行人	发行场所
江苏金融租赁	苏租 2015 年第一期租赁资产支持证券	104146.00	苏州信托	银行间债券市场
招银金融租赁	招金 2015 年第一期租赁资产支持证券	126145.60	上海国际信托	银行间债券市场
华融租赁	融汇 2015 年第一期租赁资产支持证券	285549.87	上海国际信托	银行间债券市场

资料来源：根据 Wind 资讯统计整理。

3. 交易结构

金融租赁资产证券化参照信贷资产证券化的相关规定，采取"中国人民银行行政许可 + 银监会批复"模式，由金融租赁公司作为金融租赁资产证券化的发起机构，将基础资产信托给信托公司成立资产证券化信托，由信托公司作为发行人向银行间债券市场的合格投资者发行不同档级的资产支持证券。一般来说，具体交易过程如下。

第一，金融租赁公司发起机构将相关资产委托给作为受托机构的信托公司，由信托公司设立资产证券化信托。受托机构发行以信托财产为支持的资产支持证券，将所得认购金额扣除承销报酬和发行费用的净额支付给发起机构。

第二，受托机构向投资者发行资产支持证券，并以信托财产产生的现金为限支付相应税收、信托费用及资产支持证券的本金和收益。

第三，发行人与发起机构、主承销商签署《承销协议》；主承销商与承销团成员签署《承销团协议》，组建承销团对资产支持证券进行发行。

第四，根据《服务合同》的约定，受托机构委托金融租赁公司作为资产服务机构对资产的日常回收进行管理和服务。

第五，根据《资金保管合同》的约定，受托机构委托银行对信托财产产生的现金资产提供保管服务。

第六，根据《债券发行、登记及代理兑付服务协议》的约定，受托机构委托中央国债登记公司对资产支持证券提供登记托管和代理兑付服务。

第七，受托机构安排优先级资产支持证券在银行间债券市场上市交易。

例如，"华租稳健租赁资产支持证券"，是根据银监会《中国银监会关于华融租赁和上海国际信托开展华租稳健租赁资产证券化项目的批复》（银监复〔2014〕693号）和人民银行《中国人民银行准予行政许可决定书》（银市场许准予字〔2014〕第228号）批准发行的，其交易结构如图1所示。

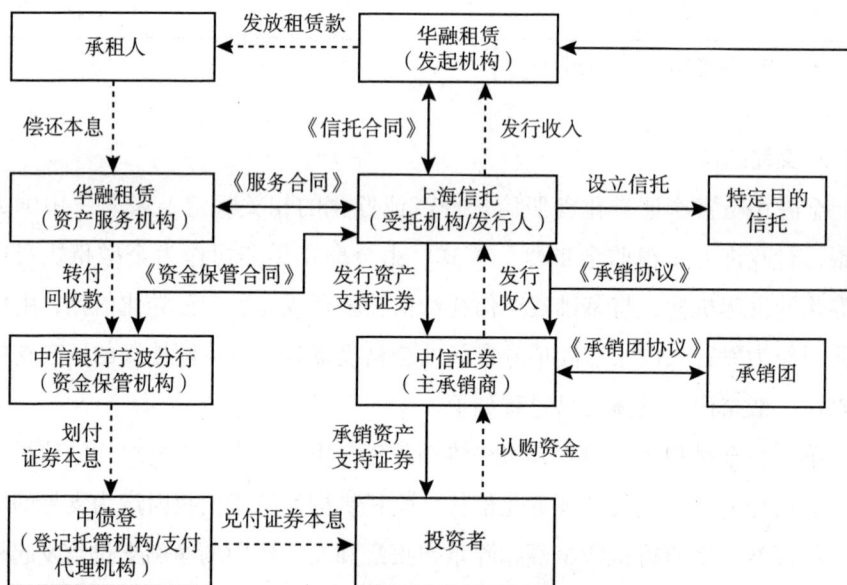

图1 "华租稳健租赁资产支持证券"交易结构

4. 主要法律关系及法律文件

（1）《信托合同》

在金融租赁资产证券化中，受托机构与发起机构签署《信托合同》，发起机构作为委托人，将信托财产信托给受托机构，由受托机构在全国银行间债券市场发行资产支持证券，以信托财产所产生的收益支付资产支持证券的本息①。

---

① 《信托合同》须约定信托目的、信托的设立、资产的赎回、清仓回购、信托受益权、受益人、资产支持证券、信托账户以及信托财产收益的分配顺序等事项，并详细约定受托机构的职责。

（2）《主定义表》

受托机构与发起机构签署《主定义表》，该定义表主要列示在交易文件中部分词语的定义、释义或解释条款。

（3）《服务合同》

受托机构与资产服务机构签署《服务合同》，受托机构委托资产服务机构按照《服务合同》的约定向受托机构提供与资产池有关的管理服务及其他服务，资产服务机构为此收取一定的服务报酬。《服务合同》须约定资产服务机构的职责和赔偿责任。资产服务机构的主要职责包括回收资产池中的资产，保存与资产池有关的账户记录以及定期出具资产服务机构的报告等。

（4）《资金保管合同》

受托机构与资金保管机构签署《资金保管合同》，受托机构须在资金保管机构开立信托账户，委托资金保管机构对信托账户进行托管，并委托资金保管机构根据受托机构的指令划转信托账户中的资金，资金保管机构为此收取一定的报酬。同时，《资金保管合同》须约定资金保管机构的赔偿责任。

（5）《承销协议》

发行人与主承销商、发起机构签署《承销协议》，主承销商根据该协议承销优先级资产支持证券以及次级资产支持证券，并为此收取一定的承销报酬。

（6）《承销团协议》

主承销商与承销商签署《承销团协议》，组建承销团对优先级资产支持证券以及次级资产支持证券进行销售，并为此收取一定的承销报酬。

（7）《投标协议》

投标参与人与发行人签署《投标协议》，参与本期优先级资产支持证券的投标，并有权从主承销商或受托机构处获得评级公司为资产支持证券出具的信用评级报告。

（8）《债券发行、登记及代理兑付服务协议》

受托机构与登记托管机构签署《债券发行、登记及代理兑付服务协议》，受托机构委托登记托管机构为资产支持证券提供登记托管、代理本息兑付服务，登记托管机构为此收取一定的服务报酬。

（二）融资租赁资产证券化

1. 政策导向

现阶段，融资租赁资产证券化以《证券法》《证券投资基金法》《私募投资基金监督管理暂行办法》《证券公司监督管理条例》为上位法，具体业务主要由《证券公司客户资产管理业务管理办法》、《证券公司及基金管理公司子公司资产证券化业务管理规定》及配套的《证券公司及基金管理公司子公司资产证券化业务信息披露指引》和《证券公司及基金管理公司子公司资产证券化业务尽职调查工作指引》予以规范约束。

2014 年 11 月，证监会发布了《证券公司及基金管理公司子公司资产证券化业务管理规定》，融资租赁资产证券化作为企业资产证券化的品种之一，其发行由事前行政审批改为事后备案[①]，并实施"负面清单"管理。备案制改革之后，租赁资产证券化业务迎来了新的发展机遇。

2. 市场发行情况

根据中央国债登记结算有限责任公司发布的《2015 年资产证券化发展报告》，2015 年融资租赁资产证券化发行规模为 512.57 亿元，占企业资产证券化发行规模的 29%。与金融租赁企业不同，融资租赁企业作为一般工商企业，资产证券化是其在银行贷款之外的另一个重要的资金来源，因此融资租赁资产证券化规模占交易所资产证券化规模的比重相对较大。

从发展趋势来看，融资租赁资产证券化发行主体不断扩大、发行成本日趋合理、创新设计层出不穷。随着参与证券化的租赁企业越来越多，租赁标的所涉及的行业不断增多，涵盖制造、医疗、环保节能等传统行业和新兴行业。2015 年 1 月 14 日，"宝信租赁一期资产支持专项计划"成为首只在企业资产证券化事后备案制度下挂牌交易的产品。2015 年 3 月，"南方骐元 –

[①] 资产证券化产品由证券交易所事前确认产品是否符合挂牌条件，并由中国证券投资基金业协会实行事后备案，资产证券化产品的发行效率因此大幅提升。

远东宏信（天津）1 号资产支持专项计划"取得深圳交易所挂牌无异议函，采取基础资产出表的方式实现融资租赁资产证券化。2015 年 3 月 30 日，融信租赁股份有限公司的"兴证资管－融信租赁一期资产支持专项计划"成功募资 2.07 亿元，是首单民营融资租赁企业资产证券化项目。2015 年 10 月，"广发恒进－南方水泥租赁资产支持专项计划"在深交所挂牌并启动交易，总规模 30 亿元，是截至目前我国单笔规模最大的租赁资产证券化项目，也是首单将增量租赁资产进行资产证券化的产品。2015 年融资租赁企业资产证券化发行情况见表 4。

表 4　2015 年融资租赁企业资产证券化发行情况

发起机构	项目名称	发行总额（万元）
文化科技租赁	文科租赁一期资产支持专项计划	76600.00
皖新租赁	方正证券皖新租赁 1 期资产支持专项计划	63000.00
粤科租赁	广发恒进－粤科租赁 1 期资产支持专项计划	60000.00
新皖租赁	广发恒进－新皖租赁 1 期资产支持专项计划	100000.00
华科租赁	华科租赁二期资产支持证券专项计划	23400.00
运通租赁	畅通二期资产支持专项计划	32900.00
赢时通汽车服务	赢时通一期资产支持专项计划	28800.00
医学之星（上海）租赁有限公司	医学之星一期租赁资产支持专项计划	47000.00
聚信租赁	华泰聚信租赁三期资产支持专项计划	101700.00
恒信金融租赁	国君资管恒信 3 号资产支持专项计划	137600.00
宝信租赁	宝信租赁五期资产支持证券专项计划	5900.00
远东租赁	远东五期资产支持专项计划	385080.00
鑫桥联合融资租赁	鑫桥租赁 2015 年第一期租赁债权资产支持专项计划	210000.00
先锋租赁	齐鲁资管先锋租赁一期资产支持专项计划	19236.58
平安租赁	平安国际租赁一期资产支持专项计划	201958.51
奥克斯租赁	兴证资管－奥克斯租赁 2015 年第二期资产支持专项计划	30000.00
中铁租赁	中铁租赁一期资产支持专项计划	67998.50
润兴租赁	华金瑞丰 3 号－润兴租赁资产支持专项计划	33465.14
中民国际融资租赁股份有限公司	中民国际租赁一期资产支持专项计划	12000.00

续表

发起机构	项目名称	发行总额（万元）
先锋太盟融资租赁有限公司	国金－先锋太盟一期资产支持专项计划	17000.00
聚信租赁	财通资管－齐鲁证券－聚信租赁资产支持专项计划	52700.00
西永微电园	重庆西永微电子产业园区租赁债权资产支持专项计划	167800.00
丰汇租赁	丰汇租赁二期资产支持专项计划	60000.00
狮桥租赁	狮桥二期资产支持专项计划	34500.00
海亮租赁	海亮租赁一期资产支持专项计划	149700.00
先锋租赁	德邦证券先锋租赁一期资产支持专项计划	14900.00
汇通信诚	汇通三期资产支持专项计划	109400.00
奥克斯租赁	奥克斯租赁一期资产支持专项计划	33228.35
德润租赁	德润租赁资产支持专项计划	81800.00
远东租赁	远东四期资产支持专项计划	196583.76
南山租赁	南山租赁一期资产支持专项计划	33300.00
中国民生银行	广发资管－民生银行安驰2号汇富资产支持专项计划	52000.00
运通租赁	畅通资产支持专项计划	29459.67
中关村租赁	广发恒进－中关村科技租赁1期资产支持专项计划	55300.00
汇通信诚	汇通二期资产支持专项计划	124100.00
渤钢租赁	渤钢租赁资产支持专项计划	41240.00
金美融资	华泰－金美－中联水泥三期租赁资产支持专项计划	300000.00
海洋租赁	浙江海洋租赁一期资产支持专项计划	54712.68
中建投租赁	中建投租赁一期资产支持专项计划	113417.72
海晟租赁	海晟租赁一期资产支持专项计划	18700.00
量通租赁	广发恒进－南方水泥租赁资产支持专项计划	300000.00
丰汇租赁	丰汇租赁一期资产支持专项计划	60000.00
宝信租赁	宝信租赁四期资产支持专项计划	87400.00
金美融资	华泰－金美－中联水泥二期租赁资产支持专项计划	50000.00
聚信租赁	第一创业聚信租赁一期资产支持专项计划	47300.00
中电投租赁	中电投融和租赁一期资产支持专项计划	181180.60
港联融资租赁	港联租赁一期资产支持专项计划	91300.00
福能租赁	福能租赁资产支持专项计划	67000.00
远东宏信租赁	远东宏信（天津）三期专项计划	341065.78
东海租赁	兴证资管－东海租赁一期资产支持专项计划	34700.00
正奇租赁	正奇租赁一期资产支持专项计划	50000.00

续表

发起机构	项目名称	发行总额（万元）
汇通信诚	汇通一期资产支持专项计划	115201.53
环球租赁	环球租赁资产支持专项计划	114185.82
金美融资	华泰－金美－中联水泥一期租赁资产支持专项计划	100000.00
先锋租赁	民生加银资管先锋租赁 1 号汇富资产支持专项计划	43000.00
华科租赁	华科租赁一期资产支持专项计划	22900.00
宝信租赁	宝信租赁三期资产支持专项计划	68100.00
远东宏信租赁	远东 2015 年第二期租赁资产支持专项计划	96060.00
恒信金融租赁	海通恒信一期资产支持专项计划	136200.00
融信租赁	兴证资管－融信租赁一期资产支持专项计划	20700.00
宝信租赁	宝信租赁二期资产支持专项计划	31500.00
远东宏信租赁	南方骐元－远东宏信(天津)1 号资产支持专项计划	62900.00
狮桥租赁	狮桥一期资产支持专项计划	48200.00

资料来源：根据 Wind 资讯统计整理。

3. 交易结构

融资租赁资产证券化属于企业资产证券化的产品类型之一，采用"交易所事前确认＋中国证券投资基金业协会事后备案"模式，主要在交易所债券市场发行相关产品。具体而言，由商务部批准设立的融资租赁公司作为原始权益人，证券公司或基金子公司作为计划管理人设立资产支持专项计划，计划管理人依据《资产买卖协议》的约定，将专项计划资金用于向原始权益人购买基础资产；认购人与计划管理人签订《认购协议》，将认购资金委托计划管理人管理，认购人成为资产支持证券持有人。宝信租赁一期资产支持专项计划交易结构见图 2。一般来说，具体交易过程如下。

第一，认购人与证券公司或基金子公司签订《认购协议》，将认购资金以专项资产管理的方式委托证券公司或基金子公司管理，认购人取得资产支持证券而成为资产支持证券持有人。证券公司或基金子公司作为计划管理人，设立并管理资产支持专项计划。

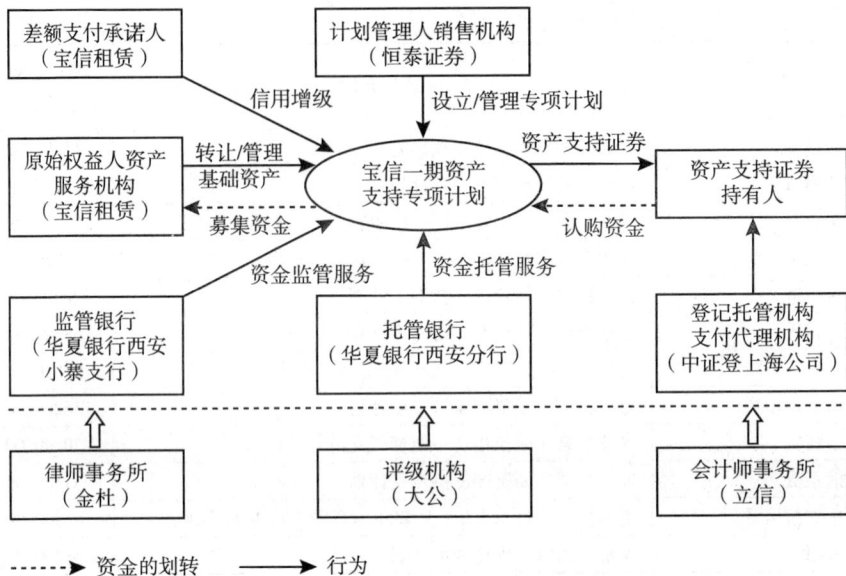

图2 宝信租赁一期资产支持专项计划交易结构

第二，证券公司或基金子公司根据与融资租赁公司签订的《资产买卖协议》的约定，将专项计划资金用于向融资租赁公司购买基础资产，即基础资产清单所列的由融资租赁公司在专项计划设立日转让给证券公司或基金子公司的、融资租赁公司依据租赁合同自基准日起对承租人享有的租金请求权和其他权利及其附属担保权益。

第三，服务机构（一般由融资租赁公司担任）根据《服务协议》的约定，负责基础资产对应的应收租金的回收和催收，以及违约资产处置等基础资产管理工作。资产服务机构在收入归集日将基础资产产生的现金流划入监管账户。

第四，监管银行根据《监管协议》的约定，在回收款转付日依照资产服务机构的指令将基础资产产生的现金流划入专项计划账户，由托管银行根据《托管协议》对专项计划资产进行托管。

第五，如果产品涉及增信机制，则往往会在交易结构中设置差额支付机制。当发生任一差额支付启动事件时，差额支付承诺人须根据《差额支付承诺函》将差额资金划入专项计划账户。

第六，证券公司或基金子公司作为计划管理人，须根据《计划说明书》及相关文件的约定，向托管银行发出分配指令，托管银行根据分配指令，将相应资金划拨至登记托管机构的指定账户用于支付资产支持证券的本金和预期收益。

4. 主要法律关系及法律文件

（1）《资产支持专项计划标准条款》

计划管理人为规范专项计划的设立和运作，须制作《资产支持专项计划标准条款》。

（2）《资产买卖协议》

《资产买卖协议》须具体规定专项计划的基础资产、购买价款及其支付、当事人之间的基本权利义务等事项，包括权利完善措施、资产赎回、清仓回购、违约责任等。根据《资产买卖协议》，原始权益人同意出售，且计划管理人同意代表专项计划的认购人按照《资产买卖协议》的条款和条件购买相应的基础资产。

（3）《认购协议》

计划管理人须与资产支持证券投资者签署《认购协议》。

（4）《服务协议》

《服务协议》须规定资产服务机构在专项计划存续期间享有的权利和应履行的义务，包括但不限于对基础资产的管理、报告和声明、保管、违约责任等。一般来说，计划管理人委任融资租赁公司专项计划的资产服务机构，由其按照《服务协议》的规定为专项计划提供与基础资产及其回收有关的管理服务及其他服务。同时，融资租赁公司接受该委任并同意将根据《服务协议》的规定履行相应职责。

（5）《托管协议》

计划管理人须根据《资产支持专项计划标准条款》《认购协议》《计划说明书》《托管协议》的规定，委托托管银行保管专项计划资金，托管银行根据《托管协议》的约定为专项计划提供托管服务。

（6）《监管协议》

资产服务机构、计划管理人须根据《资产支持专项计划标准条款》及《监管协议》的规定，委托监管银行自专项计划设立日起至《监管协议》终止日止的期间内监督管理监管账户；监管银行根据《资产支持专项计划标准条款》及《监管协议》的约定提供账户监管服务，并为专项计划资产支持证券持有人的利益，向计划管理人承担《监管协议》项下的责任和义务。

二 融资租赁资产证券化产品设计

（一）基础资产的选择

根据《证券公司及基金管理公司子公司资产证券化业务管理规定》，"基础资产是指符合法律法规、权属明确，可以产生独立、可预测的现金流且可特定化的财产权利或者财产"。融资租赁资产证券化中的基础资产应具有持续且稳定的市场需求和承租客户，租赁资产在证券存续期间内被淘汰的可能性较低，且能够在未来产生稳定的现金流，同时应考虑基础资产所涉及业务的盈利能力及由承租人支付意愿和能力引发的违约风险。通常，基础资产具备以下特征。

第一，无权利瑕疵或负担。相关基础资产以及产生该基础资产的相关资产不应附带权利限制，没有设立抵押。若有，须解除相关担保负担和其他权利限制，才可作为基础资产。

第二，转让合法性、有效性。基础资产具备可转让的性质，才能有效出售，实现破产隔离。租赁资产证券化的基础资产属于租赁债权，因此基础资产的转让的合法性、有效性即债权的可转让性。

第三，基础资产是特定化的，独立而不依附于其他财产或财产权利而存在。

第四，在未来产生可预期的稳定现金流，即基础资产具备明确约定的支付模式，且这种约定必须是具有法律效力的契约。

（二）权利完善措施

一般来说，融资租赁公司在将基础资产池的租金请求权和其他权利及其附属担保权益转让给专项计划的同时，还将继续持有租赁物件的所有权。虽然租赁物件并不在融资租赁公司的资产负债表中，且会随着租金请求权和其他权利及其附属担保权益而转移，但是融资租赁公司若在专项计划存续期间进入破产程序，则租赁物件是否会被列入破产财产存在争议和不确定性。

在目前的法律环境下，为了降低相应风险，《资产支持专项计划标准条款》《资产买卖协议》等协议将设置相关权利完善事件。权利完善事件由计划管理人和原始权益人约定，一般包括：发生任何一起资产服务机构解任事件，导致资产服务机构被解任；评级机构给予资产服务机构的长期主体信用评级下降至低于某一等级；发生与原始权益人有关的丧失清偿能力事件；评级机构给予融资租赁公司的长期主体信用评级下降至低于某一等级。如果发生了上述权利完善事件，则启动权利完善措施。

在原始权益人主体长期信用等级级别下调后，回收款划转日将根据融资租赁公司的主体信用评级下调的情况予以迅速调整，减少回收款在融资租赁公司和专项计划账户的停留时间。

当权利完善事件未发生时，融资租赁公司无须将承租人或第三方支付的全部保证金转付至保证金科目，由融资租赁公司自行按照租赁合同的约定对保证金进行管理和运用。当发生权利完善事件时，融资租赁公司应将其持有的承租人或第三方交付的全部保证金在约定期限内转付至专项计划账户，并由托管银行记入保证金科目。

在发生任一权利完善事件后，原始权益人应按照权利完善措施将与基础资产有关的租赁物件的所有权转让给计划管理人，并办理相应所有权转移登记；向承租人、担保人等其他相关方发出权利完善通知，将租赁物件、基础资产转让的情况通知有关各方，并指示相关方将租金、担保物变现价款、保险金或其他应属于专项计划资产的款项直接支付至专项计划账户，不再支付至原始权益人的收款账户。

为了确保权利完善措施的执行，在发生权利完善事件且原始权益人不履行通知义务时，计划管理人有权在权利完善事件发生后代原始权益人向承租人、保险人等相关主体发出权利完善通知。

（三）信用增级措施

基础资产未来现金流取决于租赁合同违约率、违约后回收率和提前退租率，基础资产未来现金流具有一定不确定性，使优先级资产支持证券持有人可能面临现金流预测偏差导致的资产支持证券投资风险。

1. 初始超额抵押

专项计划的基础资产整体转让给了计划管理人，基础资产所对应租赁合同剩余期限内回收款均归属于专项计划。资产池剩余本金余额多于资产支持证券票面金额的部分形成初始超额抵押，使基础资产所产生的未来现金流入大于支付给投资者的本息。若出现基础资产现金流入低于预定现金流入规模，导致可能无法支付当前本息的情况，由超额部分予以补足，有较强的信用增级作用。当优先级本金和费用全部清偿后，若超额抵押仍有余额，则剩余部分作为次级份额收益。

2. 超额利差

资产池现行加权平均利率与优先级资产支持证券预计平均票面利率之间存在一定的超额利差，为优先级资产支持证券提供了一定的信用支持。

3. 优先/次级分层

专项计划对资产支持证券进行了优先/次级分层，分为优先级资产支持证券和次级资产支持证券，优先偿付优先级资产支持证券利息后，再偿付优先级资产支持证券本金，优先级资产支持证券利息和本金依次得到完全偿付后的当前超额部分现金流，用于次级资产支持证券的分配。次级产品全部由原始权益人认购，从而可以有效防范原始权益人的道德风险。通过资产支持证券分层的结构安排，降低了优先级资产支持证券的风险，次级产品为优先级产品提供了一定的信用支持。

4. 差额支付承诺

为降低基础资产现金流不确定性的风险，一般由原始权益人不可撤销及无条件地向计划管理人承诺并出具《差额支付承诺函》，承诺在专项计划每一分配日对专项计划资金不足以支付优先级资产支持证券的各期预期收益、全部未偿本金和约定专项计划税费的差额部分承担补足义务。《差额支付承诺函》作为《资产支持专项计划标准条款》的一部分，一旦认购人签署了《认购协议》，即视为确认和接受《差额支付承诺函》的全部内容，对差额支付人和认购人均具有法律效力。原始权益人承担的差额补足义务为优先级资产支持证券预期支付额的偿付提供一定的外部信用支持。

5. 第三方外部担保

由第三方对资产支持专项计划提供信用担保，担保人可以是母公司、主要股东、担保机构等。

6. 违约基础资产回购

在专项计划存续期内，任一基础资产所对应的承租人在《租赁合同》约定的租金还款期限内仍未按约定偿还全部或部分应付租金的，计划管理人有权要求原始权益人在约定期限内，按照初始基础资产入池标准提供应收融资租赁贷款不低于该笔被替换的基础资产所对应应收融资租赁款余额的基础资产用于替换。否则，计划管理人有权要求原始权益人对该笔违约基础资产按照应收融资租赁款余额，在约定期限内进行回购。

7. 现金储备账户

发行人设置现金储备账户，当预期基础资产产生的现金流入不足以偿付资产支持证券当期本息时，发行人动用现金储备账户内的资金以弥补投资者的损失。

（四）现金流转付机制设置

当资产服务机构的财务状况或信用状况恶化后，租金回收款和资产服务机构的其他资金混同，从而产生资金混同风险，将给租金债权带来损失。

1. 回收款转付机制

在原始权益人主体长期信用等级级别下调后，回收款划转日将根据原始权益人的主体信用评级下调的情况及时调整，缩短回收款在原始权益人和专项计划账户的保留时间。比如在某案例中，当评级机构给予资产服务机构的长期主体信用评级高于或等于 A+级时，回收款于每个租金回收计算日后的第 3 个工作日向专项计划账户进行转付；当评级机构给予资产服务机构的长期主体信用评级等于 A 级时，回收款于每个自然月结束后的第 3 个工作日向专项计划账户进行转付；当评级机构给予资产服务机构的长期主体信用评级低于 A 级时，资产服务机构将通知承租人、担保人将其应支付的款项直接支付至专项计划账户。

2. 保证金转付机制

当评级机构给予融资租赁公司的主体长期信用等级低于某一等级时，原始权益人应将其届时持有的承租人或第三方交付的全部保证金转付至专项计划账户，并由托管银行记入保证金科目。

市场主流的现金流支付机制设计见图3。

（五）信用触发机制

专项计划一般设置两类信用触发机制：一是加速清偿事件，即与参与机构履约能力、资产池违约率相关的事件；二是违约事件，即与资产支持证券兑付相关的事件。信用事件一旦触发将引致基础资产现金流支付机制的重新安排，对优先级资产支持证券形成信用保护。

如果加速清偿事件发生，则收入科目的资金将不再用于限额以外的其他专项计划费用及次级资产支持证券期间收益的支付，而是将剩余资金全部转入本金科目用于优先级资产支持证券本金的兑付。

如果违约事件发生，则专项计划账户内资金不再区分收入回收款和本金回收款，而是将二者混同并在支付有关的税费、报酬以后用于顺序偿付优先A级资产支持证券的预期收益和本金、优先B级资产支持证券的预期收益和

本金回收款和收入回收款流入 　　　　　　　　　　　　合格投资收益

信托账户

收入账　　　　　　　　　　　　本金账

1.税收及规费
2.除资产服务机构外的参与机构服务报酬和限额内参与机构垫付费用
3.限额内资产服务机构报酬
4.优先A-1档资产支持证券和优先A-2级资产支持证券利息
5.优先B档资产支持证券利息
6.如发生加速清偿事件,余额全部转入本金账
7.本金账累计移转额和违约额补足
8.限额外资产服务机构报酬
9.限额外参与机构垫付费用
10.余额转入本金账

1.收益账1~5项差额补足
2.若未发生加速清偿事件
(a)若本支付日已到优先A-1档证券的预期到期日,则偿还优先A-1档证券该日应付本金,然后偿还优先A-2证券的本金
(b)若本支付日未到优先A-1档证券的预期到期日,则偿还优先A-2档证券的本金
(c)若优先A-2档证券本金支付完毕,则支付优先A-1档证券本金直至完毕
3.若发生加速清偿事件,同顺序按比例支付优先A-1档证券和优先A-2档证券的本金直至完毕
4.支付优先B档证券本金直到完毕
5.支付次级资产支持证券本金直到清偿完毕
6.次级资产支持证券剩余收益

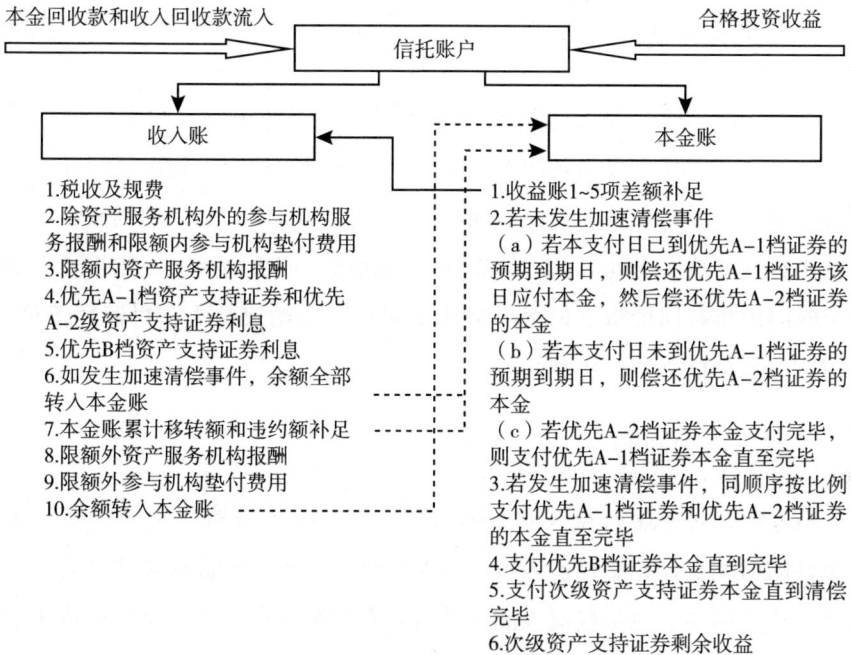

图3　市场主流的现金流支付机制设计

本金,剩余资金及其他专项计划剩余资产原状分配给次级资产支持证券持有人。触发违约事件下的现金流支付机制见图4。

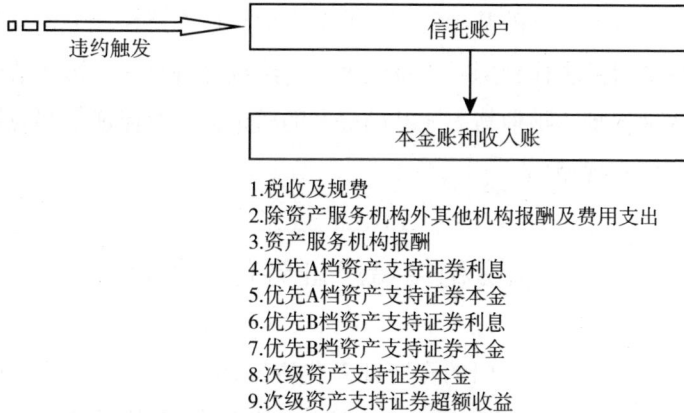

违约触发 　　　　　　　信托账户

本金账和收入账

1.税收及规费
2.除资产服务机构外其他机构报酬及费用支出
3.资产服务机构报酬
4.优先A档资产支持证券利息
5.优先A档资产支持证券本金
6.优先B档资产支持证券利息
7.优先B档资产支持证券本金
8.次级资产支持证券本金
9.次级资产支持证券超额收益

图4　触发违约事件下的现金流支付机制

（六）资产赎回条款

专项计划一般会设置违反资产保证的资产赎回条款，约定计划存续期内，如果计划管理人提出赎回不合格资产，或原始权益人提出赎回并经计划管理人同意，原始权益人应在赎回起算日按照本协议约定的规则提出赎回价格并由计划管理人书面确认。计划管理人确认赎回价格后，原始权益人应在约定时间内将赎回价格支付至专项计划账户。原始权益人支付赎回价格后，取得所涉不合格资产的权利。

（七）清仓回购

清仓回购是原始权益人的一项选择权。在满足《资产买卖协议》规定的条件的情况下，原始权益人可以按照与计划管理人协商确定的公允市场价值进行清仓回购。原始权益人能否进行清仓回购主要考虑基础资产的未偿本金余额、剩余基础资产的市场价值等条件。

（八）循环结构

为了解决基础资产的期限与资产支持证券期限错配的矛盾，部分融资租赁资产证券化产品引入循环购买结构，将基础资产池中产生的现金流按照合格标准用于持续购买新的基础资产，使资产池规模维持在一个相对稳定的状态，直到特殊目的主体到期时再将现金支付给权益持有人。循环结构设计中既要严格入池标准，把控新入池基础资产的质量，又要保证足够规模的新入池基础资产以实现循环。

三　融资租赁资产证券化法律问题

目前，我国尚未有专门的资产证券化方面的立法。2014 年 3 月 13 日，银监会发布了《金融租赁公司管理办法》，其中第 27 条明确指出，经营状况良好、符合条件的金融租赁公司可以开展资产证券化业务。同时，《金融租赁公司管理办法》第47条进一步明确了"金融租赁公司开办资产证券化业务，可以参照信贷资产证券化相关规定"。金融租赁公司从事融资租赁资产证券化业务须遵循《金融租赁公司管理办法》《中华人民共和国信托法》《信贷资产证券化试点管理办法》《金融机构信贷资产证券化试点监督管理办法》《资产支持证券信息披露规则》等法律、行政法规、部门规章和规范性文件的相关规定。信托公司作为融资租赁资产证券化交易的受托人，还应遵守《信托公司管理办法》等行业管理法规的相关规定。此外，金融租赁公司在开展业务过程中，也应遵守《中华人民共和国民法通则》《中华人民共和国合同法》《中华人民共和国担保法》《中华人民共和国民事诉讼法》、《中华人民共和国物权法》《中华人民共和国企业破产法》等法律法规的相关规定。

而商务部主管的融资租赁公司从事融资租赁资产证券化业务则须遵循《证券公司客户资产管理业务管理办法》《证券公司及基金管理公司子公司资产证券化业务管理规定》《中华人民共和国合同法》①等法律法规的相关规定。证券公司及基金管理子公司作为计划管理人开展客户资产管理业务，涉及的主要法律关系为客户与证券公司之间的委托代理法律关系。

（一）各参与方主要法律关系

1. 发起机构或原始权益人

发起机构或原始权益人的权利、义务主要在《信托合同》或《资产买卖协议》中予以规范。发起机构或原始权益人作为信托或资产管理专项计划的委托人，有权获得资产支持证券的发行收入净额，同时享有法律规定和《信托合同》或《资产买卖协议》约定的其他权利。

发起机构或原始权益人有同意受托人按《信托合同》或《资产买卖协

---

① 根据《合同法》的规定，作为委托人的资产所有人与作为受托人的证券公司签订委托合同，证券公司以委托人的名义管理受托资产，并不对委托人或受托资产的债务承担责任；资产的所有权仍然归于委托人，委托人对于证券公司在权限范围内的投资行为，以包括受托资产在内的自有财产承担民事责任。

议》约定的方式管理、运用、处分信托财产或专项计划财产的义务；有按照《信托合同》或《资产买卖协议》的规定赎回不合格资产的义务；在发生权利完善事件时，有义务根据《信托合同》或《资产买卖协议》的约定通知承租人、担保人和保险人等相关方，并视情形在约定期限内办理租赁物件所有权和附属担保权益的变更登记；除根据《信托合同》或《资产买卖协议》将资产转移给受托人之外，发起机构或原始权益人不得将资产出售、质押、抵押、转让或转移给任何其他主体，不得采取其他行动损害受托人对资产或账户记录享有的权利，不得在资产或相关账户记录上设立或允许存在任何担保。

2. 受托机构或计划管理人

在金融租赁资产证券化中，受托机构有权发行资产支持证券，并获得受托机构的服务报酬；受托机构有权提议召开资产支持证券持有人大会，对涉及信托事务的重大事项进行表决并按照表决结果处理信托事务；有权管理、运用、处分信托财产；有权根据《信托合同》的约定委托资产服务机构、资金保管机构、评级机构、审计师等机构代为处理相关的信托事务；有权根据《信托合同》的约定委托登记机构和支付代理机构提供资产支持证券的登记托管和本息兑付服务；有权享有所适用的中国法律规定和《信托合同》约定的其他与信托财产相关的权利。

受托机构有义务按照《信托合同》的约定将资产支持证券的发行收入净额支付给委托人；有义务为资产支持证券持有人的最大利益处理信托事务；有义务将信托财产的账目和记录与其固有财产及其管理的其他信托财产的账目和记录分开保管；有义务在分配计算通知日按照《信托合同》的规定，向资金保管机构出具分配计算通知书；有义务在受托机构报告日公布受托机构报告，于每年 4 月 30 日前公布经审计师审计的上年度受托机构报告；除获取报酬以外，受托机构不得利用信托财产为自己谋取利益。

在企业资产证券化中，计划管理人相关权利、义务与上述受托机构的权利、义务相类似。

3. 资产服务机构

资产服务机构有权依据《服务合同》收取一定的服务报酬，有权按照《服务合同》的约定收回为提供资产服务而垫付的执行费用、成本和开支。资产服务机构有义务根据法律规定和《服务合同》的约定，提供与信托财产有关的各项回收与管理服务，包括但不限于回收资产，定期编制资产服务机构报告，妥善保管与信托财产有关的文件等。

4. 资金保管机构

资金保管机构有权依据《资金保管合同》收取一定的报酬，并可要求受托机构以信托财产支付其须支付的报酬和费用。资金保管机构有义务依据《资金保管合同》的约定，提供与信托财产有关的资金保管服务，如开立信托账户、定期提供季度资金保管报告和年度资金保管报告等。

5. 主承销商

主承销商的主要权利包括完成资产支持证券的承销工作，并收取一定的承销报酬。主承销商有义务组织承销团并协调承销团的各项工作；有义务依据《承销协议》的规定，按时足额将扣除承销报酬后的资产支持证券募集款项划入发行人指定的银行账户；有义务按照《承销协议》的约定协助发行人完成各档资产支持证券的公开招标工作；有义务在资产支持证券发行结束后，按照主管部门和登记托管机构的要求，报送有关资产支持证券承销总结、登记托管等文件和资料；有义务按《承销协议》的规定履行余额包销义务，依约进行分销；有义务组建承销团在全国银行间债券市场承销资产支持证券，并有权根据《承销团协议》收取一定的报酬。

（二）法律障碍

1. 法律位阶

现有的资产证券化专门性法规存在立法层次和效力比较低的问题。由于资产证券化业务作为一种新兴融资方式，涉及层面较为多元、复杂，在法律适用问题上可能与《公司法》《证券法》《信托法》《担保法》等基本法律产生冲突，进而面临法律位阶较低而不适用的风险。

2. 金融租赁资产证券化的法律问题

金融租赁资产证券化的发行人通常为信托机构设立的资产证券化信托，《信托法》的部分规定对金融租赁资产证券化的具体业务产生了不确定性。

例如，《信托法》对信托定义中"委托"的措辞难以明确信托型资产证券化中的权利、义务关系，也不利于实现资产证券化所追求的"真实出售"①。又如《信托法》第 15 条提及"设立信托后，委托人死亡或者依法解散、被依法撤销、被宣告破产时，委托人是唯一受益人的，信托终止，信托财产作为其遗产或者清算财产"，这使得信托财产在特定情形下仍可能成为委托人的财产。《信托法》第 12 条规定，"委托人设立信托损害其债权人利益的，债权人有权申请人民法院撤销该信托"。在我国的《破产法》中，规定在债务人存在欺诈性转移的情况下，转移行为可以被认定为无效或可撤销，这可能会使基础资产的转让在特定情形下出现无效的问题。《信托法》第 52 条规定，"信托不因委托人被宣告破产而终止"，然而在信托财产所有权及破产的问题上，《破产法》的顺位要优于《信托法》，这使《信托法》对信托财产相对独立性的规定面临不确定性。

3. 融资租赁企业资产证券化的法律问题

企业资产证券化的特殊目的实体是资产管理专项计划，虽独立于发起人、管理人和投资人，但是在法律上不具有法律主体资格，且成立专项计划所依据的文件仅为中国证监会的部门规章，其独立性难有法律保障。相关协议的签署和履行只能由作为管理人的证券公司或基金子公司代行，其关于专项计划独立性的安排只能被视为各参与方的一种基于合同产生的义务或承诺，不具有对抗性，不能对抗当事人以外的第三人。进一步而言，管理人的自有资产和基础资产难以实现有效隔离，管理人的破产风险有可能危及基础

---

① 我国《信托法》第 2 条规定，"信托是指委托人基于对受托人的信任，将其财产权委托给受托人，由受托人按委托人的意愿以自己的名义，为受益人的利益或者特定目的，进行管理或者处分的行为"。

资产的安全。另外，专项计划无法作为合格的法律主体办理登记手续，专项计划无法成为抵押或者质押等担保方式的权利人。

4. 真实出售的法律障碍

在资产证券化业务中，要实现破产隔离须进行特殊的制度设计，专门设立特殊目的实体作为资产受让人，将基础资产与原始权益人拥有的其他财产进行分离。要实现破产隔离的目的，基础资产必须是真实出售，须判断追索权、回购权和控制权条件，同时结合资产的风险和报酬是否转移至特殊目的实体、资产的转移是否不可撤销、资产转让价格是否合理等情况综合考量。在信贷资产证券化领域，我国《信托法》对信托财产的权属并没有明确规定。在企业资产证券化领域，由于专项计划本身的法律主体地位不清晰，因此不能保证基础资产的"真实出售"。虽然我国会计准则对"真实出售"做出了有关规定，但是法律领域的认定不能直接适用会计准则。

（三）其他法律问题

1. 债权转让性问题

（1）债权转让合法性

由于被证券化基础资产是租赁债权，债权是由合同产生的相对权利，不涉及所有权问题，《合同法》所定义的"买卖合同"不适用。由此从《合同法》来看，发起人将租赁债权交由特殊目的实体的行为不属于资产买卖，而是属于资产有偿转让。

《合同法》规定我国资产转让原则采取的是通知转让。基于《合同法》第 79 条规定[①]，发起人转让资产给特殊目的实体，并不需要取得债务人的同意，即只要没有法律的禁止性规定和当事人之间关于禁止转让债权的约定，债权人就可以转让自己的债权，故转让债权资产在我国并不存在大的法

---

① 我国《合同法》第 79 条规定，"债权人可以将合同的权利全部或者部分转让给第三人，但有下列情形之一的除外：（1）根据合同性质不得转让；（2）按照当事人约定不得转让；（3）依据法律规定不得转让"。

律障碍。

（2）债权转让有效性

为了提高资产证券化产品的发行效率并节省相应成本，债权转让通常不会逐笔通知债务人，尤其是在债务人数量较多的情况下。一般由融资租赁企业作为债权管理人，负责债权的管理和回收工作，同时采取"公告通知转让"和设置"权利完善措施"的方式来代替逐一通知债务人的方式。这与《合同法》第80条及《信贷资产证券化试点管理办法》第12条①关于债权转让通知的规定不同，其有效性值得商榷，但监管部门目前认可以上变通方式。

2. 从权利转移问题

（1）担保权

担保权属于从权利，担保权自由转移受到法律认可；保证合同债权转移采取自动生效主义，主债权转让时，附属保证权利一并转移且无须办理转让手续②。

（2）抵押权

我国立法对抵押权的单独转让采取否定主义，除非有相反约定③。但由于《物权法》认可了抵押权不得附随转移约定之合法性，即原始合同中关

---

① 《合同法》第80条规定，"债权人转让债权的，应当通知债务人，未经通知，该转让对债务人不发生效力"；《信贷资产证券化试点管理办法》第12条规定，"发起机构应在全国性媒体上发布公告，将通过设立特殊目的信托转让信贷资产的事项，告知相关权利人"。

② 《合同法》第81条规定，"债权人转让权利的，受让人取得与债权有关的从权利，但该从权利专属于债权人自身的除外"；《担保法》第22条规定，"保证期间，债权人依法将主债权转让给第三人的，保证人在原保证担保的范围内继续承担保证责任。保证合同另有约定的，按照约定"；最高人民法院《关于适用〈中华人民共和国担保法〉若干问题的解释》第28条规定，"保证期间，债权人依法将主债权转让给第三人的，保证债权同时转让，保证人在原保证担保的范围内对受让人承担保证责任"。

③ 《担保法》第15条规定，"抵押权与其担保的债权同时存在，债权消失的，抵押权不得与债权分离而单独转让，或者作为其他债权的担保"；《担保法》第52条规定，"抵押权与其担保的债权同时存在，债权消灭的，抵押权也消灭"；我国《物权法》第192条规定，"抵押权不得与债权分离而单独转让，或者作为其他债权的担保；债权转让的，担保该债权的抵押权一并转让，但法律另有规定或者当事人另有约定的除外"。

于抵押权转让的规定中如有抵押权不得附随转让的约定，则当事人受让主债权时不能同时受让抵押权。我国抵押权采取的是登记生效主义，不履行登记的手续，抵押权是否生效尚存在争议。《物权法》第 192 条为特别规定，优先适用，抵押权应随债权一并转让，转移登记与否不影响受托机构获得抵押权。

四　融资租赁资产证券化会计处理

（一）会计准则

资产证券化会计处理的规定主要围绕特殊目的实体是否需要合并入表、金融资产能否终止确认展开。现阶段，融资租赁公司开展资产证券化业务会计处理尚未有专门法律法规予以规范。我国融资租赁公司资产证券化业务会计处理参照国际会计准则制定，主要由《信贷资产证券化试点会计处理规定》《企业会计准则第 23 号——金融资产转移》《企业会计准则第 33 号—合并财务报表》《企业会计准则第 37 号—金融工具列报》予以规定，其主要会计问题是特殊目的实体是否需要合并入表、金融资产终止确认等问题。

1. 特殊目的实体合并入表问题

合并财务报表的合并范围应当以控制为基础予以确定。在实务中，需要关注发起人或原始权益人是否能对特殊目的实体形成"控制"[①]，是否拥有权力、能否凭借权力享有可变回报及可变回报的重要性。

2. 金融资产转移问题

资产转让是否形成真实出售的问题主要涉及《企业会计准则第 23 号——金融资产转移》《企业会计准则第 33 号——合并财务报表》。根据以

[①] 《企业会计准则第 33 号——合并财务报表》第 7 条规定，"控制，是指投资方拥有对被投资方的权力，通过参与被投资方的相关活动而享有可变回报，并且有能力运用对被投资方的权力影响其回报金额"。

上会计准则，金融资产转移的关键是判断金融资产所有权上风险和报酬的转移程度，分为表5所示三类情形①。

表5　金融资产转移情形分类

情形		会计处理
已转移金融资产所有权上几乎所有的风险和报酬		终止确认金融资产
既没有转移，也没有保留金融资产所有权上几乎所有的风险和报酬	放弃了对金融资产的控制	终止确认金融资产
	未放弃对金融资产的控制	按照继续涉入所转移金融资产的程度确认金融资产，并相应确认负债
保留了金融资产所有权上几乎所有的风险和报酬		不终止确认金融资产

资料来源：《企业会计准则第23号——金融资产转移》。

　　根据《企业会计准则第23号——金融资产转移》，企业金融资产转移，包括下列两种情形：一是将收取金融资产现金流量的权利转移给另一方，即转让了金融资产的合同权利，此类情况无须进行"过手测试"；二是将金融资产转移给另一方，但保留收取金融资产现金流量的权利，并承担将收取的现金流量支付给最终收款方的义务，此种情况须进行"过手测试"。

　　在融资租赁资产证券化中，发起人或原始权益人将基础资产转移至特殊目的实体后，仍会担任资产服务机构。发起人或原始权益人负责定期将回收款项转入特殊目的实体账户，然后由特殊目的实体按照约定偿付顺序支付给各级资产支持证券持有者。如果发起人或原始权益人合并特殊目的实体，发起人或原始权益人在合并报表层面上保留了收取现金流的合同权利，应进行"过手测试"。

---

① 《企业会计准则第23号——金融资产转移》规定，"当发起人已将基础资产所有权上几乎所有（通常指95%或者以上的情形）的风险和报酬转移时，应当终止确认该基础资产；继续涉入方式的金融资产转移，是指企业既没有转移也没有保留金融资产所有权上几乎所有的风险和报酬，同时未放弃对所转移金融资产控制的情形。对于采用继续涉入方式的金融资产转移，企业应当按照继续涉入所转移金融资产的程度确认一项金融资产，同时确认一项金融负债"。

（二）会计实务

1. 特殊目的实体是否需要合并入表

根据"控制"的定义，要判断特殊目的实体是否需要合并入表，需要判断发起人或原始权益人是否拥有权力、能否凭借权力享有可变回报及可变回报的重要性。若发起人或原始权益人能对特殊目的实体形成"控制"进而进行合并，则基础资产的受让人为证券持有人，否则基础资产的受让人为特殊目的实体。

通常，发起人或原始权益人会持有部分资产支持证券，并作为资产服务机构收取服务报酬，即拥有权力且具备使用权力影响可变回报的能力，而面临的可变回报的重要性要同时考虑可变回报的量级和可变动性。如果发起人或原始权益人作为资产服务机构，服务报酬和市场水平一致且受托人和投资人不能无理由罢免服务机构，则发起人或原始权益人可变回报量级和可变动性越大，越表明发行人为主要责任人，发行人应当合并信托计划。

若特殊目的实体没有被合并，资产转移测试的对象是发起机构转移至特殊目的信托的金融资产，则对该资产的风险特性进行分析。否则，资产转移测试的对象是转移至投资者的金融资产，通过"过手测试"的方式对转移至投资者的债券的风险特征进行分析。

2. 过手测试①

（1）无垫款原则

若满足"无垫款原则"，则资产转出方从基础资产收到对等的现金流量

---

① 企业将金融资产转移给另一方(如特殊目的信托等)，但保留收取金融资产现金流量的权利，并承担将收取的现金流量支付给最终收款方的义务，同时符合以下条件。(1)企业收到了与该金融资产对等的现金流量时，才有义务将其支付给最终收款方(如资产支持证券投资者等)。企业发生短期垫付款，但有权全额收回该垫付款并按照市场上同期银行贷款利率计收利息的，视同满足本条件。(2)根据合同约定，企业不能出售该金融资产或将其作为担保物，但可以将其作为对最终收款方支付现金流量的保证。(3)企业有义务将收取的现金流量及时支付给最终收款方。企业无权将该现金流量进行再投资，但按合同约定在相邻两次支付间隔内将所收到的现金流量进行现金或现金等价物投资的除外。企业按合同约定进行再投资的，应当将投资收益按合同约定支付给最终收款方。

时,才有义务将其支付给最终收款方;转出方无须承担逾期未付的风险。转出方提供的短期预付款项,在满足一定条件①时不影响该交易作为转让进行处理。在实务中,如设置无限额的差额垫付承诺或违约贷款的回购承诺或提供流动性支持,则往往难以满足"无垫款原则"。

(2) 无自主处置原则

若满足"无自主处置原则",则资产转出方不能出售该金融资产或将其作为担保物,但可以将其作为对最终收款方支付现金流量的保证;转出方不得控制与被转让现金流相关未来经济利益的获取权,并因此不能拥有资产。在实务中,若无法实现独立核算、无法记录已证券化的资产及担保物,往往难以满足"无自主处置原则"。

(3) 无延迟原则

若满足"无延迟原则",则资产转出方有义务将收取的现金流量及时支付给最终收款方。转出方无法使用其代替转入方收取的现金或从中获益,并且须将其汇出,不得发生"重大拖延",该条件也帮助确保转出方不拥有资产。出于实际操作的考虑,可忽略的拖延允许发生。一般从基础资产回款到支付给最终收款方在3个月以内完成,则为"不延迟"。该原则限定转出方只可将在收款和汇款之间的短期结算期间获得的现金流用于会计准则规定的现金或现金等价物,即转出方不能为了转入方的利益将资金用于其他高收益的中期投资或利用资金产生更多资产以用于证券化,且转出方不得保留短期高流动性投资产生的任何利益,所有此等利益须在产生后立即交付转入方。在实务中,如果融资租赁资产证券化产品设置流动性储备、循环购买结构、最高额保证条款,则往往难以满足"无延迟原则"。

3. 风险和报酬的转移

企业需要通过计算判断是否已将金融资产所有权上几乎所有的风险和报酬转移给了转入方,在计算金融资产未来现金流量净现值时,应当考虑所有

---

① 包括短期预付依市场费率进行,预付款及任何应计利息可通过扣减应付最终收款方款项的方式收回,且在资产对应的现金流不足时,仍可全额收回。

合理、可能的现金流量波动，并采用适当的现行市场利率作为折现率①。

会计准则没有提供风险和报酬转移评估方法的示例。实务中常用的方法是使用标准误差统计作为确定发起机构已转让和保留变化程度的基础。应用这一方法，发起机构需要考虑影响被转让资产现金流金额和时间的各种未来情况及发生的概率，并计算转让前和转让后此类金额的现值。在计算被转让资产现金流金额时，需要考虑的因素包括利率风险、信用风险、外汇风险、逾期未付风险和提前偿付风险等，具体情况须视待终止确认的特定资产而定。

4. 对基础资产的控制

企业在判断是否已放弃对所转移金融资产的控制时，应当注重转入方出售该金融资产的实际能力。如果转入方具有出售被转让资产的实际能力，则转入方拥有资产的控制权，即意味着主体丧失控制权。如果转入方没有出售被转让资产的实际能力，则主体保留了被转让资产的控制权。即使转入方在合同中约定拥有处置被转让资产的权利，但如果被转让资产没有市场，该权利几乎没有实际效果。

转入方能够单独将转入的金融资产整体出售给与其不存在关联方关系的第三方，且没有额外条件对此项出售加以限制的，表明企业已放弃对该金融资产的控制。转入方应具有在不受任何一方行为限制，且无须附加任何额外限制条件或约束的基础上实施转让资产的能力。如果转出方向转入方施加有关为贷款资产提供服务的义务，则转入方在向第三方进行转让时需要附加类似假定条件。这种额外限制或约束阻碍资产的自由转让，使交易无法通过出售资产的实际能力测试。

五 融资租赁资产证券化税务处理规定

（一）税务政策

现阶段，我国资产证券化相关税收制度建设明显滞后于业务发展，尚未

---

① 林华、张武、许余洁：《资产证券化的会计处理》，《金融会计》2015 年第 8 期。

形成一套系统的税收法规，仅存在财政部、国家税务总局在 2006 年出台的《关于信贷资产证券化有关税收政策问题的通知》（财税〔2006〕5 号），并没有专门针对企业资产证券化的税法规定。5 号文规定了银行业金融机构信贷资产证券化业务所涉及的营业税、所得税、印花税政策，但仅停留在税收处理层面，没有明确提及纳税申报问题。在内容上，5 号文侧重于信贷资产证券化的税收暂免政策，没有给予资产证券化交易特殊的税收处理，也没有涵盖企业资产证券化业务。

目前的融资租赁资产证券化税务处理在一定程度上仍可以 5 号文为指导原则，但考虑到企业资产证券化与信贷资产证券化存在差异，在实际操作中仍有很多问题需要与税务机关进一步沟通确认。

（二）税收问题

1. 特殊目的实体的税收地位

目前我国对特殊目的实体并没有相关税法以明确其独立的税收地位，特殊目的实体能否作为所得税穿透实体处理并无相应规定。在现行的税收法规下，无论是受托人设立的资产证券化信托还是计划管理人设立的专项资产管理计划，均是一种契约形式，两者均不具有纳税人地位，而是将受托人作为名义上的投资人和法律登记意义上的投资人。

基于以上情形，当受托人取得投资收益时，该投资收益存在缴纳企业所得税的风险；当受托人给实际投资者分配投资收益时，投资者存在就该投资收益再行缴纳企业所得税的风险。5 号文规定，对受托机构从其受托管理的信贷资产信托项目中取得的租金利息部分收入，应全额征收营业税，而对发起机构和购买证券的机构投资者并无营业税申报缴纳要求。因此，在信托计划的税收征管中，如有可能申请参考 5 号文的安排，由受托机构或资产服务机构原始权益人在单一环节申报缴纳营业税金及附加，将有利于解决可能出现的双重征税问题。

另外，在不具有纳税人地位的情况下，受托人不是真正的支付人，受托人设立的资产证券化信托和计划管理人设立的专项资产管理计划也无法履行代扣代缴义务，进而对自然人投资者的所得税缴纳产生税收征管问题。

2. 企业资产证券化税收处理存在法律空白

5 号文仅仅针对银行金融机构开展信贷资产证券化业务，并没有涵盖企业资产证券化的范围，企业资产证券化的税收处理目前参照 5 号文的税收理念执行，未来仍需要相应主管机关出台相关的税收政策予以明确。

3. 资产出表下的发票开具问题

增值税专用发票能否出具、由谁出具，既关系到增值税抵扣链条完整性的问题，又涉及资产证券化的基础资产能否顺利实现出表。

承租人支付的租赁款适用于缴纳增值税，为实现增值税进项抵扣，承租人会要求就支付的每期租赁款获得增值税专用发票。由于受托人设立的资产证券化信托、计划管理人设立的专项资产管理计划不具有纳税人地位，无法开具发票，而受托人也无法开具增值税发票，这种情况下发起人将会配合开具增值税发票，但需要以基础资产不出表为代价。发票问题影响了交易结构的设计，使增值税抵扣链条出现缺失，解决这一问题的关键是要给予特殊目的实体税收地位，使特殊目的实体能够开具相应发票。

4. 资产支持证券利息不能抵扣增值税

商务部主管的融资租赁公司在经营中最高可以放到 10 倍杠杆，因而租赁公司具有较高的财务费用支出。在缴纳增值税的情况下，财务费用一般可作为进项税额进行抵扣。然而，各地政策在这一问题上不尽相同，有些地区不允许任何财务费用抵扣增值税，一些地区仅允许租赁公司的银行贷款利息抵扣增值税，而资产证券化融资的利息不得抵扣，这使融资租赁公司采取资产证券化融资的动机大为减弱。

参考文献

[1] 张泽平：《资产证券化的法律制度研究》，华东政法大学博士论文，2007。

[2] 周大胜、戴晓渊：《国内信贷资产证券化市场的投资困局与应对之策》，《金融

市场研究》2014 年第 5 期。

[3] 高兴国:《资产证券化的障碍和对策》,《中国金融》2014 年第 10 期。

[4] 林华、张武、许余洁:《资产证券化的会计处理》,《金融会计》2015 年第 8
期。

[5] 林华、葛乾达、黄长清:《资产证券化税收处理及问题》,《金融会计》2015 年
第 11 期。

[6]《信贷资产证券化试点管理办法》(中国人民银行中国银行业监督管理委员会
公告〔2005〕第 7 号)。

[7]《金融机构信贷资产证券化业务试点监督管理办法》(中国银行业监督管理委
员会令第 3 号)。

[8]《信贷资产证券化试点会计处理规定》(财会〔2005〕12 号)。

[9]《关于信贷资产证券化有关税收政策问题的通知》(财税〔2006〕5 号)。

[10] 中国银行业监督管理委员会《金融租赁公司管理办法》(银监会令〔2014〕3
号)。

[11]《证券公司及基金管理公司子公司资产证券化业务管理规定》(证监会公告
〔2014〕49 号)。

[12]《关于信贷资产证券化备案登记工作流程的通知》(银监办便函〔2014〕1092
号)。

中国融资租赁业与互联网金融发展分析

王 力 李关政*

摘 要： 近年来发展迅猛的互联网金融已经渗透融资租赁领域，并借
助其技术优势成为融资租赁行业增长的新动力。截至 2015 年
10 月底，上线融资租赁产品的 P2P 平台达到 45 家，累计成
交额超过 171 亿元。融资租赁 P2P 的业务模式主要有收益权
转让、债权转让、众筹三种，并处在不断演化中。但是，当
前的融资租赁 P2P 平台普遍存在信息披露不全面、项目企业
突击增资、融资租赁公司授信随意性大等诸多问题，阻碍了
行业的健康发展。展望互联网融资租赁的发展方向，一方面
是大型的融资租赁公司有望成立自己的互联网融资租赁平台，
打造融资租赁界的"陆金所"；另一方面是互联网与融资租
赁的结合将从当前的资金端延伸到资产端，直接变革租赁资
产的生成模式，互联网融资租赁将迈入 2.0 时代。

关键词： 融资租赁 P2P 互联网金融 风险管理

2014 年以来互联网金融的发展十分迅猛，并且成为融资租赁业增长的
重要引擎。自 P2P 平台普资华企率先引入融资租赁项目之后，多家 P2P 平

---

* 王力，经济学博士，中国博士后特华科研工作站执行站长，中国社科院研究生院金融系博士
生导师，北京大学经济学院校外导师，主要研究领域为产业经济、区域金融和资本市场；李
关政，经济学博士，中国博士后特华科研工作站博士后，主要研究领域为融资租赁、互联网
金融、商业银行风险管理。

台相继上线融资租赁标的，并形成不同的融资模式。可以预期，随着互联网金融技术和商业模式的逐渐完善，融资租赁业务可以实现全新的资金供求匹配模式，形成一个全新的互联网融资租赁形态。

一 融资租赁 P2P 迅速兴起

融资租赁行业目前在我国处于高速发展阶段，根据商务部发布的《2015年中国融资租赁业务发展报告》，截至 2014 年底，我国共有融资租赁企业2045 家，同比增加 88.3%，注册资本总量为 5564 亿元，同比增长 92.9%，企业资产总额达 11010 亿元，同比增长 26.2%。行业总收入为 970.4 亿元，税前总利润为 106.5 亿元。从地域分布来看，融资租赁公司主要集中在东北发达城市和地区，京津沪三市资产总额占全国的比重为 68%（见图 1）。从行业来看，融资租赁资产排名前五的行业分别是交通运输设备、通用机械设备、工业设备、建筑工程设备和基础设施及不动产（见图 2）。

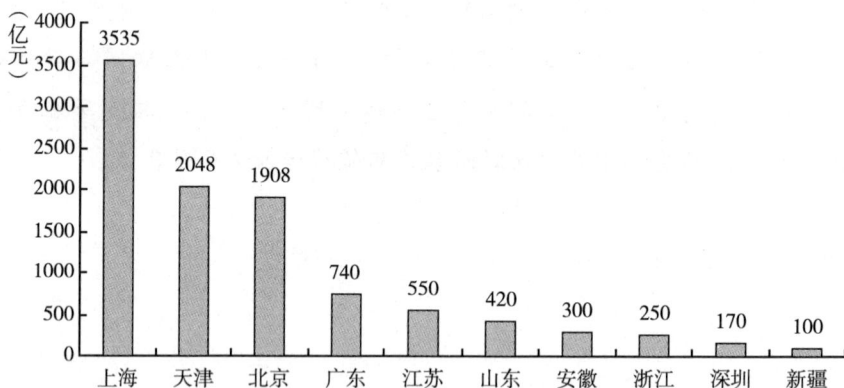

图1 2014 年融资租赁企业资产总额排名前十

资料来源：商务部《2015 年中国融资租赁业务发展报告》。

依托 P2P 平台进行融资租赁这种模式在 2014 年兴起，在 2015 年得到了快速发展。据零壹租赁数据统计，截至 2015 年 9 月底，上线融资租赁产品的 P2P 平台达到 44 家，注册资金在 1 亿元及以上的平台共有 10 家，低于

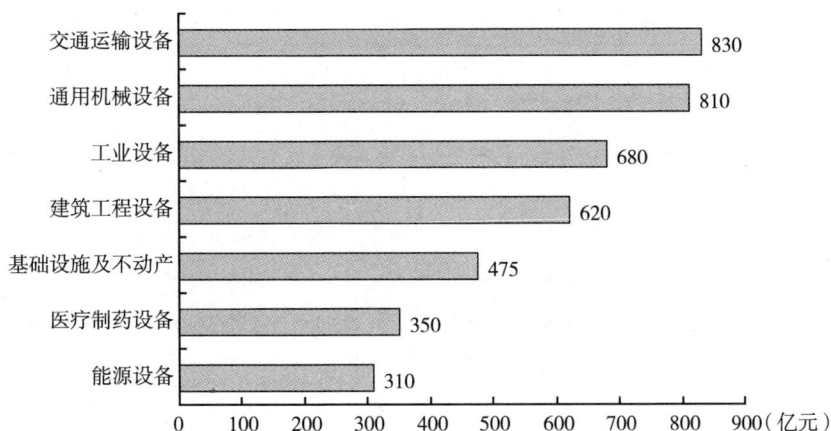

图2　2014年融资租赁资产行业分布

资料来源：商务部《2015年中国融资租赁业务发展报告》。

1000万元的平台仅有海豚金服一家（见表1）。融资租赁P2P平台多数分布在北上深三地，呈现一定的地域集中性。

表1　融资租赁P2P平台公司情况（截至2015年9月）

单位：万元

平台名称	产品上线时间	所在地	注册资本	平台名称	产品上线时间	所在地	注册资本
广金所	2014年9月	深圳	30000	长久贷	2015年10月	上海	6000
积木盒子	2014年9月	北京	20000	前海融租在线	2015年5月	深圳	5000
华融道	2015年4月	上海	20000	网聚天下	2015年3月	上海	5000
拾财贷	2014年2月	厦门	10000	鲁金中心	2014年10月	济南	5000
亚租所	2015年4月	深圳	10000	租上租	2014年8月	北京	5000
融租E投	2014年9月	北京	10000	花果金融	2014年9月	北京	5000
宏鼎财富	2015年7月	大连	10000	爱投资	2014年5月	北京	5000
银魅财富	2015年7月	北京	10000	融投行	2014年8月	上海	5000
玖信网	2015年5月	北京	10000	三农资本	2015年6月	上海	5000
一联天下	2015年10月	上海	10000	袋袋金	2015年8月	深圳	5000
银豆网	2015年8月	北京	8000	中航生意贷	2015年1月	上海	5000
添金投	2015年8月	天津	6500	懿元财富	2015年9月	深圳	5000

续表

平台名称	产品上线时间	所在地	注册资本	平台名称	产品上线时间	所在地	注册资本
能量魔方	2015 年 9 月	上海	5000	融贝网	2015 年 10 月	北京	1150
普资华企	2013 年 7 月	上海	4495	红象金融	2014 年 12 月	广州	1000
今日捷财	2014 年 9 月	上海	3000	3000 财富	2015 年 4 月	济南	1000
懒投资	2015 年 1 月	北京	3000	钱贷子金融	2014 年 12 月	武汉	1000
融金所	2015 年 7 月	深圳	3000	博贷网	2015 年 2 月	上海	1000
易投易	2013 年 9 月	深圳	3000	五金所	2015 年 3 月	天津	1000
投资之道	2015 年 8 月	佛山	3000	小米贷	2015 年 4 月	上海	1000
宜投金服	2015 年 10 月	浙江	3000	绿能宝	2015 年 1 月	上海	1000
理财范	2014 年 11 月	北京	1485	力帆善融	2015 年 10 月	四川	1000
旺宝财富	2015 年 1 月	广州	1200	海豚金服	2015 年 5 月	厦门	300

资料来源：零壹财经融资租赁研究中心。

从交易额来看，各个融资租赁 P2P 平台在 2015 年 10 月累计成交额超过 171 亿元，成交额较年初环比月均增长 172.7%；累计成交笔数为 1695 笔。各个平台成交笔数和笔均成交额差别较大，总交易额过 1000 万元的 P2P 平台见表 2。

表 2　融资租赁产品交易额超过 1000 万元的 P2P 平台

单位：笔，万元

平台名称	成交金额	成交笔数	笔均成交额
三农资本	45648	324	141
普资华企	7318	137	53
绿能宝	6980	56	125
银豆网	6500	13	500
拾财贷	4378	4	1095
融租 E 投	4172	162	26
华融道	3816	57	67
爱投资	3000	3	1000
租上租	2428	22	110
广金所	2296	40	57

平台名称	成交金额	成交笔数	笔均成交额
3000 财富	2100	6	350
鲁金中心	2000	6	333
中航生意贷	1260	33	38
力帆善融	1171	20	59

从投资人维度来看，有统计数据的 21 家平台累计投资者人数为 11452 人，各平台实际投资人数及人均投资额相差较大（见表 3）。投资人数最多的拾财贷当月投资人数超过 3000 人，而鲁金中心的投资者则仅有 2 人。虽然鲁金中心只有 2 位投资者，但人均投资额达到了 1000 万元，而多数平台的人均投资额在 10 万元以下，超过一半的平台人均投资额在 5 万元以下。

表 3　各平台投资人数与投资金额

单位：人，万元

平台名称	实际投资人数	人均投资金额	平台名称	实际投资人数	人均投资金额
拾财贷	3010	1.5	钱贷子金融	57	1.7
普资华企	2967	2.5	能量魔方	56	1.1
银豆网	1522	4.3	前海融租在线	34	5.6
爱投资	1011	3	宜投金服	27	1.4
华融道	792	4.8	旺宝财富	20	5.5
今日捷财	682	1.1	3000 财富	9	233.3
红象金融	469	2	银魅财富	6	8.2
小米贷	380	0.4	博贷网	5	26
力帆善融	237	4.9	宏鼎财富	3	10
网聚天下	104	8.4	鲁金中心	2	1000
长久贷	59	3.7			

从投资期限来看，平台投资加权期限多为 12 个月以下，超过一半平台的投资期限在 6 个月以下（见图 3）。融金所、银豆网等平台的加权平均期

限较长是因为其推出个别超长期限的产品，如绿能宝推出的美柚 8 号，期限达到 25 年，不过由于 60 天即可赎回，仍有不少投资者选择其作为投资标的。

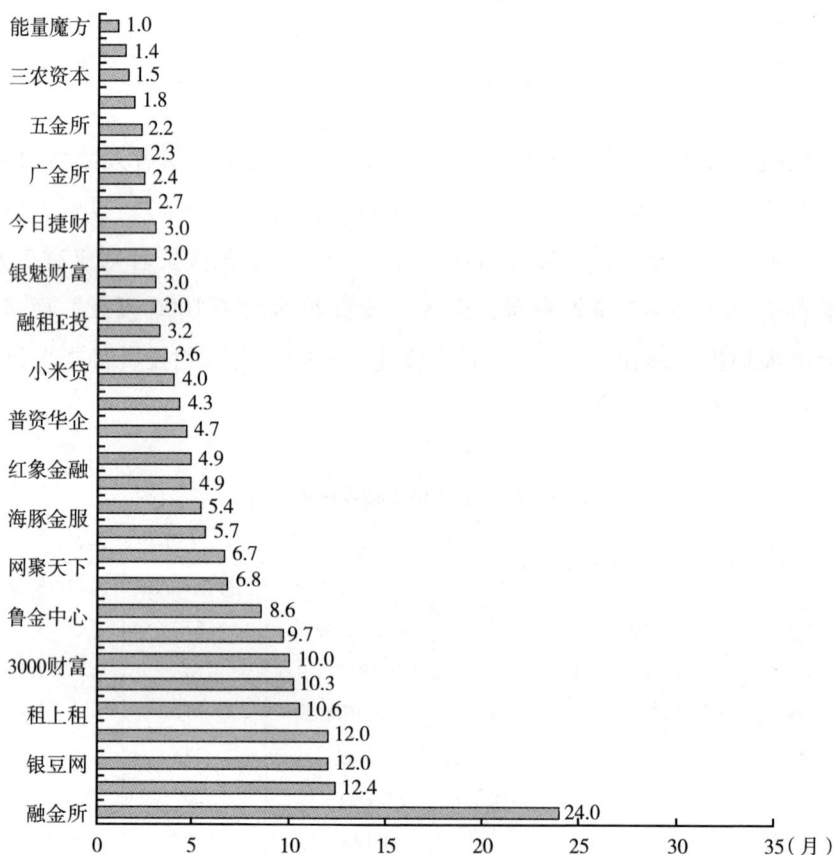

图3　各平台加权平均期限

　　在收益率方面，各平台收益率差较大，极差接近 10 个百分点。其中，收益率最高的融金所达到 16%，共有 19 家平台的年化收益率在 10% 及以上，占参与调查 33 家平台的近六成（见图 4）。

　　从整体情况来看，融资租赁 P2P 行业发展速度较快，交易额在 2015 年快速上升，但是背后存在一些不合规的现象，个别平台还假借普惠金融之名

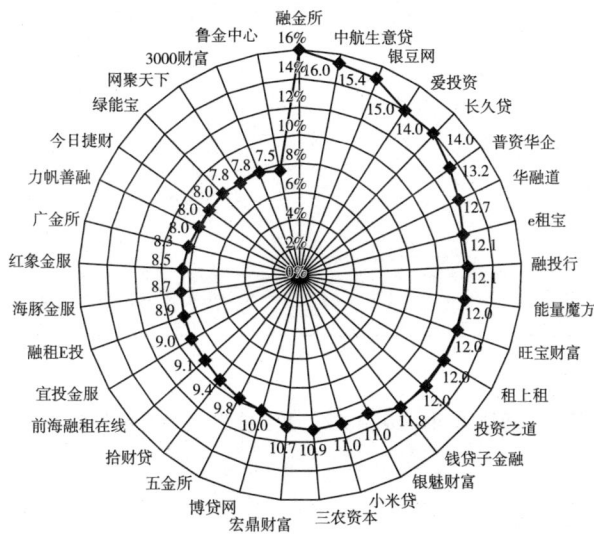

图4 各平台加权平均收益率

行非法集资之实，给融资租赁 P2P 的健康发展反而带来负面影响。融资租赁 P2P 平台在 2016 年将进入规范发展阶段，增速会有所下滑。2015 年 3～10 月 P2P 平台每月交易额见图5，2015 年 4～10 月 P2P 平台交易额每月增长变化率见图6。

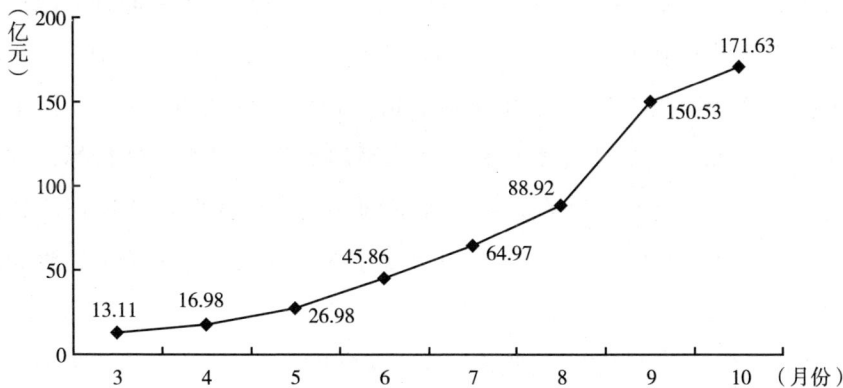

图5 2015 年 3～10 月 P2P 平台每月交易额

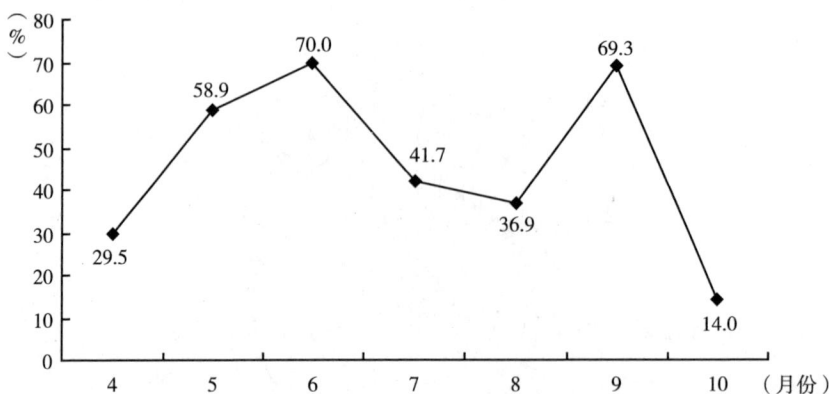

图6　2015年4～10月P2P平台交易额每月增长变化率

二　P2P推动融资租赁的发展

　　融资租赁在欧美发达国家是仅次于银行贷款的第二大金融工具，融资渗透率在50%以上，而我国尚不足5%，存在巨大的发展空间。目前我国租赁企业融资渠道单一，主要为银行借款，资产支持的融资比例是很低的，普遍使用中短期的负债来支持中长期的资产流动，使租赁企业的融资异常困难。资金和资本不足是制约融资租赁行业发展的关键问题，除进一步改善银行借款模式外，积极开拓其他融资渠道尤为必要。2015年9月国务院办公厅印发了《关于加快融资租赁业发展的指导意见》，提出到2020年融资租赁业市场规模和竞争力水平居世界前列的发展目标，支持融资租赁公司与互联网融合发展，推动创新经营模式。在这种环境背景下，P2P平台凭借其灵活的投资方式及吸引多元化投资者的能力，将为融资租赁行业提供一种较为有效的融资渠道。

　　P2P平台上的融资租赁是将承租人、融资租赁公司和投资者三方通过平台项目发布结合起来，P2P平台作为第三方，负责平台的构筑、搭建及项目的资质审核，自身不参与融资项目的实际运营管理。由于P2P平台投资者不少为非专业领域投资者且不与融资租赁公司及承租人直接接触，因此 P2P 平台对融资租赁公司、承租人以及融资项目的信息披露显得尤为关键，对弱化投资与融资双方之间的信息不对称显得至关重要。目前各平台对项目发起人的信息披露存在一定差异，如普资华企平台的项目会将融资租赁公司的基本情况、承租人资质调查报告、项目风险分析、标的物的价值和机械具体型号进行详尽披露。

与传统银行的贷款融资不同，P2P 平台将所需资金化整为零投放于平台上，通过互联网，P2P 平台打破了融资租赁公司和投资者之间地域、行业等方面的限制。目前我国融资租赁公司主要集中在京津沪等经济发达地区，而具有融资租赁需求的承租人则分布于全国各地。在传统的融资租赁中，承租人和融资租赁公司在业务对象选择上存在一定限制，融资租赁公司有时会因资金、设备等资源限制而无法开展一些承租人申请的项目。而低效的银行贷款融资模式也会在一定程度上对承租人的项目进展造成负面影响。在 P2P 平台上开展融资租赁项目，融资租赁公司既可以通过出售部分收益权来实现杠杆经营，又可出售债券来及时回笼资金，同时承租人还可直接发布项目进入平台融资，进一步减少中间环节的摩擦。灵活的融资模式、多样化的投资方式以及较多的项目选择将会是 P2P 平台吸引承租人、融资租赁公司和投资者的重要优势。

目前 P2P 平台设立的项目投资门槛较低，多数平台起投金额为 1000 元以下，个别平台甚至设置"1 元起投"的超低门槛，这使得众多中小投资者有机会参与到融资租赁的项目投资中来，满足不同偏好投资者的需求，有效调动社会中的部分闲散资金。平台上发布的融资租赁项目呈现广分布、多样化的特点，据不完全统计，不同平台单个项目融资规模从几万元到几千万元不等，投资期限从 2 天到 36 个月不等，预期年化收益率在 6% 到 16% 之间。某些 P2P 平台项目为吸引投资者，设置了"T＋2""T＋10"等短期赎回的模式，这种赎回模式虽然可在短期内得到更多不同风险偏好投资者的偏爱，但存在一定的挤兑风险，对融资项目的流动性管理能力要求更高。

三 当前融资租赁 P2P 的主要业务模式

目前 P2P 平台上的融资租赁业务模式有以下三种。

（一）收益权转让模式

在收益权转让模式下，融资租赁机构一方面向特定承租人提供设备融资租赁服务，形成租赁资产；另一方面把部分租赁收益权作为底层资产，在 P2P 平台上发布，向网络投资者募集资金（见图 7）。融资租赁机构以及 P2P 平台在当中收取佣金，而投资人可以获得的报酬就是项目租金扣除佣金的部分。如果承租人在租金支付方面出现违约，则把相应设备的处置权让渡给融资租赁公司。大型设备的融资租赁由于金额较高，比较适用于这种形式。传统融资租赁中的设备租金收入，在这种租赁模式中就变成了佣金收入，将融资租赁的部分收益权转让给投资者。除此之外，融资租赁公司在项目的经营管理方式上并未发生改变。一些 P2P 平台如普资华企等项目就是采用此种模式。将部分收益权转让给投资者可使融资租赁公司获得杠杆效果。从目前的项目来看，融资租赁公司将约 50% 的收益权转让给投资者，可实现一倍杠杆。

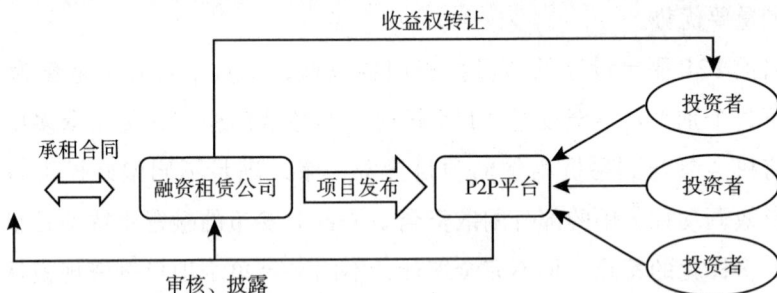

图 7　融资租赁 P2P 的收益权转让模式

（二）债权转让模式

融资租赁公司与承租人签订合同，再通过 P2P 平台将已经开始的融资租赁项目以债权转让方式转让给投资者，投资者的收益来源为原债权转入的融资租赁项目（见图8）。在此模式下，融资租赁公司将已有项目进行类证券化处理，将项目的债权转让给投资者，自身快速回笼资金用于其他投资。目前大多数 P2P 平台如拾财贷等的融资租赁项目采取此模式。

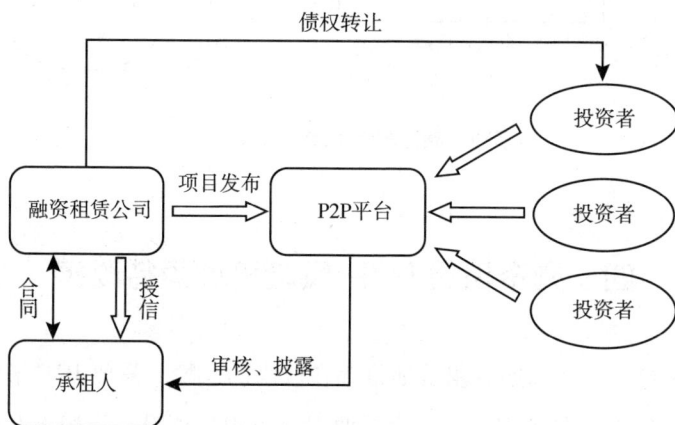

图 8　融资租赁 P2P 的债权转让模式

（三）众筹模式

众筹模式与前面两个模式的最大区别在于融资租赁公司的角色不存在了，而 P2P 平台允许承租人直接发起项目，由平台充当项目审核者的角色（见图9）。在立项通过的条件下，在项目期限内设备的使用权归属于承租人，承租人按期支付租金。设备的物权则归属于投资者，由 P2P 平台承担托管责任，投资人则按期收息，P2P 平台相应获得佣金。在租约到期后，P2P 平台对设备的所有权自动解绑，归还给承租人；如果承租人出现违约，平台就可以获得设备的处置权，可以按照条款对设备进行处置变现。

在这种众筹模式中，P2P 平台不是信息中介和交易撮合者，而是变成更加专业的第三方融资租赁管理者。农用机械等小型制造装备的融资租赁可以采用这种模式，但是目前已经落地的项目较少。

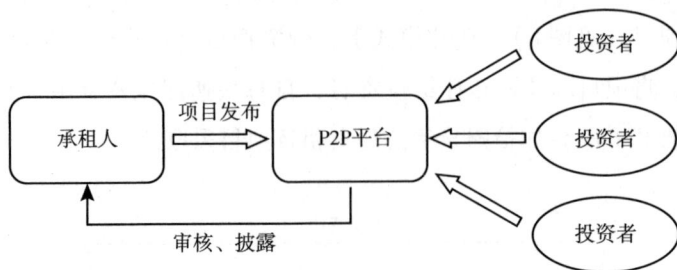

图 9　融资租赁 P2P 的众筹模式

四　融资租赁 P2P 风险管理亟待改善

P2P 平台上开展的融资租赁项目存在较高的风险，需要 P2P 平台对项目进行全面的风险控制管理。平台除了要对融资租赁项目、承租人及融资租赁公司进行评估审核外，还要加强自身的风险意识和风控管理。目前我国线上 P2P 平台数量众多，其中开展融资租赁项目的 P2P 平台也逐步增加，而 P2P 平台运营管理中面临的风险管理问题尤为突出。2015 年初，大公国际曾对互联网金融 P2P 平台进行过风险评估，有上百家平台由于存在重大信息披露不充分、第三方资金监管机制有效性存疑、债务人偿债能力无法评估等问题而被列入互联网金融黑名单。融 360 与人民大学联合发布的网贷报告将风险矛头直指 e 租宝，指出其存在涉嫌构建虚假融资租赁项目、自建资金池等问题。2015 年 12 月初，e 租宝及其关联公司因涉嫌犯罪问题被公安部门立案侦查。

总的来看，融资租赁 P2P 平台在高速发展的同时普遍存在以下问题。

（一）信息披露不全面

融资租赁公司作为项目的供给方，其经营管理能力、信用级别、历史项目收益率、项目风控情况等信息都是投资者进行投资决策时所必需的信息。

然而，大多数 P2P 平台对这方面的信息披露很不充分。

很多 P2P 平台在各个投资项目描述中，并未提及融资租赁公司的名称，而是用某融资租赁公司来代替，虽然会对融资租赁公司进行基本的介绍，但由于没有具体公司名称，投资者无法通过其他渠道来获取融资租赁企业的信息。

一些平台甚至只是对承租人做简单的介绍。在还款来源介绍中，作为第二还款来源的融资租赁公司和保理公司会对转让项目中的债权分别承担连带担保责任和承诺无条件赎回，但网站没有提供融资租赁公司以及保理公司的任何信息。这样不全面的信息披露在投资者和承租人及融资租赁公司中造成了严重的信息不对称，投资者无法通过平台发布的信息来对项目的风险进行有效判断，对投资者而言存在潜在风险。

（二）项目企业突击增资涉嫌虚假标的

一些平台存在项目公司在项目发布前一个月突击增加注册资本的情况。例如，e 租宝平台上 2015 年 6 月 9 日发布的 e 租财富项目，项目企业为深圳市隆金佳利科技有限公司，公司注册资本为 3000 万元。但从国家工商总局的网站上查询获悉，该企业在 2015 年 5 月 8 日进行了资本金注册，资本金从原来的 50 万元增加到 3000 万元。类似的企业还有一些，而资本金的提升直接影响企业从融资租赁公司取得的授信额度。虽然没有直接证据表明这些项目企业的资本金突增是专门为融资租赁项目做准备，但这种有规律的异常资本金变动值得投资者重点关注，平台有责任将承租人突然大幅增加资本金的原因或至少是事件本身在投资者进行投资前发布。

（三）融资租赁公司授信缺少甄别机制

以 e 租宝为例，从其平台上提供的六大类投资项目来看，从融资方式的角度看，各个项目基本相同。一是融资形式相同，都是企业向融资租赁机构申请授信，一般是采取出售回租的形式；二是融资金额高度相近，都为 5000 万~6000 万元，并且都是整数；三是 e 租宝平台对这笔应收账款的债权进行分期转让。

平台一般不披露融资租赁公司对授信情况及授信额度的说明，而无论项目企业的注册资本多少，成立时间早晚，经营情况如何，均可通过融资租赁机构获得约 5000 万元的授信额度，缺乏授信的严谨度和区分度。一些公司存在上文中提到的突击增资情况，项目介绍中也并没有对相关问题的介绍和说明，对投资者而言此类信息的缺失将会对投资判断产生一定影响，使相关项目存在潜在风险。

（四）P2P 风控的监管要求

关于 P2P 平台自身的风险管理，2015 年 7 月央行等十部委联合发布了《关于促进互联网金融健康发展的指导意见》，指出除另有规定外，从业机构要把资金委托给符合条件的商业银行进行第三方存管。银行负责管理和监督客户资金，并且保证从业机构自身资金与客户资金分开，不能并账管理。从业机构和第三方存管银行要聘请外部审计机构对客户资金存管账户进行审计，并向客户公开披露审计报告。中国人民银行与银监会、证监会、保监会及其他监管机构对监管职责进行分工，发布监管细则，并各自实施监管。

根据上述指导意见，尚未进行资金托管或者资金托管缺乏透明度的 P2P 平台将会受到严格的监管，旨在防止 P2P 平台利用所融资金自建资金池。近年来 P2P 平台规模迅速崛起，随之而来的问题平台也不断增多。P2P 平台的发展类似于几年前团购网站的井喷式发展，二者有很多共同点，如准入门槛低、初期资本金投入小、平台项目同质化严重等。当初团购模式的兴起使团购网站如雨后春笋般迅速发展，而随后暴露出诸多问题，大部分中小团购网站遇到资金运转方面的问题，出现倒闭潮，经过市场筛选最终只剩下少数资本金充足、管理完善的大型团购网站。而如今的 P2P 平台与当初的团购网站情况类似，不少问题平台出现跑路、逾期等情况，这些问题平台的平均运营时间不足 8 个月。那些只注重短期效益而没有进行有效风控并实施可持续性发展策略的 P2P 平台只会湮灭在互联网金融发展的历史长河中，而最终经过大浪淘沙筛选出的平台将会是行业真正的主宰者。

五　互联网融资租赁发展前瞻

（一）融资租赁公司进军 P2P 平台

目前的融资租赁 P2P 平台主要由独立于融资租赁公司的第三方机构成立，往往没有金融体系的背景。这虽然有助于提升 P2P 平台的独立性，但是其资本实力、股东背景相对较弱，难以获得投资者的信任。针对这一局限性，陆金所模式十分有借鉴意义。陆金所不是最早做 P2P 的，但是借助其背后平安系的信用背书以及项目输送，迅速做到了行业第一。当前，融资租赁 P2P 这一细分市场仍处于初级竞争的阶段，尚未出现类似于陆金所这样的巨头。而一些大型的融资租赁公司特别是金融租赁公司，有望在接下来的发展中成立自己的互联网融资租赁平台，凭借自身的资本实力、专业能力、品牌优势以及丰富的项目资源，打造融资租赁界的"陆金所"，树立真正的行业标准，把互联网融资租赁市场带入一个全新的竞争格局。

（二）租赁资产生成端的互联网革命

一些机械设备的生产商已经把网络通信、物联网、远程操控等技术运用到机械设备中，可以在售后阶段实现对设备的实时监控、操控，并且可以和租赁业务结合在一起，给融资租赁本身的业务模式带来颠覆性的变革。例如，三一重工、沈阳机床已经可以精确监控到设备的开工、耗损、关停状态，可以根据设备的实际运行时间来收取租金，而不再是按年收租。这样的租赁模式对承租人极为有利，因为在市场低迷、开工不足时租赁成本也会相应降低，原来的固定成本转化为变动成本，这就大大减轻了承租人的财务压力，刺激了承租人的投资需求。

当前互联网与融资租赁的结合主要体现在资金端，网络渠道极大拓宽了租赁资金的来源，代表性产物就是融资租赁 P2P，可以看作互联网融资租赁

1.0；而未来互联网与融资租赁的结合将延伸到资产端，直接变革租赁资产的生成模式，互联网融资租赁将迈入 2.0 时代。

参考文献

[1] 商务部：《2015 年中国融资租赁业务发展报告》。

[2] 吴晓求：《互联网金融：成长的逻辑》，《财贸经济》2015 年第 2 期。

[3] 许一览：《金融租赁公司互联网金融业务创新模式研究》，《上海金融》2015 年第 8 期。

[4] 孙世森、涂俊：《P2C 平台与融资租赁的结合：模式与前景》，《科技和产业》2015 年第 1 期。

[5] 王超越等：《互联网金融给船舶融资模式带来新机遇》，《经营管理者》2014 年第 31 期。

[6] 王达：《美国互联网金融的发展及中美互联网金融的比较——基于网络经济学视角的研究与思考》，《国际金融研究》2014 年第 12 期。

[7] 郑联盛：《中国互联网金融：模式、影响、本质与风险》，《国际经济评论》2014 年第 5 期。

[8] 谢清河：《金融租赁与中小企业融资：基于金融功能理论分析》，《金融理论与实践》2011 年第 3 期。

B.11
中国融资租赁权属登记公示问题分析

王吉培*

摘　要：　融资租赁对于解决当前我国中小企业融资难、融资贵问题具有十分重要的现实意义。近年来，我国融资租赁行业呈现高速发展态势，然而，融资租赁权属登记公示问题始终是制约行业发展的重要问题，特别是我国融资租赁登记制度的缺失，使融资租赁的法律权属关系难以得到有效保障，严重制约了融资租赁业进一步发展。本报告拟对当前我国融资租赁权属登记公示现状及存在的问题进行深入分析，并提出构建我国融资租赁登记制度的政策建议。

关键词：　融资租赁　动产权属　登记公示

随着我国改革开放的不断深入，中小企业利用各种动产进行融资的需求不断增加，商业银行等金融机构也不断创新各种动产融资方式。因此，当前我国动产登记的高度分散状况制约了中小企业融资的发展，已出现不能适应现代市场经济发展需要的问题①。在这一背景下，本报告主要分析了融资租赁权属登记现状及存在的问题，回顾了国内融资租赁的立法实践和登记公示系统的建设探索，并将融资租赁的权属内涵延伸到动产权属，介绍和梳理了国际上动产登记的立法和登记系统建设情况及经验，

＊　王吉培，中国人民大学在读博士研究生，主要研究领域为风险投资、大数据征信。
①　刘铮：《推进动产权属登记，加快融资业务》，《第一财经日报》2013年7月5日。

最后提出推动建立健全包括融资租赁权属登记在内的统一动产权属登记平台的建议。

一 发展现状及存在的问题

租赁物的所有权与占有权相分离是融资租赁的特点之一。动产以占有为权利公示手段，这使第三人依据占有的表象难以准确判断租赁物的真正所有人①。租赁权属的问题主要表现在3个方面。

第一，融资租赁权属登记相关法律的缺失。法律、税收、会计和监管是融资租赁发展的四大支柱。目前，在税收、会计和监管制度方面，融资租赁交易已经具备较好基础，但《融资租赁法》迟迟未出台。1996年5月27日，最高人民法院公布的《关于审理融资租赁合同纠纷案件若干问题的规定》应该是融资租赁交易的主要法律依据。1999年《合同法》颁布实施②，但在融资租赁方面规定的内容相对较为原则化，已不能满足实践发展的需要。通过立法或者司法解释的方式有效解决制约行业发展的瓶颈，已经成为融资租赁行业发展过程中亟待解决的问题。

第二，占有公示和善意取得制度使出租人的物权得不到有效保障。与不动产以登记为主要公示方式不同，动产以占有为主要公示方式。《物权法》第106条对善意取得租赁物的所有权做了明确规定，这使出租人的物权保障在实践中容易受到侵害。从融资租赁行业交易的登记看，除了船舶、飞机等大型租赁物有明确的登记机关外，大量的机器设备等租赁物的权属登记机关并不明确。一般来讲，融资租赁债权期限长，租赁物被承租人实际占有，而承租人的经营状况又具有相当大的不确定性，一旦承租人对外转让租赁物，物权保障就极易在转让中丧失。

第三，动产登记机构分散且电子化程度低。动产统一登记公示制度的缺

---

① 牛娟娟：《保护融资租赁交易安全的重要金融基础设施》，《金融时报》2014年6月16日。
② 《合同法》分则部分的第14章专章规定了融资租赁合同，从而确立了融资租赁合同的有名合同地位，并成为调整融资租赁合同关系最主要的法律规范。

失，以及我国动产登记分散的现实问题，降低了动产担保交易的安全性和效率。具体来说，一方面，不同登记机构的登记规定和登记方式不同，给办理查询业务的当事人带来诸多不便，放贷机构也不能全面地了解企业的各种动产支持融资情况；另一方面，动产登记部门的信息化程度低，有些部门还停留在纸质登记的阶段，谈不上登记机构之间的信息共享，物权不能得到有效公示。实践证明，现行动产登记制度不仅在一定程度制约了租赁行业的发展，长远来看也不能适应我国经济发展的需要，建立统一登记制度已势在必行。

二 国内融资租赁权属登记立法实践及探索

融资租赁登记，可以揭示租赁物上存在的动产租赁关系以及租赁物权利状况。一旦发生租赁物之上的权利冲突，登记就可以作为证明租赁物权利归属的证据。对于融资租赁公司等租赁物权利人，租赁登记系统首先为其提供了租赁物登记的平台。该部分主要回顾了国内融资租赁权属登记立法实践，以及在登记公示系统建设方面的探索。

（一）立法实践

在我国融资租赁登记立法还是空白的情况下，2009 年，中国人民银行征信中心为满足融资租赁业界的现实需求，本着以实践推动法律制度建设的思路，建成融资租赁登记公示系统，提供租赁物权属的登记公示与查询服务①，并发布了《融资租赁登记规则》，规定凡符合《合同法》第 14 章第 237 条所规范的融资租赁交易活动及第 13 章第 212 条规定且租赁期限在 1 年以上（含 1 年）的租赁交易，都可以在租赁登记系统进行登记。

近年来，在立法和司法机关、央行和地方政府的支持下，地方推动动产

---

① 后来的事实证明，融资租赁公司和商业银行等交易主体通过租赁登记系统开展登记与查询，有助于防范融资租赁的交易风险，形成行业实践，推动立法。

融资（权属）统一登记先行先试工作已经取得进展。2010～2011 年，天津市人民政府出台《关于促进我市租赁业发展的意见》，天津市金融办、中国人民银行天津分行、天津市银监局、天津市商务委联合出台《关于做好融资租赁登记和查询工作的通知》，天津市高级人民法院配套发布《关于审理融资租赁物权属争议案件的指导意见（试行）的通知》，分别从行政管理和司法确认角度明确规定了租赁物在上述融资租赁登记公示系统登记对第三人所具有的对抗效力，填补了法律漏洞，维护了交易安全，促进了融资租赁业的发展，取得了很好的社会效果和法律效果。

在中国人民银行征信中心、天津市金融办、中国人民银行天津分行、天津市高级人民法院等有关部门的共同努力和推动下，动产融资（权属）统一登记公示工作在天津取得积极进展。天津市于 2013 年 3 月 28 日发布《天津市动产权属登记公示查询办法（试行）》，对天津辖区内的动产融资（权属）登记公示查询业务进行统一规范，是动产融资（权属）统一登记公示在天津先行先试工作的重要成果。该办法明确了融资租赁权属状况登记和申请人自主要求办理的留置权、信托、保理、所有权保留、保证金账户等动产融资（权属）登记的受理。天津市的先行先试做法，将对其他地区试点推广动产融资（权属）统一登记公示制度起到良好的示范效应。

2014 年 2 月，最高人民法院发布了《关于审理融资租赁合同纠纷案件适用法律问题的解释》（法释〔2014〕3 号）①。为与司法解释相衔接，使之更具可操作性，2014 年 3 月 20 日，中国人民银行出台了《关于使用融资租赁登记公示系统进行融资租赁交易查询的通知》（银发〔2014〕93 号）②。

---

① 该司法解释第 9 条"租赁物公示"部分，明确规定，"第三人与承租人交易时未按照行业或地区主管部门的有效规定，在相应机构进行融资租赁交易查询的，不能适用《物权法》善意取得的规定，取得租赁物的所有权或他物权"。

② 根据该通知第 3 条的规定，国有商业银行、股份制商业银行、国家开发银行、各政策性银行及中国邮政储蓄银行作为资金融出方在办理资产抵押、质押和受让等业务时，应当对抵押物、质物的权属和价值以及实现抵押权、质权的可行性进行严格审查，并登录融资租赁登记公示系统查询相关标的物的权属状况，以避免抵押物、质物为承租人不具有所有权的租赁物而影响金融债权的实现。

最高人民法院发布的关于融资租赁合同的司法解释及中国人民银行总行发布的规范性文件相互配套，规定金融机构在动产融资业务中有查询租赁登记的义务，融资租赁登记获得司法效力，保护了融资租赁中出租人的权益。

（二）租赁权属的登记公示实践

伴随着融资租赁权属登记的立法实践，相关部门对融资租赁登记查询工作开始操作层面的探索。出租人通过登记公示交易状况，可以获得证明权利归属的证据；查询人获得登记信息后，也能避免因信息不对称而在租赁物之上进行的重复交易，避免权利冲突。目前，我国已有两个融资租赁交易登记查询系统：一是 2009 年 7 月 20 日上线运行的融资租赁登记公示系统，由中国人民银行征信中心负责开发运营，在中登网提供融资租赁登记、查询、证明和验证服务；二是 2013 年 10 月开始运行的融资租赁业务登记系统，由商务部开发建设，要求其监管的非金融融资租赁公司进行租赁业务及租赁物的登记①。从实际运行看，中国人民银行征信中心的融资租赁登记系统承担了主要的租赁物登记查询功能，已广泛受到租赁公司及商业银行的认可②。

根据《物权法》第 228 条授权，征信中心建设了我国首个基于互联网运行的应收账款质押登记公示系统，于 2007 年 10 月 1 日上线运行，面向全

---

① 全国融资租赁企业管理信息系统（http：//leasing. mofcom. gov. cn）是商务部建立的综合性融资租赁服务平台，可为内资融资租赁试点企业、外商投资融资租赁企业及相关企业、组织和个人提供公共信息以及租赁物登记公示查询、交流合作等服务。按照司法解释第 9 条有关规定，为避免租赁物权属冲突，商务部将全国融资租赁企业管理信息系统作为租赁物登记公示和查询平台。商务部的融资租赁业务管理系统对其所属的租赁公司有强制性登记要求，但并不具有要求第三人进行查询的约束力。

② 实践证明，租赁登记系统作为一项金融基础设施，在保护融资租赁交易和信贷资产安全方面发挥着重要作用，在一定程度上解决了两个关键性的法律问题：一是通过对租赁物权利状态的公示，能够对潜在的交易第三人起到风险警示作用，有助于当事人规避交易风险；二是在租赁权与抵押权发生冲突时，登记可以作为人民法院判断权利优先受偿顺序，以及第三人受让该标的物是否善意的证据，能够起到证据自助保全的作用。

社会提供应收账款质押登记及查询服务。2008 年，中国外商投资企业协会租赁业委员会代表行业向中国人民银行征信中心提出了依托应收账款质押登记公示系统建立融资租赁登记系统的建议①。中国人民银行征信中心经过充分调查研究，于 2009 年 7 月建成了融资租赁登记公示系统，正式对外提供融资租赁的登记②及查询③服务。

租赁登记系统是我国首个基于互联网运行的电子化的登记平台，主要是针对融资租赁交易设立的。通过租赁登记，出租人可以对外公示租赁物的权属状况，从而有效保护自身对租赁物的所有权。2013 年 6 月，根据市场需求，中国人民银行征信中心整合了应收账款质押登记公示系统、融资租赁登记公示系统，建成动产融资统一登记平台（以下简称登记平台）。

目前，登记平台可提供应收账款质押与转让、融资租赁、保证金质押、存货与仓单质押、动产信托、涉农产权抵押（为支持天津试点工作）等 10 余项动产融资登记服务，并实现了上述动产权属的统一公示与查询。截至 2015 年 1 月底，登记系统累计发生应收账款质押和转让登记 1344047 笔，租赁登记 245597 笔，其他各类登记 3643 笔，其中，保证金质押登记 897 笔，存货和仓单质押登记 424 笔，留置权登记 81 笔，租购登记 218 笔，所有权保留登记 13 笔，动产信托登记 6 笔。累计查询 2901598 笔，提供查询证明 698755 笔。

三 动产登记的国际立法实践及登记系统经验借鉴

融资租赁权属本质上属于动产权属，动产所有权的归属通常以占有作为

---

① 详见 2014 年 6 月 16 日，《金融时报》文章：保护融资租赁交易安全的重要金融基础设施。

② 登记是登记系统的基础，具体是指用户通过互联网在线将相关登记信息录入并提交，系统接受登记信息的过程。登记的内容仅包含与动产物权有关的信息，并不要求披露动产融资有关合同的全部信息。在登记系统可进行初始登记、变更登记、展期登记、异议登记或注销登记。

③ 登记系统公示的作用是通过便利的查询服务实现的。用户可通过主体名称、登记证明编号等途径在线对所有在公示期限内的登记进行查询，以防范交易风险。

公示方式。该部分将租赁的权属登记扩展到动产范畴，并在全球视角下，进一步梳理研究动产权属的国际立法现状及登记系统的经验。

（一）动产权属的国际立法情况

从国外立法来看，美国、加拿大、俄罗斯、法国、阿根廷、新西兰、新加坡等国家均建立了相应的登记公示制度，各个国家对融资租赁的法律性质认定存在差异，大体分为三类。

第一类是担保交易，此项模式将融资租赁（包括部分非融资租赁）视为担保交易，出租人享有的权利作为担保物权在相应的担保物权登记系统进行登记。立法代表有加拿大大部分省份（魁北克省除外）的《动产担保交易法》和新西兰的《动产担保交易法》①。在担保交易统一立法的模式下，可以对租赁登记以及其他担保物权登记进行统一规范，有利于保护融资租赁交易安全和当事人的合法权益。

第二类是独立交易，此立法模式将融资租赁视为一项独立的交易形式。有的法律要求登记，而有的则不要求②。在将融资租赁视为独立交易的各国中，无论是否制定了单独的融资租赁登记法律制度，其都在本国现有登记制度框架下设计了针对融资租赁登记的相关制度，进而达到公示租赁物权属状况的作用。

第三类是前两种类型的混合。一国法律对融资租赁交易的性质认定不同，对租赁登记的规定也有所不同。此种立法模式具有上述两种模式的特点，以美国为典型代表。美国的《统一商法典》（*Uniform Commercial Code*）

---

① 加拿大各省的《动产担保交易法》规定，期限超过 1 年的租赁构成担保交易，其中具体包括以下几类：（1）期限不确定，直到合同履行之时起 1 年以内由双方或者单方当事人确定的租赁交易；（2）初始期限在 1 年以内，但经出租人同意，承租人实际占有租赁物的期限在 1 年以上的租赁；（3）不断续期的租赁交易，累计期限超过 1 年的。

② 在融资租赁制度上，《魁北克省民法典》将租赁分为融资租赁和实物租赁。融资租赁部分第 1847 条规定，出租人对租赁物的所有权在登记之日起 15 日产生对抗第三人的效力；而实物租赁部分第 1852 条规定租赁期限超过 1 年的租赁交易也应登记，自登记之日起 15 日内产生对抗第三人的效力。

将租赁交易分为两种形式，一种是真实的租赁，另一种是构成担保交易的租赁，其中对于构成担保交易的租赁交易，出租人享有的权利作为担保物权的一种类型在动产担保登记系统进行登记，详细规定了真实租赁和构成担保交易的租赁的判定条件。

（二）动产权属的登记系统建设实践

1. 登记流程

登记的作用是公示担保权益，获得对抗第三方的效力。目前登记分为两种类型：公示登记和文件登记。文件登记需要提交并登记担保协议以及其他相关文件。而公示登记不需要对这些文件进行登记，仅需要登记基本信息来提醒潜在债权人或买受人。公示登记系统被认为是动产担保物权登记的理想选择。

公示登记比文件登记的管理和存档成本更低。文件登记需要登记数量庞大的文件，并需要专家来审阅这些文件以及用作担保的资产。由于负责登记的人员不需要将文件中的信息录入系统，所以公示登记降低了错误登记的风险。

调查的国家和地区中有超过一半的国家和地区仍然使用文件登记方式。因此，这可能成为各国政府感兴趣的一个改革领域。危地马拉、中国香港、爱尔兰、塞尔维亚和斯洛伐克共和国需要担保协议的复印件。克罗地亚需要贷款协议和担保协议的复印件。前南斯拉夫马其顿共和国、肯尼亚、卢旺达和塞内加尔需要经过公证的担保协议或贷款协议复印件。孟加拉共和国和科索沃等除担保或贷款协议之外，还需要印花税付款证明。相反，柬埔寨、所罗门群岛、新西兰和瓦努阿图的登记除了登记表，不需要额外的文件。

2. 登记公示系统

纸质的公示登记系统通常需要登记人以声明或表格的形式提交登记申请，登记机构再将提交的公示信息转为登记记录，指定公示的日期和时间并将公示的相关信息输入登记索引，这时公示信息才能用于查询。在线登记中，这些步骤在登记人完成登记时同步完成。根据国际最佳实践，电子系统优于纸质系统，这主要是因为在电子系统中，登记人和查询人可以立即获得登记记录。使用电子系统可以最大限度地降低登记信息不全、不相关信息被录入以及人为登记错误的风险。

在纸质登记的情况下，如果规定登记的有效性始于取得纸质登记回单的时间，而不是登记信息被录入数据库的时间，那么纸质登记就可能会因有效登记未及时披露而产生优先顺位的排序风险。在登记人提交登记信息办理纸质登记但登记机构还未将有关内容录入数据库的这段时间里，如果有潜在的债权人或买受人对登记数据库进行查询，那么他将查询不到该笔有效登记，从而可能做出错误的判断。有一些纸质登记系统规定登记效力始于信息被录入系统的时间，在此情况下，所有有效登记信息都可以通过电子系统被查询到，但这种时间差所带来的风险则被转移给了登记人。虽然登记人或债权人已经办理了纸质登记，但他并不能以办理纸质登记的时间作为登记生效的时间而进行下一步操作。在风险控制手段上，登记人或债权人可以在收到登记机构确认纸质登记中的数据已经被导入数据库的信件后再进行下一步操作。

纸质登记公示系统也因各种原因而存在登记信息不够透明的问题，发生信息损毁或丢失的可能性也更高。这将在确定债权人优先顺位时引起问题。另一个要考虑的因素是，相对于纸质系统，在线系统具有对登记方进行身份验证的安全措施，这能够有效防范登记用户的欺诈行为。这些欺诈行为一般包括：未知人士对债务人实施侵扰或造成经济损害的虚假登记，或者对现有债务人的有效登记进行终止登记。当然，这些行为都是极少发生的。在线登记系统应通过付款方式收费，来避免登记机构员工处理现金付款。这有利于消除现金的意外丢失现象，并减少腐败的滋生。此外，在线登记系统通过制定具体、明确和有限制的制度条款，来规范登记行为，使登记机构员工按照制度办理登记，不能随意拒绝登记，从而减少了腐败的发生。一个完善的电子化系统，将有效消除自由裁量权。

登记系统的最佳实践是一个完善的电子化登记系统。在该系统中，登记信息通过在线提交，并可以从登记数据库中以电子化的方式查询到登记信息。有些国家和地区使用唯一的电子化在线系统，不接受纸质登记表格，如波斯尼亚和黑塞哥维那、加拿大（不列颠哥伦比亚省和新斯科舍省）、柬埔寨、中国、新西兰和瓦努阿图等。在其他一些国家和地区，如阿尔巴尼亚、克罗地亚和前南斯拉夫马其顿共和国，信息是从纸质登记导入电子数据库。一旦纸质登记表格被数据库接受，就会被登记机构存档。

很多国家和地区同时提供两种登记方式（纸质或电子化），包括危地马拉、西班牙和美国（德克萨斯州）。虽然在一些情况下混合型系统看起来最为可行，但并不是最佳解决方案。混合型系统应该仅被用于推动纸质系统向在线系统的过渡。

3. 登记系统比较

不同国家和地区的登记或查询程序不同。以下对 6 个国家和地区登记系统的简单介绍，体现了这些不同之处。

（1）电子化系统

瓦努阿图的经验体现了电子化登记系统的最佳运作。该国的动产担保物权登记系统由金融服务委员会于 2009 年创立。该系统为完全计算机化，不接受纸质登记表格。系统还提供在线查询，通过在查询页面输入债务人姓名、登记 ID 号或者资产编码的简单方式，便可进行查询。查询不收取费用。在登记过程中，登记人只需要登记他们的姓名、联系信息、债务人姓名和地址、担保权人的姓名和地址以及对担保品的一般性描述或具体描述。

新西兰经济发展部于 2002 年设立动产担保物权登记系统。该系统是电子化的，只接受在线登记。查询也可在线进行，查询费用很低。对担保权益进行公示登记，担保权人须创建一个安全验证号码。此码创建后，登记的用户（如信贷员）可以进入系统登记公示该担保权益并将该笔交易费（登记费）计入相应账户。公示信息须包括担保权益到期信息（如融资合同的登记期限少于 5 年）、债务人、担保品以及担保权人的信息。

（2）纸质系统

阿尔巴尼亚的中央担保物权登记体系于 2001 年在《担保交易法》的

基础上建立。该法适用于所有在有形或无形资产之上产生的、现在或未来的担保物权，对担保协议签订前后的各种权利、义务进行了明确规定。该登记系统有一个电子数据库，但不支持在线登记。担保权人或其代理人，向登记机构提交登记申请。申请表格必须包括登记期限、债务人和担保权人的信息、货物的序列号或者无序列号的其他担保品的描述，以及登记人的信息。提交表格时，无须附带任何文件的原件。登记机构工作人员将申请表中的信息输入系统，并将输入信息的回执（登记证明）发送给登记人、担保权人和债务人。由于成本限制，该登记机构已于2009年被私有化，在一定程度上造成了数据库所有权和登记功能控制方面的不确定性。

在保加利亚，登记人须提交纸质申请表、印花税的付款证明和债权人的签字。一旦登记表格被接受，基本数据就被录入数据库，而包括详细信息的申请表格原件会被扫描，并作为登记记录的附件。纸质登记有效期为5年，且可以展期5年。如不展期，登记系统软件会自动默认登记记录失效。设立于1997年的中央担保物权登记系统要求所登记的是能依据序列号识别的货物以及能依据发动机号识别的交通工具。但当担保品是流转中的货物时，只要一般描述即可。2008年《担保交易法修正案》允许在线登记及免费获取电子登记报告。但由于各种原因（如缺少资金来源、缺少支付了合理薪酬的信息技术专家和缺少一般规范等），现在该登记系统还不能提供这些服务。此外，虽然担保物权登记机构的分支机构之间有电子化互联网络，但是分支机构无法进入中央数据库，因此也就无法录入、查询并发布证明和报告。但是在一个中央登记系统，任何人都可以无限制地进行查询。

在前南斯拉夫马其顿共和国，2003年的《合同质押法》（在世界银行的帮助下制定的）规定了动产可用作担保品。动产及相应权利的质押登记系统是中央登记系统下的电子化登记系统的一个组成部分。

中央登记系统拥有一个计算机化的数据库。系统对所有用户开放查询功能，但收取一定的费用。此外，担保权利主张与担保权益必须在担保协议和登记声明中进行准确描述。欧洲复兴开发银行（EBRD）的一项研究结果表明，那些要求在登记时提供担保协议或确立担保权利主张的协议的经济体，将使登记流程更复杂。特别是在一些习惯将不必要信息包含在协议里的地区，这更是一个问题。保加利亚、前南斯拉夫马其顿共和国和罗马尼亚都有这样的例子。

（3）混合型系统

危地马拉采用美洲国家组织的《美洲担保交易示范法》，其登记系统于2009年建立，接受在线和纸质两种登记模式，但对于该登记系统应该如何运营——特别是在登记成本方面，始终存在疑虑。担保权益的登记费用不是固定的。费用计算公式复杂，且处理起来相当烦琐。当贷款金额超过1118美元时，登记费用等于19美元再加上最高贷款金额的0.15%。这也许能够解释为什么危地马拉2009年的登记数量只有654笔。

登记的基本信息包括登记人的联系信息（如果登记人不是担保协议的任一方，须有担保权人的授权）、债务人和债权人的联系信息、对担保品的一般或具体描述，以及最高贷款金额。一旦登记信息进入数据库，系统就会自动记录该笔登记的时间。展期和终止登记也可通过电子系统完成。如果各方没有签署其他条款，登记的有效期为5年，可展期3年。最后，该系统允许社会公众通过数据库查询登记信息，系统也可以提供包含登记数据的查询证明。系统对查询方的查询原因不进行审查。

依据全球最佳实践经验，登记公示系统都使用标准化的纸质表格或者在线登记模板。在进行动产担保物权登记时，公示登记系统一般会提供一个标准化表格；而在使用纸质登记的国家，如保加利亚、科索沃和前南斯拉夫马其顿共和国，在进行登记时，除了提供要求的文件之外，有些系统会提供表格，有些则不会。采用公示登记和全球最佳实践的国家和地区，与其他具有相似规模和经济基础的国家或地区相比，登记量更大。许多登记的动产都被盘活，进而被贷款机构接受并放贷。几乎所有的成功案例，都是采用在线登记方式。即使要求办理纸质登记的国家和地区，也在一定程度上接受在线登记。

四　政策建议

（一）进一步完善相关制度框架，明确登记系统的法律效力和相关业务操作规范

为促进动产金融的持续健康发展，引导金融机构合理运用动产权属登记系统开展相关业务，金融监管部门应根据动产金融发展的实际状况，制定相应的监管政策。对于金融机构而言，应准确把握市场需求，主动利用登记系统的信息，创新各类动产金融产品，使动产金融产品成为新的利润增长点。同时，要积极引导企业注意保障自身资产安全，主动了解动产金融业务模式，主动登记动产权属信息，并为获取相应的金融服务创造条件。

（二）以融资租赁权属登记为突破口，推进动产权属登记统一平台

我国目前动产权属登记分散在近 20 个部门，判定权属状态难度较大，已经不适应动产金融发展的需要。我国动产权属分散登记制度的现状，与动产融资业务的快速发展已很不适应。建议在中国人民银行征信中心动产权属登记的基础上，充分发挥系统建设经验和技术优势，健全动产融资（权属）统一登记系统和制度，完善各项登记公示功能，为社会提供高效便捷的信息服务。

参考文献

［1］刘光琦：《解决动产质押乱象的一剂良药——中国人民银行征信中心副主任汪路谈动产权属统一登记制度》，《中国储运》2013 年第 8 期。

［2］江宏、骆露：《统一互联网公示登记　完善动产融资体系——访中国人民银行征信中心主任曹凝蓉》，《当代金融家》2015 年第 4 期。

［3］雷继平、原爽：《交易实践与司法回应：融资租赁合同若干法律问题——〈最高人民法院关于审理融资租赁合同纠纷案件适用法律问题的解释〉解读》，《法律适用》2014 年第 4 期。

［4］李志刚：《司法指引与制度建构　最高人民法院民二庭法官》，《金融时报》2014 年 7 月 28 日。

［5］刘铮：《推进动产权属登记　加快融资业务发展》，《第一财经日报》2013 年 7 月 5 日。

［6］赵园园：《民间融资信用危机的法律规制问题探析》，《广东社会科学》2013 年第 11 期。

附　　录

Appendix

B.12
中国融资租赁行业发展大事记
（2015～2016）

2015 年 1 月 14 日，作为资产证券化备案制新规发布以来首只挂牌转让的资产支持证券，由恒泰证券担任计划管理的"宝信租赁一期资产支持专项计划资产支持证券"在上交所挂牌转让，标志着资产证券化市场发展迈入新常态。

2015 年 1 月 16 日，商务部办公厅发布《关于开展融资租赁等行业非法集资风险排查的通知》。

2015 年 1 月 26 日，上市公司渤海租赁发布公告称，下属全资子公司 Global Sea Containers Ltd. 顺利完成与 CHC 的股权交割，成功以近 7 亿美元的价格收购了全球第八大集装箱租赁公司 Cronos 80% 的股权以及 CHC 对 Cronos 的 2588 万美元债权。

2015 年 1 月 29 日，华夏金融租赁有限公司在上海与中国商用飞机有限责任公司签署 20 架 C919 大型客机购机协议。

2015 年 2 月 1 日，2015 年中央一号文件《关于加大改革创新力度加快农业现代化建设的若干意见》正式发布，文件鼓励开展大型农机具融资租赁试点。

2015年2月12日，狮桥融资租赁负责人证实，由长江证券管理的"狮桥一期资产支持专项计划"已募集4.82亿元，并获得深圳证券交易所出具的"符合深交所挂牌条件的无异议函"，将于随后进行挂牌交易，成为资产证券化由审批制改为备案制以来，首只登陆深交所的融资租赁债券支持产品。

2015年2月17日，中信金融租赁有限公司已由银监会同意批筹，2月26日银监会印发通知，至此中信集团的金融牌照齐全。

2015年3月24日，商务部下发《关于就〈外商投资租赁业管理办法〉的补充规定公开征求意见的通知》，对2005年2月3日发布的《外商投资租赁业管理办法》做出了补充规定，并向社会公开征求意见。

2015年3月31日，融信租赁股份有限公司发布公告称，"融信一期资产支持专项计划资产支持证券"成功募资2.07亿元，成为全国首单民营融资租赁资产证券化业务。

2015年4月9日，国家外汇管理局发布《关于改革外商投资企业外汇资本金结汇管理方式的通知》。

2015年4月24日，中国银行天津市分行、中国银行（香港）有限公司与中海油国际融资租赁有限公司共同签署《跨境人民币贷款合同》和《账户收支监管三方协议》，由中国银行向中海油国际融资租赁有限公司提供10亿元跨境人民币贷款，用于支持企业购买大型设备。这是天津自贸区银行发放首笔租赁企业跨境融资。

2015年5月20日，在天津东疆航空资产市场管理有限公司（东疆租赁资产交易平台）的交付监管下，兴业金融租赁从注册于天津自贸试验区东疆片区的中轨租赁成功购得一家飞机项目公司（SPV）100%的股权。这单交易，开创了国内飞机租赁资产交易交付监管这一全新模式，同时实现了金融租赁公司与非金融租赁公司之间的SPV股权交易创新。

2015年5月22日，国家外汇管理局天津滨海新区中心支局为两家租赁公司成功办理了天津自贸区挂牌以来的首笔跨境联合租赁业务，该笔业务在国内实现了三项第一，即第一笔自贸区挂牌后联合租赁业务，第一笔外资租赁公司与金融系租赁公司联合开展的租赁业务，第一笔自贸区内以海洋工程装备为标的物的跨境租赁业务。

2015 年 5 月 28 日，在中国海事金融（东疆）国际论坛新闻发布会上，《中国（天津）自由贸易试验区天津港东疆片区关于加快海事金融产业发展（暂行）鼓励办法》正式公布实施，这是天津自贸试验区揭牌后首项专注于船舶和海工租赁的支持政策。

2015 年 6 月 5 日，西藏金融租赁有限公司在拉萨经济开发区成立开业，这是当地首家金融租赁公司。至此，全国所有的省、市、自治区都有融资租赁企业分布。

2015 年 6 月 8 日，中民国际融资租赁股份有限公司揭牌仪式在天津迎宾馆举行。中民国际租赁成立于 2015 年 4 月，是由中民投和韩国韩亚银行共同出资设立的中外合资融资租赁公司，计划注册资本 60 亿元人民币，首次注册资本 30 亿元人民币。

2015 年 6 月 18 日，作为天津第九届中国企业国际融洽会的一部分，中国租赁业峰会 2015 年年会在天津召开，天津市副市长阎庆民到会讲话。全国各地融资租赁企业、银行业、保理业等 200 多人到会。

2015 年 7 月 1 日，在上海市政府新闻发布会上，市商务委党组书记、主任尚玉英表示，上海自贸试验区多项创新制度已在全市复制推广，融资租赁、资信调查、游戏游艺设备生产和销售等领域的开放措施已在黄浦、徐汇等区落地。

2015 年 7 月 6 日，全国汽车租赁行业征信平台通过了专家评审。这意味着，此前曾困扰汽车租赁业的涉车诈骗案件，或将在该平台上线后从根本上得到解决。

2015 年 7 月 8 日，中国民生投资股份有限公司再次投资本港的上市公司，联交所数据显示，中民投斥资 36.5 亿元，购入贷款租赁公司远东宏信 5.29 亿股股份，占已发行股本的 16.06%，每股作价 6.9 元，较远东当日收市价的 6.5 元，溢价 6.2%。

2015 年 7 月 16 日，广东自贸区南沙区传出消息，至 6 月底，有三项创新型融资租赁项目落地南沙，中国银行、上海浦发银行、珠江金融租赁等金融机构成功完成南沙首笔跨境融资租赁保理业务和首笔跨境跨币种的融资租赁业务，推动首笔 IT 设备租赁业务取得实质性突破。

2015 年 8 月 5 日，中民国际融资租赁股份有限公司与中国进出口银行在北京签订 100 亿元人民币的授信战略合作协议。授信战略合作协议签署后，双方在该框架下签署了 7.35 亿元人民币业务合作协议，为中民国际租赁沿海及沿江船舶项目提供融资支持。

2015 年 8 月 7 日，山东汇通金融租赁有限公司获得中国银监会批准筹建，填补了山东省无金融租赁公司的空白。公司注册资本 10 亿元，是由中国领先的云计算、大数据服务商浪潮集团作为主发起人，联合大型国有资本及民营资本共同发起设立的。

2015 年 8 月 18 日，浙江省融资租赁行业综合信息服务平台启动。据了解，该平台是一个政府主导、市场化运作的平台，也是目前全国融资租赁行业唯一一家集政府监管、行业服务、项目交易功能为一体的综合信息服务平台。

2015 年 8 月 26 日，中国央行额外下调金融租赁公司和汽车金融公司准备金率 3 个百分点。

2015 年 9 月 7 日，国务院办公厅发布《关于加快融资租赁业发展的指导意见》。

2015 年 9 月 7 日，商务部召开例行新闻发布会，新闻发言人沈丹阳回应了国内外媒体高度关切的 9 个热点敏感问题，其中包括关于保障融资租赁行业发展的政策措施落地的问题。

2015 年 9 月 9 日，国务院办公厅发布《关于促进金融租赁行业健康发展的指导意见》。

2015 年 9 月 11 日，商务部发布《2015 年中国融资租赁业发展报告》。

2015 年 9 月 14 日，在银监会召开的促进金融租赁行业健康发展的发布会上，银监会非银部副主任毛宛苑表示，银监会将会同相关部门抓紧制定《国务院办公厅关于促进金融租赁行业健康发展的指导意见》落实分工方案，推动各项政策措施尽快落地。

2015年9月21日，国家发改委发文鼓励境内企业发行外币债券，取消发债审批制，实行备案登记制管理，便利租赁公司境外融资。

2015年9月22日，国家主席习近平抵达西雅图，全球瞩目的对美国事访问行程正式展开。作为中美双方经济合作领域的重头戏，中国的航空公司和飞机租赁公司将与美国波音公司签署总数为300架的飞机采购协议。

2015年9月23日，天津自贸试验区举行新闻发布会，天津银监局推出两项新政，用于支持自贸区金融租赁行业的发展。两项新政策分别是在天津自贸区设立中国金融租赁流转平台，以及银监会将支持银行业专业子公司和专营机构落户天津自贸区。

2015年9月28日，在第四届中国航空金融发展（东疆）国际论坛新闻发布会上，东疆保税港区管委会副主任张忠东公布东疆促进租赁业发展的8项措施。

2015年9月28日，德润融资租赁（深圳）有限公司联合安徽德润融资租赁股份有限公司作为原始权益人，共同发起成立"德润租赁资产支持专项计划"，并在上海证券交易所挂牌交易，标志着前海首单租赁资产证券化项目成功落地，这也是广东自贸区内首单租赁资产证券化项目。

2015年10月12日，商务部新闻发言人沈丹阳在例行新闻发布会上表示，国务院常务会议日前审议通过了商务部牵头起草的《关于加快融资租赁业发展的指导意见》，为了保证该指导意见的顺利实施，商务部将采取5项措施加以落实，包括：会同有关部门抓紧制定指导意见的分工方案，将各项任务逐条落实到各相关部门；会同有关部门研究制定配套政策，提出落实分工任务的具体措施；加强对地方的指导，推动地方结合实际细化政策措施。

2015年10月14日，上海浦东新区政府发布《关于促进浦东新区融资租赁行业健康发展的若干意见》。

2015 年 10 月 14 日，厦门市政府印发《中国（福建）自由贸易试验区厦门片区租赁业发展办法》。

2015 年 10 月 16 日，天津港保税区管委会出台《推动融资租赁服务高端制造业发展实施意见》。

2015 年 10 月 18 日，中国银行发布公告称，董事会已于 16 日通过《关于中银航空租赁私人有限公司境外上市方案的议案》，批准中银航空租赁在香港联交所主板上市。

2015 年 10 月 21 日，狮桥融资租赁（中国）有限公司宣布发行第二期ABS（狮桥二期资产支持专项计划），成功募集 3.45 亿元资金。此前狮桥已于 2015 年 1 月 23 日成功发行第一期 ABS 计划，是在资产支持证券化产品备案制后首只在深交所发行的融资租赁资产支持证券产品。

2015 年 10 月 27 日，由量通租赁有限公司作为原始权益人的"广发恒进－南方水泥租赁资产支持专项计划"在深交所挂牌并启动交易。

2015 年 10 月 30 日，以新常态、新金融、新功能为主题的北京 2015 金融论坛会昨天在北京国展中心举行，主题演讲内容包括：新常态下金融业改革发展问题，金融服务实体经济及京津冀协同发展问题，金融业转型与发展，金融业服务国家重大战略及金融服务实体经济等。

2015 年 11 月 4 日，国务院总理李克强主持召开国务院常务会议，部署推进工业稳增长、调结构，促进企业拓市场、增效益。鼓励金融机构对有市场、有效益的企业加大信贷投放力度，推广大型制造设备、生产线等融资租赁服务。研究设立国家融资担保基金，缓解小微企业融资难题。

2015 年 12 月 2 日，国务院总理李克强于 12 月 2 日主持召开国务院常务会议，支持广东、天津、福建自由贸易试验区分别以深化粤港澳合作、发展融资租赁、推进两岸金融合作为重点，在扩大人民币跨境使用、资本项目可兑换、跨境投融资等方面开展金融开放创新试点，成熟一项、推进一项。

2015 年 12 月 11 日，中国人民银行发布《关于金融支持中国（天津）自由贸易试验区建设的指导意见》。

2015 年 12 月 13 日，在天津召开的"2015 中国租赁年会"上，由中国租赁联盟、天津市和平区人民政府、天津东疆保税港区、夏商（上海）实业有限公司、渤海租赁、量通租赁、天津市租赁行业协会等机构联合发起组建"中国租赁业创新服务基地"（以下简称"租赁基地"）举行了揭牌仪式。

2015年12月17日，《中国人民银行关于金融支持中国（天津）自由贸易试验区建设的指导意见》新闻发布暨政策解读会在天津市迎宾馆举行。本次发布会对指导意见进行了全面梳理和立体阐释，向与会代表重点介绍了指导意见的主体内容。

2015年12月17日，国家外汇管理局上海分局举行了落实上海自贸区"金改40条"第一项实施细则政策通报会。颁布了《关于印发〈进一步推进中国（上海）自由贸易试验区外汇管理改革试点实施细则〉》的通知（上海汇发〔2015〕45号）。实施细则推出了多项创新的试点改革，其中明确规定了融资租赁外汇管理操作规程，允许区内符合条件的融资租赁公司开展境内外币租金业务。

2015年12月20日，国务院日前印发《关于加快实施自由贸易区战略的若干意见》，提出了我国加快实施自由贸易区战略的总体要求，提出要进一步优化自由贸易区建设布局和加快建设高水平自由贸易区，并就健全保障体系、完善支持机制以及加强组织实施做出具体部署。

2015年12月25日，珠海举办横琴自贸片区融资租赁专题对接会，旨在帮助横琴区内融资租赁企业掌握海关、税务相关政策，并着力打造项目对接与融资平台。横琴方面称，下一步将尽快启动修订融资租赁促进办法，推动融资业发展。

2016年1月8日，天津市人大常委会第23次会议全票表决通过《中国（天津）自由贸易试验区条例》，并公布施行。条例共8章58条，从管理体制、投资开放、贸易便利、金融创新、服务京津冀协同发展、营商环境等方面，对推进天津自贸试验区建设进行全面保障和规范。条例立足于自贸试验区"为国家试制度、为区域谋发展"的基本定位，通篇体现了"制度创新、先行先试"的特色。

2016 年 1 月 14 日，国家外汇管理局天津市分局发布了《关于印发〈推进中国（天津）自由贸易试验区外汇管理改革试点实施细则〉的通知》，该细则自发布之日起实施，成为天津自贸试验区"金改 30 条"落地后出台的首个实施细则。

2016 年 1 月 16 日，亚洲基础设施投资银行开业仪式在北京钓鱼台国宾馆举行。中国国家主席习近平出席开业仪式并致辞，强调通过各成员国携手努力，亚投行一定能成为专业、高效、廉洁的 21 世纪新型多边开发银行，成为构建人类命运共同体的新平台，为促进亚洲和世界发展繁荣做出新贡献，为改善全球经济治理增添新力量。

2016 年 1 月 25 日，国家外汇管理局广东省分局印发了《推进中国（广东）自由贸易试验区广州南沙新区、珠海横琴新区片区外汇管理改革试点实施细则》，涵盖经常项目、资本项目、外汇市场、跨国公司外汇资金集中运营等多项外汇创新业务。

2016 年 3 月 23 日，广东对外开放重大平台广州南沙推介会暨南沙新区融资租赁政策发布会在南沙区行政中心举行。南沙开发区金融工作局阮晓红局长表示，南沙区政府相关部门十分重视融资租赁行业发展，在广泛收集企业意见、综合考虑各类因素的基础上，推出《广州南沙新区关于促进融资租赁业健康发展的实施意见》和《促进南沙新区融资租赁业发展扶持暂行办法》，希望能进一步为南沙的融资租赁企业提供更好的发展空间，加快南沙的金融创新体系建设。

2016 年 4 月 13 日，国家级租赁和新金融产业园起步区在东疆保税港区建成投用，多家租赁、新金融企业、第三方中介服务机构已表达进驻意向。租赁产业园一期项目毗邻东疆保税港区东部海岸线，规划建筑面积为 22300 平方米，是天津试验区落实国务院"将东疆建设国家租赁创新示范区"这一任务的重要载体。

2016 年 4 月 20 日，《融资租赁企业监督管理办法（修订稿）》目前已基本完成，商务部将积极推动，按程序报批，争取尽快出台。

✦ 皮书起源 ✦

"皮书"起源于十七、十八世纪的英国，主要指官方或社会组织正式发表的重要文件或报告，多以"白皮书"命名。在中国，"皮书"这一概念被社会广泛接受，并被成功运作、发展成为一种全新的出版形态，则源于中国社会科学院社会科学文献出版社。

✦ 皮书定义 ✦

皮书是对中国与世界发展状况和热点问题进行年度监测，以专业的角度、专家的视野和实证研究方法，针对某一领域或区域现状与发展态势展开分析和预测，具备原创性、实证性、专业性、连续性、前沿性、时效性等特点的公开出版物，由一系列权威研究报告组成。

✦ 皮书作者 ✦

皮书系列的作者以中国社会科学院、著名高校、地方社会科学院的研究人员为主，多为国内一流研究机构的权威专家学者，他们的看法和观点代表了学界对中国与世界的现实和未来最高水平的解读与分析。

✦ 皮书荣誉 ✦

皮书系列已成为社会科学文献出版社的著名图书品牌和中国社会科学院的知名学术品牌。2011年，皮书系列正式列入"十二五"国家重点出版规划项目；2012~2015年，重点皮书列入中国社会科学院承担的国家哲学社会科学创新工程项目；2016年，46种院外皮书使用"中国社会科学院创新工程学术出版项目"标识。

法 律 声 明

　　"皮书系列"（含蓝皮书、绿皮书、黄皮书）之品牌由社会科学文献出版社最早使用并持续至今，现已被中国图书市场所熟知。"皮书系列"的 LOGO（🔲）与"经济蓝皮书""社会蓝皮书"均已在中华人民共和国国家工商行政管理总局商标局登记注册。"皮书系列"图书的注册商标专用权及封面设计、版式设计的著作权均为社会科学文献出版社所有。未经社会科学文献出版社书面授权许可，任何使用与"皮书系列"图书注册商标、封面设计、版式设计相同或者近似的文字、图形或其组合的行为均系侵权行为。

　　经作者授权，本书的专有出版权及信息网络传播权为社会科学文献出版社享有。未经社会科学文献出版社书面授权许可，任何就本书内容的复制、发行或以数字形式进行网络传播的行为均系侵权行为。

　　社会科学文献出版社将通过法律途径追究上述侵权行为的法律责任，维护自身合法权益。

　　欢迎社会各界人士对侵犯社会科学文献出版社上述权利的侵权行为进行举报。电话：010－59367121，电子邮箱：fawubu@ssap.cn。

社会科学文献出版社

权威报告·热点资讯·特色资源

皮书数据库
ANNUAL REPORT(YEARBOOK)
DATABASE

当代中国与世界发展高端智库平台

S子库介绍
ub-Database Introduction

中国经济发展数据库

涵盖宏观经济、农业经济、工业经济、产业经济、财政金融、交通旅游、商业贸易、劳动经济、企业经济、房地产经济、城市经济、区域经济等领域，为用户实时了解经济运行态势、把握经济发展规律、洞察经济形势、做出经济决策提供参考和依据。

中国社会发展数据库

全面整合国内外有关中国社会发展的统计数据、深度分析报告、专家解读和热点资讯构建而成的专业学术数据库。涉及宗教、社会、人口、政治、外交、法律、文化、教育、体育、文学艺术、医药卫生、资源环境等多个领域。

中国行业发展数据库

以中国国民经济行业分类为依据，跟踪分析国民经济各行业市场运行状况和政策导向，提供行业发展最前沿的资讯，为用户投资、从业及各种经济决策提供理论基础和实践指导。内容涵盖农业，能源与矿产业，交通运输业，制造业，金融业，房地产业，租赁和商务服务业，科学研究，环境和公共设施管理，居民服务业，教育，卫生和社会保障，文化、体育和娱乐业等 100 余个行业。

中国区域发展数据库

以特定区域内的经济、社会、文化、法治、资源环境等领域的现状与发展情况进行分析和预测。涵盖中部、西部、东北、西北等地区，长三角、珠三角、黄三角、京津冀、环渤海、合肥经济圈、长株潭城市群、关中一天水经济区、海峡经济区等区域经济体和城市圈，北京、上海、浙江、河南、陕西等 34 个省份及中国台湾地区。

中国文化传媒数据库

包括文化事业、文化产业、宗教、群众文化、图书馆事业、博物馆事业、档案事业、语言文字、文学、历史地理、新闻传播、广播电视、出版事业、艺术、电影、娱乐等多个子库。

世界经济与国际政治数据库

以皮书系列中涉及世界经济与国际政治的研究成果为基础，全面整合国内外有关世界经济与国际政治的统计数据、深度分析报告、专家解读和热点资讯构建而成的专业学术数据库。包括世界经济、世界政治、世界文化、国际社会、国际关系、国际组织、区域发展、国别发展等多个子库。